2022

Training Quali
Original-Prüfungsaufgaben

Bayern
Deutsch

LÖSUNGEN

© 2021 Stark Verlag GmbH
18. neu bearbeitete Auflage
www.stark-verlag.de

Das Werk und alle seine Bestandteile sind urheberrechtlich geschützt. Jede vollständige oder teilweise Vervielfältigung, Verbreitung und Veröffentlichung bedarf der ausdrücklichen Genehmigung des Verlages. Dies gilt insbesondere für Vervielfältigungen, Mikroverfilmungen sowie die Speicherung und Verarbeitung in elektronischen Systemen.

Inhalt

Vorwort

Lösungen: Training Grundwissen

Teil A: Zuhören
        Übung 1 – Übung 4 1

Teil B: Sprachgebrauch – Sprachbetrachtung
        Übung 5 – Übung 25 13

        Sprachgebrauch – Rechtschreiben

        Übung 26 – Übung 39 25

Teil C: Lesen
        Übung 40 – Übung 58 33

Teil D: Schreiben
        Übung 59 – Übung 73 52

Lösungen: Übungsaufgaben im Stil des neuen Quali

Übungsaufgabe 1 – Literarischer Text

Teil A: Zuhören 81

Teil B: Sprachgebrauch – Sprachbetrachtung 87
        Sprachgebrauch – Rechtschreiben 88

Teil C: Lesen: *Vertrauensgerüst* 90

Teil D: Schreiben: 95
        Aufgabengruppe I 95
        Aufgabengruppe II 99

Übungsaufgabe 2 – Sachtext

Teil A: Zuhören 104

Teil B: Sprachgebrauch – Sprachbetrachtung 111
Sprachgebrauch – Rechtschreiben 113

Teil C: Lesen: *Game of Drohnes* 115

Teil D: Schreiben: 118
Aufgabengruppe I 118
Aufgabengruppe II 123

Lösungen: Offizielle Musterprüfungen für den neuen Quali

Musterprüfung 1 – Literarischer Text

Teil A: Zuhören 129

Teil B: Sprachgebrauch – Sprachbetrachtung 137
Sprachgebrauch – Rechtschreiben 139

Teil C: Lesen: *Das Märchen vom Glück* 142

Teil D: Schreiben: 147
Aufgabengruppe I 147
Aufgabengruppe II 155

Musterprüfung 2 – Sachtext

Teil A: Zuhören 161

Teil B: Sprachgebrauch – Sprachbetrachtung 166
Sprachgebrauch – Rechtschreiben 168

Teil C: Lesen: *Müll – der achte Kontinent* 170

Teil D: Schreiben: 174
Aufgabengruppe I 174
Aufgabengruppe II 179

Lösungen: Qualifizierender Abschluss der Mittelschule

Abschlussprüfung 2019

Teil A: Sprachbetrachtung 2019-1

Teil B: Rechtschreiben 2019-3

Teil C: Text 1: *Der Filmstar und die Eisprinzessin* 2019-5

Text 2: *Ein Leben im Minus* 2019-13

Abschlussprüfung 2020

Teil A: Sprachbetrachtung 2020-1

Teil B: Rechtschreiben 2020-3

Teil C: Text 1: *Ein Roboter mit Launen* 2020-6

Text 2: *Smart Clothing –*
Was kann „intelligente Kleidung"? 2020-14

Jeweils zu Beginn des neuen Schuljahres erscheinen der aktuelle Band „Training Quali" und das zugehörige Lösungsheft.

Autor*innen der Lösungsvorschläge:

Marion von der Kammer (Training Grundwissen)
Ariane Tronser, Kristina Biebl (Übungsaufgaben und Musterprüfungen)
Werner Bayer (Abschlussprüfungsaufgaben)

Vorwort

Liebe Schülerin, lieber Schüler,

dieses Buch enthält die Lösungen zum Band *Training Quali Deutsch Mittelschule Bayern* im A4-Format (Best.-Nr. 93545ML). Es bietet ausführliche und kommentierte Lösungen zu

- allen Übungen des Trainingsteils,
- den Übungsaufgaben im Stil des neuen Quali,
- den offiziellen Musterprüfungen für den neuen Quali sowie
- den Abschlussprüfungsaufgaben 2019 und 2020.

Die Lösungen ermöglichen es dir, deine Leistung einzuschätzen. Es handelt sich um **Lösungsvorschläge**, die dir zeigen, wie man die Aufgaben richtig und umfassend beantworten kann. Das heißt, dass bei vielen Aufgaben auch andere Lösungen als die hier abgedruckten möglich sind. Die Lösungen sind manchmal recht ausführlich und geben dir Anregungen, was du alles schreiben könntest. Das bedeutet nicht, dass deine Antworten auch immer so lang sein müssen. Wichtig ist, dass du die Hinweise beachtest, die in der Aufgabenstellung genannt sind, und alles **vollständig** und **richtig** bearbeitest.

Außerdem gilt: Versuche stets, die Aufgabe zunächst selbstständig zu lösen, und sieh nicht gleich in der Lösung nach. Wenn du nicht weiterkommst, helfen dir die grau markierten ✐ **Hinweise** vor der jeweiligen Lösung. Hast du diese gelesen, arbeitest du auf jeden Fall selbstständig weiter. Am Schluss solltest du deine Lösung unbedingt mit der hier angebotenen Lösung vergleichen sowie deine eigenen Ergebnisse kontrollieren und korrigieren oder ergänzen. Lies zu allen Aufgaben, die du nicht richtig lösen konntest oder bei denen du dir unsicher warst, noch einmal die allgemeinen Erläuterungen in dem entsprechenden Kapitel im A4-Trainingsband.

Viel Spaß beim Üben und vor allem viel Erfolg in der Prüfung!

▶ **Lösungen**
   Training Grundwissen

Training Grundwissen

Teil A: Zuhören

Übung 1

a) *Sprecher*innen:* Frau Redlich, Mutter eines Sohnes; Sozialpädagoge
    Thema des Hörtextes: Elternsprechstunde wegen Unordnung des Sohnes

> **Hinweis:** *Versuche, nur die entscheidenden Informationen herauszufiltern. Das betrifft vor allem die Bestimmung des Themas.*

b) Ich muss achten auf ...

☐ den Namen der Anruferin.

☒ das Alter des Sohnes.

☐ die Wünsche der Mutter.

☒ den Grund für die Unordnung des Sohnes.

☒ einen Fehler der Mutter.

☐ eine Warnung von Fachleuten.

☒ einen Rat des Pädagogen.

☒ das Ende des Gesprächs.

> **Hinweis:** *Gemeint sind die Inhalte, die sich aus den Formulierungen der Aufgaben ableiten lassen.*

Übung 2

L. bedauert letztes Schuljahr ohne Klassenreise

N. hofft, nächstes Schuljahr wird besser

L. hat Zweifel

N. fragt, ob L. glaubt, dass Herr S. Reise wieder ablehnen wird

L. traut ihm das zu

2 / Training Grundwissen

Übung 3

Hörtext A

1 PÄDAGOGE: Elternsprechstunde. Wer ist am Apparat?
ANRUFERIN: Mein Name ist Redlich.
PÄDAGOGE: Guten Tag, Frau Redlich. Wie kann ich Ihnen helfen?
ANRUFERIN: Ich habe ein Problem mit meinem Sohn. Er ist so schrecklich
5 unordentlich, dass ich mich regelmäßig darüber ärgere, und das führt
dann meistens zu Streit.
PÄDAGOGE: Da sind Sie nicht die Erste, die damit ein Problem hat. Ordnung
– genauer gesagt Unordnung – ist ein klassisches Konfliktthema zwischen
Eltern und Kindern. Wie alt ist Ihr Sohn denn?
10 ANRUFERIN: Vierzehn.
PÄDAGOGE: Da steckt er also mitten in der Pubertät. Können Sie mal etwas
genauer beschreiben, wie es dazu kommt, dass Ihr Sohn so unordentlich
ist?
ANRUFERIN: Also, wenn er nachmittags aus der Schule kommt, hängt er nur
15 kurz seine Jacke an der Garderobe auf und geht dann sofort in sein Zimmer. Da wirft er seinen Rucksack irgendwo auf den Boden und fährt
gleich seinen Computer hoch. Er behauptet, er müsse sich nach der Schule erst mal entspannen, und das würde nur gehen, wenn er eine Weile
sein neues Computerspiel spielt. Von mir aus kann er das auch ruhig tun.
20 Das Problem ist nur: Er vergisst dann alles andere um sich herum. Seine
Kleidungsstücke, die vom Vortag noch über dem Stuhl hängen, räumt er
nicht weg. Wenn er sich aus der Küche was zu essen oder zu trinken holt,
lässt er das Geschirr einfach irgendwo stehen. Und wenn er später seine
Hausaufgaben machen will, schiebt er alles bloß zur Seite, damit er genug
25 Platz zum Schreiben hat. So geht das immer weiter. Seinen Papierkorb
leert er natürlich nie. Wenn ich mich nicht darum kümmern würde, sähe
es in seinem Zimmer aus wie auf einer Müllhalde.
PÄDAGOGE: Und wie kümmern Sie sich darum?
ANRUFERIN: Na ja, wenn ich abends nach der Arbeit nach Hause komme,
30 dann ist er meist nicht da. Entweder trifft er sich mit Freunden, oder er ist
beim Fußballtraining. Diese Zeit nutze ich dann, um in sein Zimmer zu
gehen und alles wegzuräumen, was nicht dahin gehört.
PÄDAGOGE: Und wenn Ihr Sohn zurückkommt, hat er das Gefühl, alles wäre wie von Zauberhand plötzlich wieder in Ordnung, nicht wahr?

Training Grundwissen ✦ 3

35 ANRUFERIN: Ja, genau so ist es!

PÄDAGOGE: Und da wundern Sie sich darüber, dass er sein Zimmer nicht aufräumt? Sie führen ihm doch regelmäßig vor, dass er das gar nicht tun muss!

ANRUFERIN: Aber was soll ich denn machen? Wenn ich anfange, mit ihm
40 darüber zu diskutieren, gibt es regelmäßig Streit, und das will ich unbedingt vermeiden. Ich bin schließlich alleinerziehend, und wir sehen uns selten genug.

PÄDAGOGE: Kann es sein, dass Ihr Sohn das Gefühl hat, Sie wollten ihm ständig vorschreiben, was er tun soll? Das gefällt ihm natürlich nicht. Er
45 ist ja kein kleines Kind mehr. Ich schlage Ihnen Folgendes vor: Setzen Sie sich in Ruhe mit ihm hin und versuchen Sie, ein ernsthaftes Gespräch mit ihm zu führen. Begegnen Sie ihm dabei auf Augenhöhe; das ist sehr wichtig. Er darf nicht das Gefühl haben, dass Sie über ihn bestimmen wollen. Sagen Sie ihm aber, dass es Sie belastet, wenn er sein Zimmer
50 nicht aufräumt, und bitten Sie ihn darum, das künftig selbst zu erledigen. Dafür versprechen Sie ihm, nicht ständig in seinem Zimmer rumzuräumen. Das gefällt ihm bestimmt nicht.

ANRUFERIN: Ja, das kann schon sein.

PÄDAGOGE: Am besten ist es, wenn Sie gemeinsam Regeln dafür aufstellen,
55 wer im Haushalt welche Aufgaben übernimmt. Ich nehme an, das Ordnungsproblem betrifft nicht nur das Zimmer Ihres Sohnes?

ANRUFERIN: Ja, das stimmt. Auch im Badezimmer und in der Küche sieht es oft schlimm aus.

PÄDAGOGE: Das habe ich mir gedacht. Also: Sie werden dieses Ordnungs-
60 problem nur gemeinsam mit Ihrem Sohn lösen können. Vergessen Sie nicht: Er ist alt genug, um ein paar Aufgaben zu übernehmen. Versuchen Sie, sich darüber mit ihm zu einigen. Das ist der einzige Weg. Und noch etwas: Erwarten Sie nicht, dass Ihr Sohn ein ähnliches Ordnungsbedürfnis hat wie Sie. Sie sollten hin und wieder auch mal ein Auge zudrücken!

65 ANRUFERIN: Gut, ich werde es mal versuchen. Vielen Dank für das Gespräch.

PÄDAGOGE: Gern geschehen, Frau Redlich. Auf Wiederhören.

4 ✏ **Training Grundwissen**

1. 14

   ✏ *Hinweis: vgl. Z. 10*

2. ☒ Sein Computerspiel lenkt ihn zu sehr ab.

   ✏ *Hinweis: vgl. Z. 17–25*

3. Sie räumt für ihren Sohn auf.

   ✏ *Hinweis: vgl. Z. 31–38*

4. Sie soll mit ihrem Sohn reden.

   ✏ *Hinweis: vgl. Z. 45–47*

5. Streit mit ihrem Sohn

   ✏ *Hinweis: vgl. Z. 39–41*

6. Sie soll ihn gleichwertig behandeln.

   ✏ *Hinweis: Wenn man jemandem „auf Augenhöhe" begegnet, behandelt man ihn wie Seinesgleichen. Man zeigt ihm also nicht, dass man sich ihm überlegen fühlt.*

7. Es kann sein, ...

   ☒ dass er eine andere Vorstellung von Ordnung hat als seine Mutter.

   ✏ *Hinweis: vgl. Z. 63/64*

Training Grundwissen ♪ 5

Hörtext B

1 MODERATOR: Viele Menschen haben ein Problem damit, ihr unmittelbares
Umfeld, also ihre Wohnung, so in Ordnung zu halten, dass sie sich darin
wohlfühlen. Unser heutiger Gast ist Frau Streng. Sie hat sich beruflich darauf spezialisiert, Menschen beim Aufräumen zu unterstützen. David
5 Muth, der Leiter unserer Redaktion „Land und Leute", wird sich mit ihr
über ihre Arbeit unterhalten.
DAVID MUTH: Ich begrüße Sie, Frau Streng.
FRAU STRENG: Guten Tag, Herr Muth.
DAVID MUTH: Frau Streng, wie ist es zu erklären, dass es so vielen Men-
10 schen schwerfällt, in ihrer Wohnung Ordnung zu halten?
FRAU STRENG: Dafür kann es verschiedene Gründe geben. Meist lassen sie
sich immer wieder zum Kauf von Dingen verführen, die sie eigentlich gar
nicht brauchen. Oder sie bekommen regelmäßig Sachen geschenkt, die
sie nicht benötigen. Die mögen sie dann nicht wegwerfen, weil sie Tante
15 Lisbeth oder Onkel Ernst nicht enttäuschen wollen, wenn die mal wieder
zu Besuch kommen. Solche Sachen häufen sich dann in der Wohnung an,
und irgendwann wissen die Bewohner nicht mehr, wo und wie sie alles
aufbewahren sollen, was sich bei ihnen angesammelt hat. Dann bricht
nach und nach das Chaos aus. Manchmal sieht man das schon beim Betre-
20 ten der Wohnung. In einigen Haushalten ist die Unordnung aber auch in
Schränken und Schubladen verborgen. Da wird dann alles, was man gerade nicht braucht, irgendwie hineingestopft.
DAVID MUTH: Wie gehen Sie vor, um solchen Menschen zu helfen?
FRAU STRENG: Jedes Aufräumen beginnt mit dem Ausmisten, so viel ist
25 klar. Damit sich die Betroffenen überhaupt erst mal einen Überblick über
das verschaffen, was sie bei sich aufbewahren, bringe ich einen großen
Karton mit. Dann gehe ich mit meinen Kunden Schrank für Schrank und
Schublade für Schublade durch. Dabei gibt es stets zwei Fragen: „Brau-
chen Sie das noch?" Und: „Wie lange haben Sie das nicht angerührt?"
30 Alles, was derjenige gar nicht mehr braucht, kommt in diesen Karton.
Und was jemand länger als ein Jahr nicht angerührt hat, auch.
DAVID MUTH: Landen die Sachen, die in dem Karton sind, dann gleich im
Müll?
FRAU STRENG: Oh, nein, dafür wäre einiges ja noch zu gut. Deshalb folgt
35 jetzt der zweite Schritt: Die ausrangierten Dinge werden sortiert. Dafür

6 ✦ Training Grundwissen

gibt es drei kleinere Kartons. In den ersten Karton kommt alles hinein, was vielleicht doch noch eine Weile aufbewahrt werden soll, in den zweiten kommen die Sachen, die man verschenken oder verkaufen könnte, und nur im dritten Karton wird das gesammelt, was gleich weggewor-
40 fen werden kann.

DAVID MUTH: Das ist natürlich erst der Anfang. Und wie geht es weiter?

FRAU STRENG: Danach sehen wir uns noch einmal alle Möbel genau an und achten darauf, dass wirklich nur die Dinge in einer Schublade oder einem Schrank bleiben, die auch wirklich zusammenpassen. Der Korkenzieher
45 sollte nun mal nicht neben einem Blumenübertopf liegen und die Topflappen gehören nicht in den Geschirrschrank. So sortieren wir nach und nach alles um und schaffen eine neue Ordnung.

DAVID MUTH: Wie lange dauert eine solche Aufräumaktion ungefähr?

FRAU STRENG: In der Regel genügt dafür ein Wochenende. Es gibt aber auch
50 Ausnahmefälle, bei denen man länger braucht. Das kommt ganz drauf an.

DAVID MUTH: Darf ich fragen, wie sich Ihre Kunden nach dem Aufräumen fühlen?

FRAU STRENG: Den meisten geht es gut, sie fühlen sich erleichtert und sind mir sehr dankbar.
55 DAVID MUTH: Frau Streng – vielen Dank für das interessante Gespräch.

1. 3

✦ **Hinweis:** *Es sprechen: der Moderator, der Redakteur und die Ordnungsberaterin*

2. • Menschen kaufen Dinge, die eigentlich nicht gebraucht werden.
   • Leute können sich von persönlichen Geschenken nicht trennen.

   ✦ **Hinweis:** *vgl. Z. 11–13 und Z. 13–16;*

3. In den großen Karton kommen alle Dinge, die …

   |X| nicht mehr gebraucht werden.

   |☐| sowieso billig waren.

   |☐| aus der Mode gekommen sind.

   |X| lange nicht mehr angerührt wurden.

   |☐| Geschenke von Verwandten sind.

   ✦ **Hinweis:** *vgl. Z. 30/31*

Training Grundwissen

4.

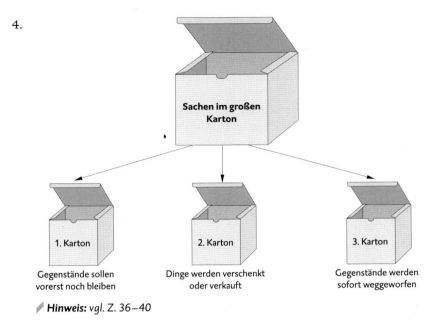

Hinweis: vgl. Z. 36–40

5. Sie werden geordnet und sortiert.

   Hinweis: vgl. Z. 42–47

6. in der Regel ein Wochenende

   Hinweis: vgl. Z. 49/50

7. erleichtert

   Hinweis: vgl. Z. 53/54. Du kannst auch andere Adjektive notiert haben, z. B. „glücklich" oder „dankbar".

Übung 4

Hörtext C

1 CAN: Meine Güte, ich hab' vielleicht Hunger! Ich geh' mir jetzt 'n Döner holen. Kommst du mit?
  KONRAD: Du kannst dir gerne nen Döner holen. Ich komm' auch mit, wenn du willst. Aber ich kauf' mir da nichts. Ich ess' nämlich kein Fleisch mehr.
5 CAN: Wie bitte? Du bist jetzt Vegetarier? Echt? Seit wann denn?
  KONRAD: Seit zwei Wochen.

CAN: Oje! Wenn ich mir vorstelle, was du jetzt alles nicht mehr essen kannst! Schrecklich!

KONRAD: Wieso? Ehrlich gesagt: Mir schmeckt Fleisch sowieso nicht richtig. Eigentlich hab' ich das nur noch gegessen, weil es bei uns zu Hause regelmäßig auf den Tisch kam. Aber vor Kurzem gab es im Fernsehen einen Film darüber, wie Schweine gezüchtet werden. Was ich da gesehn hab', fand ich so gruselig, dass ich beschlossen hab', kein Fleisch mehr zu essen. So eine Tierquälerei will ich nicht mehr unterstützen!

CAN: Und was sagen deine Eltern dazu? Müssen die jetzt nicht bei euch die ganze Ernährung umstellen? Wie soll das gehen? Es reicht ja nicht, wenn du einfach bloß das Fleisch weglässt. Zum Beispiel gibt's dann für dich keine Spaghetti Bolognese mehr. Du kannst deine Nudeln ja nicht ohne Soße essen.

KONRAD: Wir hatten zu Hause auch schon heftige Diskussionen darüber. Aber ich bin mit meiner Meinung zum Glück nicht allein. Meine Schwester isst auch kein Fleisch mehr; sie ist sogar Veganerin, schon seit einem Jahr.

CAN: Sag mal: Was ist eigentlich der Unterschied zwischen Vegetariern und Veganern?

KONRAD: Vegetarier essen bloß kein Fleisch. Veganer essen aber überhaupt keine tierischen Produkte. Das fängt schon an mit Eiern. Butter und Käse essen sie auch nicht, weil das Milchprodukte sind, und die kommen nun mal von Kühen.

CAN: Oje! Was bleibt denn da überhaupt noch übrig?

KONRAD: Eigentlich 'ne ganze Menge! Es gibt doch ganz viel Obst und Gemüse ... Und für Fleisch gibt es inzwischen schon viele Ersatzprodukte, z. B. vegane Frikadellen. Du musst dich im Supermarkt bloß mal richtig umsehen. Vegane Ernährung ist schon ein richtiger Trend geworden!

CAN: Findest du das etwa gut?

KONRAD: Ne, das gefällt mir nicht! Ich bin ja auch kein Veganer geworden. Auf bestimmte Sachen will ich nun mal nicht verzichten. Eier und Butter möchte ich auf jeden Fall weiter essen. Brot mit Margarine schmeckt mir nicht. Und die Sache mit den Fleischersatzprodukten finde ich richtig blöd. Ich finde: Wenn man schon kein Fleisch essen will, dann sollte man auch nichts essen, das so aussieht wie Fleisch und so ähnlich schmeckt.

Training Grundwissen

✏ 9

CAN: Sag mal: Kriegt man als Veganer nicht auch Mangelerscheinungen? Ich
meine: Man braucht doch Eiweiß und das ist nun mal in Milch und Käse
45 drin, oder etwa nicht?
KONRAD: Na klar. Aber es gibt auch noch andere Lebensmittel, die Eiweiß
enthalten. Veganer essen dafür Produkte aus Soja, z. B. Tofu. Und Hül-
senfrüchte essen sie auch, die enthalten auch Eiweiß. Na gut, aber es kann
schon sein, dass da irgendwas fehlt, wenn man sich nur vegan ernährt.
50 Meine Schwester nimmt deshalb auch manchmal bestimmte Tabletten.
Damit sie keinen Mangel an Vitamin B kriegt, glaube ich.
CAN: Und ich glaub', ich muss jetzt endlich was essen! Wie ist das –
kommst du nun mit zum Döner-Laden oder nicht?
KONRAD: Doch, doch, ich komm' schon mit. Vielleicht gehen wir danach
55 noch beim Bäcker vorbei, dann hol ich mir da eine Breze.

1. Seit 14 Tagen / seit zwei Wochen

   ✏ **Hinweis:** *vgl. Z. 6*

2. Er findet die Einschränkungen in der Ernährung schrecklich.

   ✏ **Hinweis:** *vgl. Z. 7/8*

3. • Fleisch schmeckt ihm nicht.
    • Er will die Tierquälerei, z. B. von Schweinen, nicht mehr unterstützen.

   ✏ **Hinweis:** *vgl. Z. 9/10 und Z. 11–14*

4. ☐ Brot
    ☒ Eier
    ☒ Butter
    ☐ Nüsse
    ☐ Äpfel
    ☒ Käse

   ✏ **Hinweis:** *Sie isst keine Lebensmittel mehr, die aus tierischen Produkten bestehen (vgl. Z. 26–29).*

5. Supermärkte verkaufen vegane Fleischersatzprodukte.

   ✏ **Hinweis:** *vgl. Z. 32–35*

6. Vitamin B

   ✏ **Hinweis:** *vgl. Z. 51*

Hörtext D

1 MODERATOR: Guten Tag, verehrte Zuhörerinnen und Zuhörer. Gesunde Ernährung – das ist unser heutiges Thema. Bei mir zu Gast ist eine Ernährungswissenschaftlerin, Frau Dr. Hellmich. Eine Frage gleich vorweg: In letzter Zeit hört man immer wieder, dass man nicht so oft Fast-Food-
5 Produkte essen sollte. Was ist eigentlich der Grund dafür?

DR. HELLMICH: Das Problem ist, dass Fast-Food-Produkte viele Zusatzstoffe enthalten, die eher ungesund sind und sogar Allergien auslösen können. Das sind vor allem Konservierungsstoffe und Geschmacksverstärker. Man braucht sich auf den Packungen nur mal das Kleingedruckte anzuschauen.
10 Oft gibt es eine ganze Liste von Zusatzstoffen, die alle mit dem Buchstaben E beginnen. Hinzu kommt, dass Fast Food auch von den übrigen Inhaltsstoffen her nicht sonderlich gesund ist. Wer sich überwiegend davon ernährt, läuft Gefahr, Mangelerscheinungen zu bekommen. Und dick wird man davon auch, jedenfalls dann, wenn man zu viel Fast Food isst.

15 MODERATOR: Allerdings sind Tiefkühlprodukte auch sehr praktisch, vor allem für Berufstätige. Man braucht z. B. eine Tiefkühlpizza nur in den Backofen oder in die Mikrowelle zu schieben, und nach ein paar Minuten ist sie fertig, und man kann sie essen.

DR. HELLMICH: Das stimmt natürlich. Und es gibt auch durchaus einige
20 Tiefkühlprodukte, die nicht schlecht sind. Tiefgefrorenes Gemüse enthält manchmal sogar mehr Vitamine als frisches Gemüse, weil es unmittelbar nach der Ernte eingefroren wird. Auch Fisch kann man gut tiefgekühlt kaufen, denn der wird gleich nach dem Fang eingefroren. So frisch bekommt man den an der Theke bei uns nie. Nicht zu empfehlen sind aller-
25 dings Fertiggerichte – wie die Pizza, von der Sie gesprochen haben.

MODERATOR: Leider greifen viele Menschen inzwischen vor allem deshalb zu Fertigprodukten, weil sie gar nicht mehr gelernt haben, richtig zu kochen. Das ist jedenfalls mein Eindruck. Oder sehe ich das falsch?

DR. HELLMICH: Nein, das stimmt leider. Dabei gibt es viele Gerichte, die gar
30 nicht schwer zu kochen sind. Es ist ein Jammer, dass viele Leute heute höchstens noch Bratkartoffeln und Spiegeleier braten können. Dabei gibt es so gute Rezepte – und die findet man auch im Internet, wenn man will. Viele davon eignen sich auch gut für Anfänger. So gesehen war es noch nie so einfach, kochen zu lernen, wie heute!

Training Grundwissen

35 MODERATOR: Wir sollten vielleicht auch mal darüber reden, wie gesunde Ernährung aussieht. Vielleicht können Sie unseren Hörerinnen und Hörern ein paar Ratschläge geben.

DR. HELLMICH: Dass man regelmäßig frisches Obst und Gemüse essen sollte, dürfte ja bekannt sein, am besten fünfmal am Tag. Das heißt natürlich
40 nicht, dass man jeden Tag fünf ganze Mahlzeiten aus Obst oder Gemüse zu sich nehmen sollte. Es genügt z. B., wenn man zwischendurch einen Apfel isst. Und zum Mittagessen kann man auch einen Salat essen.

MODERATOR: Gibt es noch andere Faustregeln, die Sie uns mit auf den Weg geben können?

45 DR. HELLMICH: Grundsätzlich gilt: Vollkorn ist besser als Weißmehl, denn es enthält viele Vitamine und Mineralstoffe. Produkte aus Vollkorn, z. B. Brot oder Nudeln, machen auch länger satt. Milchprodukte sollten auch auf dem Speiseplan stehen, weil sie viel Eiweiß enthalten. Empfehlenswert sind vor allem Joghurt, Kefir und Quark.

50 MODERATOR: Und wovon sollte man eher wenig zu sich nehmen, abgesehen von Fast Food?

DR. HELLMICH: Zucker und Fett sollte man eher sparsam verwenden. Aber ab und zu ein Stück Schokolade ist natürlich erlaubt.

MODERATOR: Da bin ich aber froh! – Frau Dr. Hellmich, ich bedanke mich
55 für Ihre hilfreichen Ratschläge für eine gesunde Ernährung.

1. Argumente gegen den Konsum von Fast-Food-Produkten:
   - *enthalten viele Zusatzstoffe*
   - schlechte Inhaltsstoffe führen zu Mangelerscheinungen
   - machen dick

   ✐ **Hinweis:** *vgl. Z. 12/13 und Z. 13/14*

2. Gründe für die Beliebtheit von Fertigprodukten:
   - praktisch, schnell fertig
   - Viele Menschen können nicht kochen.

   ✐ **Hinweis:** *vgl. Z. 15–18 und Z. 26–29*

3. Einige Tiefkühlprodukte sind empfehlenswert:

   Beispiele: Tiefkühlgemüse, tiefgekühlter Fisch
   Grund: enthalten mehr Vitamine, weil sie gleich nach der Ernte/nach dem Fang eingefroren werden

   ✐ **Hinweis:** *vgl. Z. 21–23*

12 / Training Grundwissen

4. Ernährungstipps:

Das sollte man regelmäßig essen:	Das sollte man eher weniger essen:
Obst und Gemüse	Weißmehl
Vollkornmehl	Zucker
Milchprodukte, z. B. Joghurt	Fett

Hinweis: vgl. Z. 45–52

Training Grundwissen   13

Teil B: Sprachgebrauch – Sprachbetrachtung

Übung 5

Neulich vergaß ein Reptilienhändler in einem Hotelzimmer sein grünes Ch...
Adv   V   Art   N   Präp Art   N   Pron Adj   N

Der Gast übersah das Tier am Morgen, als er seinen Koffer packte.
Art   N   V   Art N   Präp   N   Konj Pron Pron   N   V

✏ **Hinweis:** *Das Wort „am" ist eine Präposition, die mit einem Artikel verschmolzen ist („an dem").*

Das lag an der grünen Farbe der Tapete im Hotelzimmer.
Pron V Präp Art Adj   N   Art   N   Präp   N

✏ **Hinweis:** *Das Wort „das" ist ein Pronomen, weil es sich durch das Wort „dieses" ersetzen lässt. Das Wort „im" ist eine Präposition, die mit einem Artikel verschmolzen ist („in dem").*

Abends entdeckte der nächste Besucher das Tier, weil es sich bewegte.
Adv   V   Art   Adj   N   Art N   Konj Pron Pron   V

Er überlegte einen Augenblick, dann alarmierte der Mann sofort die Polizei.
Pron   V   Art   N   Adv   V   Art   N   Adv Art   N

Die Polizisten fingen das kleine Reptil mit einem Kescher.
Art   N   V   Art Adj   N   Präp Art   N

Bald ermittelten die Beamten den Besitzer und benachrichtigten ihn.
Adv   V   Art   N   Art   N   Konj   V   Pron

Der glückliche Reptilienhändler begab sich sofort wieder in das Hotel.
Art   Adj   N   V   Pron Adv   Adv Präp Art   N

Übung 6

✏ **Hinweis:** *Achte nicht nur auf die richtigen Formen der Artikel und Nomen, sondern auch auf die Endungen der begleitenden Adjektive.*

Einzahl	männlich	weiblich	sächlich
Nominativ	der alte Tisch	die helle Lampe	das dunkle Sofa
Genitiv	des alten Tisches	der hellen Lampe	des dunklen Sofas
Dativ	dem alten Tisch	der hellen Lampe	dem dunklen Sofa
Akkusativ	den alten Tisch	die helle Lampe	das dunkle Sofa

Mehrzahl	männlich	weiblich	sächlich
Nominativ	die alten Tische	die hellen Lampen	die dunklen Sofas
Genitiv	der alten Tische	der hellen Lampen	der dunklen Sofas
Dativ	den alten Tischen	den hellen Lampen	den dunklen Sofas
Akkusativ	die alten Tische	die hellen Lampen	die dunklen Sofas

Übung 7

Hinweis: Achte bei zusammengesetzten Zeitformen auf das Hilfsverb. Es zeigt dir an, ob es sich um das Perfekt (verkauft haben) oder um das Plusquamperfekt handelt (verstoßen hatte). Das Futur I enthält neben dem Hilfsverb „werden" immer den Infinitiv, also die Grundform des Verbs, z. B. „wird sagen". Das Futur II enthält dagegen noch ein weiteres Hilfsverb (sein oder haben) und das Partizip (gefragt, bearbeitet, gegessen ...), z. B.: „wird gesagt haben".

Knut bleibt unvergessen!	*Präsens*
Im Berliner Zoo gab es einmal einen berühmten Eisbären	*Präteritum*
namens Knut, der sehr beliebt war.	*Präteritum*
Weil ihn seine Mutter nach der Geburt verstoßen hatte,	*Plusquamperfekt*
kümmerte sich ein Tierpfleger liebevoll um ihn. Tausende	*Präteritum*
Gäste, die aus allen Teilen der Welt angereist waren,	*Plusquamperfekt*
beobachteten die beiden dabei neugierig.	*Präteritum*
Im Alter von nur vier Jahren starb der süße Knut, da er	*Präteritum*
infolge einer Gehirnentzündung ins Wasser gefallen war.	*Plusquamperfekt*
Dort war er ertrunken.	*Plusquamperfekt*
Die Knut-Fans werden sich noch lange an ihn erinnern.	*Futur I*
Irgendwann wird man ihm ein Denkmal errichtet haben.	*Futur II*
Dieses wird dann im Berliner Zoo stehen.	*Futur I*
Mit Knut haben einige Händler gute Geschäfte gemacht,	*Perfekt*
indem sie Plüschbären an die Zoogäste verkauft haben.	*Perfekt*
Tierschützer kritisieren noch heute den Rummel um Knut.	*Präsens*

Training Grundwissen

Übung 8

Hinweis: Überlege, was zur gleichen Zeit geschah (→ Präteritum) und was vorher geschehen sein muss (→ Plusquamperfekt).

Betrunkener Einbrecher scheiterte zweimal
Am Freitag **verhaftete** die Polizei einen Einbrecher mit zwei Promille. Die beiden Beamten **steckten** den 25-Jährigen in eine Zelle, damit er dort seinen Rausch **ausschlief.** In der Nacht zuvor **hatte** der junge Mann **versucht,** in ein Einfamilienhaus einzudringen. Das **berichtete** später die Polizei. Nachdem er unabsichtlich ein Regal mit Büchern **umgeworfen hatte, erwachte** die Bewohnerin und **schlug** den Mann in die Flucht. Anschließend **rief** sie die Polizei. Bevor diese den Täter jedoch **festnahm, hatte** er noch schnell **probiert,** ein Auto zu knacken.

Übung 9

Mit dem Geländewagen in den U-Bahn-Schacht
Vor einiger Zeit **stürzte** ein Autofahrer in San Francisco mit seinem Geländewagen in einen U-Bahn-Tunnel. Dort **blieb** er **stecken.** Warum der Mann in den Tunnel **raste,** wurde nicht **geklärt.** Menschen **kamen** bei dem Unglück nicht zu Schaden. Auch Sachschaden **entstand** nicht. Allerdings **war** der Betrieb aller fünf U-Bahnlinien für mehr als zwei Stunden unterbrochen. Die Polizei **nahm** den Unglücksfahrer **fest.**

Hinweis: Dadurch, dass die Hilfsverben „haben" und „sein" überall entfallen sind, klingt der Text erheblich eleganter.

Übung 10

Hinweis: Bei zusammengesetzten Formen musst du jeweils nur das Hilfsverb ins Präsens setzen (wollte werden → will werden, wurde getötet → wird getötet, wurde verletzt → wird verletzt, musste feststellen → muss feststellen). Die Verben „einsetzen" und „aufhören" sind trennbare Verben. Wenn man sie beugt, rutscht der erste Teil des Verbs an das Satzende.

Inhaltsangabe zu Günter Kunerts Kurzgeschichte „Die Taucher"
In der Kurzgeschichte „Die Taucher" von Günter Kunert geht es um ein Schiff, das im Jahr 1906 während eines Taifuns gesunken ist. Viele Jahre später **machen** sich zwei Bergungsteams getrennt voneinander auf die Suche

16 ✦ Training Grundwissen

nach dem Wrack. Sie **wollen** den Tresor finden, in dem unermessliche Schätze sein sollen. Beide Teams scheitern.

Jedes der beiden Bergungsunternehmen **will** durch den Schatz reich werden und **setzt** sogar Spitzel **ein**, um an Informationen über die Gegenseite zu kommen. Sie **beobachten** einander ständig bei der Suche nach dem Wrack. Als zwei Taucher das gesunkene Schiff schließlich **finden**, **kämpfen** sie gegeneinander. Bei diesem Kampf **wird** einer von ihnen getötet und der andere schwer verletzt. Der Verletzte **findet** schließlich auch den Tresor, aber er **muss** feststellen, dass es gar keinen Schatz **gibt**. Kurz danach **erliegt** auch er seinen Verletzungen.

Die Mannschaften **erfahren** nicht, dass ihre beiden Taucher tot **sind** und dass es keinen Schatz **gibt**. Sie **hören** daher mit der Suche nicht **auf**.

Übung 11

✎ *Hinweis: Wenn das Subjekt im Plural steht, verwendest du die Umschreibung mit „würde".*

Der Verfasser meint, das Schreiben von E-Mails **habe** inzwischen das Schreiben herkömmlicher Briefe fast schon **abgelöst**. Während der Schreiber eines Briefes sich in der Regel Mühe **gebe**, **neige** der E-Mail-Schreiber dazu, seine Texte in Windeseile zu tippen. Häufig **kümmere** er sich dabei nicht um das Einhalten von Regeln. Beispielsweise **spreche** er den Empfänger mit „Hallo Herr X" statt mit „Sehr geehrter Herr X" **an**. Und die Rechtschreibung **bleibe** auch oft auf der Strecke. Einige E-Mail-Nutzer **würden** aus Bequemlichkeit alle Wörter **kleinschreiben**. Und auf die Zeichensetzung **würden** sie auch nicht **achten**. Doch das **sei** ein Fehler. Auch beim Verfassen von E-Mails **würden** bestimmte Regeln **gelten**, die man **einzuhalten habe**.

Übung 12

✎ *Hinweis: Achte auf die richtigen Zeitformen: „wurde gefunden" wird im Aktiv zu „fand" und „war gekauft worden" wird im Aktiv zu „hatten gekauft". Wenn der Satz mit einer Zeitangabe oder einer Ortsangabe beginnt, rückt das Subjekt hinter das gebeugte Verb.*

Tote Maus als Beilage in Gemüsepfanne entdeckt

Vor einigen Tagen wurde in einem Fertigessen ein ekliger Fund gemacht. In einer Gemüsepfanne **fand ein Pärchen** eine tote Maus. **Die beiden hatten** das Tiefkühlgericht einen Tag zuvor in einem Supermarkt **gekauft. Sie**

Training Grundwissen   ✦ 17

mussten das tiefgefrorene Gericht **erhitzen**. Deshalb **schütteten sie** es in eine Pfanne. Während des Aufwärmens **entdeckten sie** das steife Nagetier. In letzter Zeit werden immer wieder unappetitliche Funde in Fertiggerichten gemacht: Einmal **fand ein Rentnerpaar** die Klinge eines Teppichmessers in einem Rindergulasch. Vor einem Jahr **biss ein Mann** beim Verspeisen eines Hacksteaks auf einen menschlichen Zahn. Und vor nicht allzu langer Zeit **entdeckte eine junge Frau** einen Frosch in ihrer Salatmischung.

Übung 13

✎ **Hinweis:** *Die Formen der Adjektive „hoch" und „nah" werden unregelmäßig gebildet.*

a)	das stille Wasser	→ das stillere Wasser	→ das stillste Wasser
b)	die nette Dame	→ die nettere Dame	→ die netteste Dame
c)	der kluge Hund	→ der klügere Hund	→ der klügste Hund
d)	das hohe Haus	→ das höhere Haus	→ das höchste Haus
e)	der berühmte Star	→ der berühmtere Star	→ der berühmteste Star
f)	die nahe Stadt	→ die nähere Stadt	→ die nächste Stadt

Übung 14

✎ **Hinweis:** *Wenn das Adjektiv Teil des Prädikats ist, musst du jeweils die zugehörige Form des Verbs „sein" unterstreichen. Ansonsten unterstreichst du das zugehörige Nomen (bei der Verwendung als Attribut) oder das zugehörige Verb (bei der Verwendung als Adverb).*

Putzkraft zerstört <u>wertvolles Kunstwerk</u>	*Attribut*
Viel zu <u>gründlich ging</u> eine <u>übereifrige Putzkraft</u> bei Reinigungsarbeiten in einem Museum <u>vor</u>. Beim Sauber-	*Adverb, Attribut*
machen wollte sie einen <u>hartnäckigen Fleck</u> beseitigen,	*Attribut*
mit dem Ergebnis, dass das Kunstwerk anschließend <u>ruiniert war</u>.	*Prädikatsteil*
Das Werk trägt den <u>interessanten Titel</u> „Wenn's anfängt	*Attribut*
durch die Decke zu tropfen". Nun ist die <u>ganze Angele-</u>	*Attribut*
<u>genheit</u> ein <u>brisanter Fall</u> für die Versicherung geworden.	*Attribut*
Die Arbeit war eine Dauerleihgabe für das Museum. Sie	
bestand aus einem <u>massiven Holzplattenturm</u>, der <u>baum-</u>	*Attribut, Prädi-*
<u>hoch war</u>. Unten in der Mitte befand sich ein Gummitrog	*katsteil*
mit einem <u>weißlichen Kalkfleck</u>.	*Attribut*

18 / Training Grundwissen

Diesen rieb die Putzkraft so gründlich weg, dass sie damit unwissentlich ein teures Kunstwerk zerstörte. Nach den Aussagen des Museums ist das Werk nicht wiederherstellbar.	*Adverb* *Adverb, Attribut* *Prädikatsteil*

Übung 15

🖊 **Hinweis:** *Trage als Erstes die Adjektive in die Lücken ein, die du sicher zuordnen kannst, und streiche sie dann in der Liste durch. Das erleichtert dir die Arbeit.*

Schluss mit der unnötigen Lebensmittelverschwendung!

In Europa werden **jährlich** viele Tonnen Lebensmittel weggeworfen, die man noch **bedenkenlos** essen könnte. Sie werden **sinnlos** verschwendet. Dagegen können Verbraucher*innen aber **aktiv** vorgehen, indem sie **sparsam** einkaufen und ihre Einkäufe **sorgfältig** planen oder Übriggebliebenes einfrieren. Wenn es dann einmal **schnell** gehen muss, hat man innerhalb kurzer Zeit sein Mittagessen **fertig** gekocht. Auf diese Weise kann man die Verschwendung von Lebensmitteln im eigenen Haushalt **deutlich** verringern. Nebenbei kann man so auch **richtig** Geld sparen. Dafür kann man sich dann hin und wieder ganz **bequem** in einem Restaurant bekochen lassen.

Übung 16

a) Viele Schüler*innen sorgen sich um die Zeit nach dem Schulabschluss. **Sie** fragen sich, ob sie wohl eine Lehrstelle finden werden.

b) Aber die Situation der Schulabgänger*innen hat sich in den letzten Jahren deutlich gebessert. **Ihre** Zahl ist nämlich gesunken. Deshalb gibt es für **sie** immer mehr freie Lehrstellen.

c) Einige Ausbildungsbetriebe suchen schon händeringend nach Bewerber*innen. Aber nicht **alle** werden für geeignet gehalten. **Einige** werden also trotzdem nicht eingestellt.

🖊 **Hinweis:** *Bei c können die Pronomen als Stellvertreter benutzt werden. Das ist möglich, weil klar ist, worauf sie sich beziehen.*

Training Grundwissen

Übung 17

1. *Hinweis: Bedenke, dass Satzglieder unterschiedlich lang sein können.*

a) In den Pausen | stehen | die Schüler*innen | auf dem Hof .

b) Sie | diskutieren | die neuesten Modetrends .

c) Montags | vergehen | die Pausen | viel zu schnell .

d) Nach jeder Pause | beginnt | sofort | die nächste Unterrichtsstunde .

e) Fast alle Schultage | enden | am frühen Nachmittag .

2. *Hinweis: Bedenke, dass ein Satz nicht unbedingt mit dem Subjekt anfangen muss. Es kann auch vorkommen, dass ein bestimmtes Satzglied öfter als einmal in einem Satz vorkommt, z. B. kann ein Satz zwei Objekte enthalten oder zwei oder drei Adverbialien.*

b) Mehrere Maisfladen | verputzt | eine fünfköpfige Familie | pro Tag .
    O   P   S   AB

c) Letztes Jahr | stiegen | die Maispreise | aufgrund von Missernten | an .
    AB   P 1   S   AB   P 2

d) Tausende Menschen | gingen | aus Protest | wütend | auf die Straße .
     S   P   AB   AB   AB

e) Daraufhin | spendierte | man | allen Mexikanern | einen Sack Mais .
    AB   P   S   O   O

3. a) Früher | kannten | nur wenige Deutsche | Döner oder Pizza .
    AB   P   S   O

b) Heute | kaufen | wir | diese Speisen | ganz selbstverständlich | ein .
    AB   P 1   S   O   AB   P 2

c) Amerikanische Hamburger | essen | die Leute | überall | gerne .
      O   P   S   AB   AB

Übung 18

Ein ganz besonderer Liebesbeweis

Die letzten Monate waren für Familie Müller sehr anstrengend gewesen. **Deshalb** freute sie sich diesmal ganz besonders auf den Sommerurlaub in Italien. **Die** Koffer waren schon gepackt und ins Auto geladen. **Jetzt** mussten sie nur

20 ✏ Training Grundwissen

noch ihre Katze wegbringen. **Eine** befreundete Familie würde Fritzi während ihrer Abwesenheit versorgen. **Drei** lange Wochen verbrachten die Müllers an der Adria und genossen dort Meer und Strand. **Danach** traten sie die Heimreise an. **Wenige** Minuten nach ihrer Ankunft hörten sie draußen ein vertrautes Miauen. **Voller** Neugier öffnete Herr Müller die Tür. **Zu** seinem Erstaunen erblickte er vor dem Haus ihre Katze. **Fritzi** hatte ganz allein den weiten Weg nach Hause gefunden. **Das** bewerteten alle Familienmitglieder als ganz besonderen Liebesbeweis.

✏ *Hinweis: An einigen Stellen könnte man auch statt eines Punktes ein Komma setzen, um die Grenzen zwischen zwei aufeinanderfolgenden Sätzen zu kennzeichnen, z. B. hier: Drei lange Wochen verbrachten die Müllers an der Adria und genossen dort Meer und Strand, danach traten sie die Heimreise an. Laut Aufgabenstellung sollte hier aber das Ende eines jeden Satzes jeweils mit einem Punkt markiert werden. Deshalb kommt ein Komma nicht infrage.*

Übung 19

✏ *Hinweis: Satzglieder, die an den Satzanfang gestellt wurden, sind durch Fettdruck hervorgehoben. Nicht bei jedem Satz ist es nötig, ein Adverbial an den Satzanfang zu rücken. Ansonsten würde eine neue Eintönigkeit entstehen! Bei einigen Sätzen ist auch eine andere Reihenfolge der Satzglieder möglich.*

Leiche unter Schnee und Eis

Ein Bergsteigerpaar fand am 19. September 1991 bei einer Bergtour in den Ötztaler Alpen eine Leiche aus der Jungsteinzeit. Sie lag in einem Gletscher unter Eis und Schnee. **Deshalb** war sie ungewöhnlich gut erhalten. **Wegen ihres Fundorts** wurde die Mumie später liebevoll „Ötzi" genannt.

Seitdem beschäftigen sich Wissenschaftler*innen mit dem Steinzeitmenschen. **Seit 20 Jahren** wollen die Forscher*innen die Umstände seines Todes aufklären. **Durch Untersuchungen** haben sie schon einiges herausgefunden: **Vor rund 5 300 Jahren** kam der Mann ums Leben. Ein Keulenschlag tötete ihn von hinten. **Damals** war er etwa 46 Jahre alt. Der Tod ereilte ihn während einer Rast. Der Angreifer ließ ihn einfach liegen.

Den Grund für den tödlichen Angriff kennen die Forscher*innen nicht. **Kurz vor seinem Tod** muss der Mann sich aber sicher gefühlt haben. Er hatte nämlich eine lange Rast gemacht und ausgiebig gegessen. **Das** können die Forscher*innen mit einiger Sicherheit sagen. Sie haben Ötzis Mageninhalt gründlich untersucht. **Inzwischen** haben sie auch das Erbgut der Steinzeitmumie entschlüsselt.

Training Grundwissen 21

Übung 20

Keine Wirkung ohne Nebenwirkung
Der Herbst ist da(,) **und** viele Menschen sind erkältet. **Oft** nehmen sie Medikamente ein, **denn** sie müssen zur Arbeit oder zur Schule gehen. **Vielleicht** können sie den Tag so überstehen. **Jedenfalls** hoffen sie das. **Aber** jedes Medikament enthält auch unangenehme Wirkstoffe, **denn** es gibt kein Medikament ohne Nebenwirkungen. **Doch** viele wissen das nicht. **Beispielsweise** können Mittel gegen Husten schläfrig machen, **denn** sie beeinträchtigen das Reaktionsvermögen. **Dagegen** wirken andere Mittel anregend(,) **und** Verwirrtheit und Halluzinationen sind die möglichen Folgen. Selbst harmlose Mittel können die Fahrtüchtigkeit beeinträchtigen. **Deshalb** sollten Autofahrer*innen sich über die möglichen Nebenwirkungen informieren, **denn** im Falle eines Unfalls drohen Bußgelder. **Außerdem** können Fahrverbote ausgesprochen werden. Auskünfte zu den Nebenwirkungen von Medikamenten erteilt medizinisches Fachpersonal. Informationen dazu finden sich **ebenfalls** auf dem Beipackzettel.

Hinweis: Bei einigen Sätzen sind auch andere Verbindungen denkbar. Beim zweiten Satzpaar wurde die Reihenfolge der Sätze getauscht. Hinweis: Zwei Hauptsätze, die durch „und" oder „oder" verbunden sind, können, müssen aber nicht durch Komma voneinander abgetrennt werden.

Übung 21

	K	P
Labrador als Lebensretter Ein 81-jähriger Mann und seine 3-jährige Enkelin, <u>die</u> während einer Autofahrt einen Unfall erlitten, verdanken ihrem Hund das Leben.	☐	☒
Der 7-jährige Labrador bewahrte die beiden vor dem Erfrieren, <u>indem</u> er sie abwechselnd wärmte.	☒	☐
So überstanden sie die Nacht im Unfallwagen ohne Erfrierungen, <u>obwohl</u> die Temperaturen deutlich unter dem Gefrierpunkt lagen.	☒	☐
Die Polizei entdeckte das Trio am nächsten Morgen in dem Fahrzeug, <u>das</u> umgestürzt in einem Flussbett lag.	☐	☒
Für seine Heldentat, <u>die</u> sich in der Region schnell herumsprach, erhielt der Hund einen Orden und eine Extraportion Hundefutter.	☐	☒

Man kann annehmen, <u>dass</u> sich das Tier mehr über das Hundefutter als über den Orden gefreut hat.

Übung 22

✏ **Hinweis:** *Achte darauf, welcher Zusammenhang zwischen den Sätzen logisch ist: Nennt einer der beiden Sätze einen Grund (weil, da), eine Bedingung (wenn, falls) oder einen Gegengrund (obwohl, obgleich)? Oder gibt es einen zeitlichen Zusammenhang (nachdem, als)?*

a) Hundebesitzer*innen in Nordrhein-Westfalen können sich freuen, **weil** sie künftig ihre Vierbeiner auf Waldwegen frei laufen lassen dürfen.

b) Das Oberverwaltungsgericht in Münster hat entschieden, **dass** Hunde dort nicht angeleint werden müssen.

c) Eine Leine müssen die geliebten Vierbeiner nur dann tragen, **wenn** sie den Weg verlassen.

d) **Nachdem** eine Hundebesitzerin wegen des Leinenzwangs im Wald gegen die Stadt Hilden geklagt hatte, bekam sie in zweiter Instanz recht.

Übung 23

✏ **Hinweis:** *Achte darauf, dass du im Relativsatz das Wort oder die Wortgruppe streichst, das/die im Hauptsatz genannt worden ist, und setze das gebeugte Verb ans Ende.*

a) Eine Frau**, der** man einmal die Handtasche gestohlen **hatte,** verzichtete seither auf dieses modische Beiwerk.

b) Aus Vorsicht wollte sie die Geldbörse**, die** sie bei sich **trug,** nur noch eng am Körper tragen.

c) Sie kaufte sich fortan ausschließlich Jacken und Mäntel**, die** auf der Innenseite mit einer Tasche versehen **waren.**

d) Allerdings lösten sich die Nähte der Innentaschen**, in die** sie ihre Geldbörse gesteckt hatte, nach und nach auf.

e) So rutschte ihr die Geldbörse**, auf die** sie so sorgsam aufgepasst **hatte,** aus der Tasche und fiel zu Boden.

f) Ein freundlicher Mann**, der** im Bus hinter der Frau gestanden **hatte,** hob sie auf und gab sie ihr zurück.

Training Grundwissen

Übung 24

Hinweis: Die Konjunktion „dass" kann auch am Anfang eines Satzgefüges stehen. Das kann ein Relativpronomen nicht!

Steckt das Gähnen auch Wellensittiche an?	*Artikel*
Gähnt jemand, gähnen bald alle – **das** kennt man	*Demonstrativpronomen*
vom Menschen und von einigen Affenarten. US-	
Wissenschaftler wollen **das** Phänomen nun auch bei	*Artikel*
Wellensittichen beobachtet haben. **Dass** Gähnen an-	*Konjunktion*
steckend ist, gilt außer für Menschen nur für wenige	
Tierarten wie Schimpansen, Makaken und Paviane.	
Nun behaupten Forscher, **dass** sich auch Wellensit-	*Konjunktion*
tiche von gähnenden Artgenossen anstecken lassen.	
Sie filmten 21 der kleinen Papageien in einer Voliere.	
Zwar gähnten die Tiere insgesamt recht selten, doch	
war die Wahrscheinlichkeit größer, **dass** ein Sittich	*Konjunktion*
den Schnabel aufriss und Flügel und Beine streckte,	
wenn unmittelbar zuvor andere Käfiggenossen ge-	
gähnt hatten. Nur selten passierte es, **dass** ein einzel-	*Konjunktion*
ner Vogel gähnte. Laut den Forschern dient ein Gäh-	
nen, **das** ansteckend ist, dem Zusammenleben in der	*Relativpronomen*
Gruppe. Allerdings ist unklar, ob **das** Gähnen ver-	*Artikel*
schiedener Vögel, **das** direkt aufeinanderfolgt, nicht	*Relativpronomen*
bloß auf Zufall beruht. Möglicherweise ist es auch so,	
dass die Vögel in der Voliere den gleichen Tages-	*Konjunktion*
rhythmus haben. Es kann also sein, **dass** sie alle zur	*Konjunktion*
gleichen Zeit müde werden.	

Quelle: Katrin Blawat: Steckt Gähnen auch Wellensittiche an? 18. 01. 2012. Im Internet unter: http://www.sueddeutsche.de/wissen/verhaltensbiologie-steckt-gaehnen-auch-wellensittiche-an-1.1260679, aus didaktischen Gründen stellenweise geändert und leicht gekürzt.

Übung 25

a) Roboter dienen inzwischen dazu, den Alltag **zu erleichtern**.

b) Sie erledigen alles, **ohne** sich darüber **zu beklagen**.

c) Man kann sie z. B. dazu einsetzen, den Hund **zu füttern**.

d) Neue Roboter lernen sogar schon, den Hund **auszuführen**.

e) Allerdings ist es nicht leicht, ihnen das **beizubringen**.

f) Der Roboter läuft nämlich lieber um den Hund herum, **als** ihm **zu folgen**.

g) Er weicht einem Hindernis eher aus, **statt** direkt darauf **zuzusteuern**.

✒ **Hinweis:** Bei den Sätzen b, f und g müssen die Wörter „ohne", „als" und „statt" erhalten bleiben. Bei den Sätzen d, e und g wird das Wörtchen „zu" jeweils in das Verb eingeschoben.

Training Grundwissen ✦ 25

Teil B: Sprachgebrauch – Rechtschreiben

Übung 26

FEIG**LING**, NOTWENDIG, BEDENKLICH, EIGEN**SCHAFT**, KENNT**NIS**,
MÖGLICH, VER**WANDLUNG**, BEKANNT**SCHAFT**, VERHÄLT**NIS**, SELT-
SAM, HAL**TUNG**, NEU**HEIT**, STÜRMISCH, HARTNÄCKIG, FEIG**HEIT**,
EREIG**NIS**, HALTBAR, AK**TION**, KLAR**HEIT**, SORGLOS, HEITER**KEIT**,
RECHTHABERISCH, EIGEN**TUM**, UNGENAU, REIN**HEIT**, ALTER**TUM**,
SPANNEND

Übung 27

1. a) Nächsten Mittwoch muss ich <u>das Turnen</u> ausfallen lassen.
   b) Das Kleid steht dir wirklich gut! Vor allem <u>das Grün</u> passt zu dir.
   c) <u>Beim Rechnen</u> stellt sie sich sehr geschickt an.
   d) <u>Nach langem Hin</u> und <u>Her</u> ging sie endlich mit.

2. **Berliner Zeitung**   **WIE MAN DATEIEN RICHTIG LÖSCHT**

   Wenn <u>Anwender</u> ihren Rechner oder eine Festplatte verkaufen
   oder entsorgen wollen, befinden sich in vielen Fällen noch
   sensible Daten auf dem Gerät. Viele Nutzer denken, mit dem
   Löschen der Daten oder dem Formatieren des Datenträgers
   lassen sich alle persönlichen Daten beseitigen – ein Trugschluss.
   Zwar können <u>Anwender</u> mit der Tastenkombination „umschalt +
   entf" Daten ohne den Umweg über den Papierkorb löschen. Es ist
   allerdings kein Problem, diese Daten mit Spezialprogrammen
   wiederherzustellen. Das liegt vor allem daran, dass
   <u>Windows</u> beim normalen Löschen nur das Inhalts-
   verzeichnis entfernt, die Daten aber erhalten bleiben.
   Oder das Betriebssystem löscht die einzelnen Bereiche
   auf der Festplatte, überschreibt diese aber nicht.

26 ✦ Training Grundwissen

Falls es kein **Z**urück für die **D**ateien geben soll, müssen <u>Anwender</u> schwerere **G**eschütze auffahren – entweder etwas umständlichere **W**indows-Bordmittel oder <u>Löschtools</u>, die meist einfacher zu handhaben und kostenlos sind.

Quelle: Text: dpa: Wie man Dateien richtig löscht, 10. 01. 2012. Im Internet unter: http://www.berliner-zeitung.de/digital/auf-nimmerwiedersehen-wie-man-dateien-richtig-loescht,10808718,11415320. html, aus didaktischen Gründen stellenweise gekürzt und geändert. Bild: Photomak/Dreamstime.com

✦ *Hinweis: Bei den unterstrichenen Wörtern musst du zuerst die Artikelprobe durchführen, um zu erkennen, dass du sie großschreiben musst.*

Übung 28

1. a) Wenn du gut lernst, wird dir der Test *leichtfallen*.

   b) Ich denke, wir werden miteinander *zurechtkommen*.

   c) Wo ist hier der *Notausgang*?

   d) Er war von der Sonne *braun gebrannt*.

   e) Auf der Bühne musst du *deutlich sprechen*.

   ✦ *Hinweis: Auch Wörter, die zusammengeschrieben werden, können zwei Betonungen haben. Eine davon ist dann aber die Hauptbetonung, denn sie wird stärker betont.*

2. a) Thomas will immer alles ~~schön reden~~ / *schönreden*.

   b) Maria kann *schnell laufen* / ~~schnelllaufen~~.

   c) Costa lässt sich für morgen ~~krank schreiben~~ / *krankschreiben*.

   d) Ich möchte nicht ~~schwarz fahren~~ / *schwarzfahren*.

   ✦ *Hinweis: Der erste Bestandteil in den Wörtern „schönreden", „krankschreiben" und „schwarzfahren" lässt sich nicht sinnvoll steigern. Man kann z. B. nicht „schwärzer" fahren.*

3. **Falscher Alarm**
   - ~~starkbetrunkener~~ / stark betrunkener
   - Wochenende / ~~Wochen Ende~~
   - Feuerwehr / ~~Feuer Wehr~~
   - Einsatzleitung / ~~Einsatz Leitung~~
   - ~~quellensehen~~ / quellen sehen
   - Löscharbeiten / ~~Lösch Arbeiten~~
   - ~~lustigzumachen~~ / lustig zu machen
   - ~~löschenmüssten~~ / löschen müssten
   - ~~zuschieben~~ / zu schieben
   - ~~gerufenwurden~~ / gerufen wurden

Training Grundwissen

- ~~überwältigtwerden~~ / überwältigt werden
- Diskothekenbesitzer / ~~Diskotheken Besitzer~~
- heimzahlen / ~~Heim zahlen~~
- Nebelmaschine / ~~Nebel Maschine~~
- zahllosen / ~~Zahl losen~~
- ~~geärgertzuhaben~~ / geärgert zu haben

Hinweis: Das Wort „heimzahlen" schreibt man zusammen, weil das Nomen „Heim" nicht mehr seine ursprüngliche Bedeutung (Haus, Zuhause) trägt.

Übung 29

1.
a)	kran**k**	kränker	b)	Ber**g**	Berge
c)	Her**d**	Herde	d)	run**d**	runder
e)	Wir**t**	Wirte	f)	Kor**b**	Körbe
g)	Ty**p**	Typen	h)	er berä**t**	beraten

2.
a)	Schul**d**	schuldig
b)	Blu**t**	blutig
c)	Mu**t**	mutig
d)	San**d**	sandig

Übung 30

1.
a)	die H**äu**ser	das Haus	b)	k**äl**ter	kalt
c)	die D**e**cken	die Decke	d)	die B**eu**len	die Beule
e)	er schl**ä**ft	schlafen	f)	die Br**äu**che	der Brauch
g)	die R**ä**nder	der Rand	h)	schl**e**chter	schlecht

2. a) Er ist m**ä**chtig (**Macht**) und sehr bed**eu**tsam (**Bedeutung**).

   b) Te**u**res (**teuer**) muss nicht besser (**das Beste**) sein.

   c) Er lag b**äu**chlings (**Bauch**) auf dem Sofa.

   d) Der pr**ä**chtige (**Pracht**) Wolf h**eu**lte (**heulen**) laut.

Übung 31

1. a) An Ostern kommt der Osterhase.
   b) Das Gegenteil von „lieben" ist „hassen".
   c) Zum Schlafen legt man sich in ein Bett.
   d) Religiöse Menschen beten, wenn sie Sorgen haben.
   e) Wenn es regnet, werden die Menschen nass.
   f) Die Nase ist das Sinnesorgan, mit dem wir Gerüche wahrnehmen.

2. a) bel-len
   b) düm-mer
   c) müs-sen
   d) Bret-ter
   e) unsin-nig

3. Winkel, Bank, Schreck, Lack, packen, parken, lecker, Leck, wecken, Stecker, dunkel, Decke, Schränke, Balken, wackeln

4. Herz, tanzen, winzig, witzig, Kerze, ranzig, Pelz, spitz, Mütze, Kratzer, petzen, würzig, Schmutz, Verletzung, Pilz

Übung 32

1.

Wie schreibt man ...	s-Laut		Vokallänge		So schreibt man ...
	weich	scharf	lang	kurz	
le ? en	☒	☐	☒	☐	lesen
fre ? en	☐	☒	☐	☒	fressen
wi ? en	☐	☒	☐	☒	wissen
drau ? en	☐	☒	☒	☐	draußen
brau ? en	☒	☐	☒	☐	brausen
Bu ? e	☐	☒	☒	☐	Buße

2. *Hinweis: Zweilaute (Diphthonge) wie ei, au, äu, eu, ai werden immer lang gesprochen.*
   b) heiß   heißer   →   s-Laut bleibt scharf + Diphthong
   c) Haus   Häuser   →   s-Laut wird weich + Diphthong
   d) nass   nässer   →   s-Laut bleibt scharf + Vokal ist kurz

Training Grundwissen ✦ **29**

Übung 33

a) Tanja **bie**tet ihren Gästen selbst gebackenen Kuchen an.

b) Würdest du **bi**tte das Fenster schl**ieß**en?

c) Marcel kaut nervös auf seiner L**i**ppe.

d) Das prächtige Sch**iff** fuhr mit geblähten Segeln auf das Meer hinaus.

e) Hätte ich keine Zahnspange gehabt, hätte ich z**ie**mlich sch**ie**fe Zähne.

f) Fulda l**ie**gt **mi**tten in Deutschland.

g) Wenn die M**ie**tpreise weiter steigen, müssen wir umz**ie**hen.

Übung 34

a) Lehrling / ~~Lerling~~   Lehre

b) ~~Prohbe~~ / Probe   probieren

c) Belohnung/ ~~Belonung~~   belohnen

d) Zahltag / ~~Zaltag~~   Zahl

e) ~~abfehdern~~ / abfedern   Feder

f) Mahnung / ~~Manung~~   mahnen

Übung 35

1. se | hen, krä | hen, flie | hen, blü | hen, nä | hen, lei | hen, glü | hen, ste | hen,
    ru | hen

2. a) Flö | he   b) Ze | hen

    c) dro | hen   d) nä | her

    e) Schu | he   f) fro | her

3. a) drehen   → dre | hen
    b) glühen   → glü | hen
    c) Mühe   → Mü | he
    d) weihen   → wei | hen
    e) sehen   → se | hen

30 / Training Grundwissen

Übung 36

1. Regisseure
2. aus dem Französischen
3. des Regisseurs
4. Re-gis-seur

Übung 37

1.

Begründe die Schreibung von …	Rechtschreibstrategie
Kolumbien, Frühstück	Wortart bestimmen
Häuser, stärker	Grundform bilden
Betreuung, Gesellschaft	Wortendung beachten
krumm, Tasse	Vokallänge untersuchen
Mühe, blühen	nach Silben trennen
Gefängnis, Naherholungsgebiet	verwandte Wörter suchen
zum Essen, nichts Schönes	Signalwörter beachten
Bluse, Buße	Stimmhaftigkeit untersuchen

2. Surfen oder Wellenreiten bezeichnet das Gleiten auf einer Welle mittels eines dafür vorgesehenen Surfbretts. Besonders schwierig ist es, durch eine Tube, also eine Röhre aus Wasser, zu surfen. Gerade beim Hinein- und wieder Herausfahren machen Anfänger oft viele Fehler. Die Welle bricht dann über ihnen, wobei es in der Folge zu schweren Verletzungen kommen kann.

3. Das Wellenreiten gibt es vermutlich bereits seit 4000 Jahren. Man geht davon aus, dass das Surfen von den Polynesiern erfunden wurde. Diese ließen sich zunächst im Liegen auf kleinen Hilfsmitteln wie Bündeln aus Binsen vom Wasser tragen. Auf Tahiti wurde schließlich das Surfen im Stehen entwickelt. Das Wellenreiten hat seit den 1950er-Jahren immer größere Massen begeistert. Mittlerweile genießt man es nicht mehr nur am Meer: Auch Flüsse eignen sich für diesen nassen Freizeitspaß.

Training Grundwissen | **31**

Übung 38

🖉 **Hinweis:** *Manchmal gehören mehr als zwei Sätze in ein Satzgefüge. Benenne dann jeden einzelnen Satz. – Hauptsatz (HS), Nebensatz (NS)*

Was Hotelgäste auf dem Zimmer vergessen

Dass ein Hotelgast etwas im Hotelzimmer liegen lässt, ist nichts Neues. Eine britische Hotelkette hat jetzt eine Liste mit den verrücktesten Fundstücken veröffentlicht.	NS + HS
Gäste ihrer Hotels vergaßen unter anderem eine Urne mit sterblichen Überresten, einen Hamster namens Frederick, die Schlüssel zu einem Ferrari 458 und einen Koffer voller pinkfarbener Büstenhalter.	Aufzählung
Den Vogel abgeschossen hat aber ein Paar, das sein 18 Monate altes Baby zurückließ. Als die beiden sich auf den Weg zu einer Hochzeit machten, dachte jeder von ihnen, der andere hätte das Kind schon ins Auto gepackt, obwohl es noch im Hotelzimmer in seinem Bettchen lag.	HS + NS NS + HS + HS + NS
Die häufigsten Fundstücke in Hotelzimmern sind allerdings nicht so spannend, sondern eher langweilig. Auf Platz eins stehen Ladegeräte für Handys oder Laptops, Platz zwei wird von Schlafanzügen belegt, die oft im Hotelbett liegen bleiben.	Gegensatz Aufzählung* HS + NS
Auf Platz drei kommen Teddybären, sie werden oft von Kindern vergessen. Sehr häufig bleiben außerdem Kulturbeutel, Kämme, Bücher und elektrische Zahnbürsten auf den Hotelzimmern liegen.	HS + HS Aufzählung

🖉 **Hinweis:** **Hier liegt eine Aufzählung vor, die aus mehreren Hauptsätzen besteht. Deshalb gibt es zwei richtige Begründungen für das Komma: Aufzählung und Satzreihe (HS+HS).*

Übung 39

✏ **Hinweis:** *Du erkennst den Beginn eines neuen Nebensatzes oft an einer bestimmten Konjunktion, z. B. an den Konjunktionen „wenn", „als", „weil" oder „obwohl". Wenn du den Eindruck hast, dass mitten in einem Satz zwei gebeugte Verben direkt aufeinanderprallen, dann ist hier die Nahtstelle zwischen einem Nebensatz und einem nachfolgenden Hauptsatz. Das erste Verb beendet dann den Nebensatz und das zweite Verb eröffnet den Hauptsatz.*
Richtige Kommas sind fett markiert, falsche Kommas wurden eingekreist.

Einkaufen gehört zum Lifestyle

Mode⊘ bedeutet für Jugendliche mehr**,** als einfach nur passende Kleidung zu tragen. Vielmehr zeigen Teenager mit ihrem Style⊘ auch ihr Faible für Trends und nicht selten auch ihre Zugehörigkeit zu einer bestimmten Gruppe. Wenn man Jugendliche von heute beobachtet**,** kann man feststellen**,** dass die meisten mit ihrer Kleidung auffallen wollen. Wer eine Teenie-Marke trägt**,** ist up to date und gehört dazu. In Klamotten aus Mamas Schrank⊘ wird ein Jugendlicher zwischen 12 und 19 Jahren mit Sicherheit zum Außenseiter.

Mit dem Preisverfall von Teenie-Mode⊘ sind die Möglichkeiten der jungen Käuferschicht gestiegen**,** sich immer trendy zu kleiden. Meist reicht ein durchschnittliches Taschengeld aus**,** um sich das eine oder andere Teil leisten zu können. Der Trend zur größeren Auswahl⊘ macht das Einkaufen von Teenie-Mode auch zur beliebten Freizeitbeschäftigung. Große Handelsketten⊘ stimmen das Ambiente in ihren Läden deshalb auch besonders auf Teenager ab. Mit angesagter Musik⊘ aus riesigen Boxen**,** Webcams mit Livebildern und ansprechendem Design wird das Shopping zum Erlebniseinkauf und entspricht exakt jenem Lifestyle**,** den Jugendliche leben wollen.

falsch, richtig
falsch
richtig, richtig
richtig
falsch
falsch
richtig
richtig
falsch
falsch
falsch
richtig
richtig

Quelle: http://jugend-und-mode.de/aktuelle-trends/lukratives-kundensegment-teenie-mode/, aus didaktischen Gründen stellenweise gekürzt und geändert.

Teil C: Lesen

Übung 40

1. a) Textsorte: Reportage

     ✐ **Hinweis:** *Dass es sich um eine Reportage handelt, erkennst du daran, dass ein Problem, das viele Menschen betrifft, anhand eines Beispiels dargestellt wird.*

    b) Thema: Weiterbildung und Karriere nach einem Hauptschulabschluss

    c) Inhalt: Eine Hauptschülerin macht entgegen der Erwartung ihrer Lehrer Karriere, indem sie zunächst den Realschulabschluss und danach das Abitur nachholt und anschließend ein Studium beginnt.

2. ✐ **Hinweis:** *Unterstreichungen: wichtige Textinformationen; graue Markierungen: Textstellen, die mögliche Fragen wecken.*

(K)ein Arbeitsleben auf dem Abstellgleis   **?**

1   Dass Lena Herber als Hauptschülerin einmal studieren würde, hätte keiner ihrer Lehrer gedacht. Bis zur 3. Klasse konnte sie kaum lesen. Schule war ihr nicht wichtig. Zu Hause kämpfte das Mädchen um

5   die Aufmerksamkeit seiner Eltern. „Irgendwann hat eine Lehrerin mitbekommen, dass ich nicht lesen kann", erinnert sich Lena. „Das fand ich natürlich total doof, denn das hieß für mich Nachhilfeunterricht."

10   Heute ist Lena 28 Jahre alt und steht kurz davor, ihren Master abzuschließen – in Bildungsmanagement. An diesem Tag besucht die ehemalige Hauptschülerin auf Einladung des Lehrers die 9. Klasse einer Hauptschule im Osten Berlins. Lena erzählt

15   den Schülern ihre eigene Geschichte, um Mut zu machen. Es ist still. Keiner der Schüler spricht.

Nach der Grundschule kam Lena Herber auf eine Hauptschule. Was das bedeutete, verstand sie lange nicht. „Ich habe mich gewundert, wo meine alten

20   Klassenkameraden sind", sagt sie. „Ich habe auch nicht verstanden, warum die anderen Eltern nicht erlaubten, dass wir wie früher nach der Schule spielen dürfen." Mittlerweile kann sie die Entscheidung der Eltern ihrer ehemaligen Spielkameraden ein-

25   ordnen: „Mit Hauptschülern spielt man eben nicht.

ehemalige Hauptschülerin studiert, konnte bis zur dritten Klasse kaum lesen

?

kurz vor Master-Abschluss

?

besucht Hauptschulklasse

erzählt eigene Geschichte, will Mut machen

kam nach Grundschule auf Hauptschule

alte Spielkameraden dürfen nicht mehr mit ihr spielen

?

versteht heute, warum ehemalige Freunde nicht mehr mit ihr spielen durften

34 / Training Grundwissen

Die Eltern hatten sicher Angst, dass meine Schwierigkeiten mit dem Lernen auf ihre Kinder abfärben."

→ *Eltern wollen schlechten Einfluss Lenas vermeiden*

„Immer wenn ich in einen Klassenraum an einer Hauptschule gehe, kommen mir die gleichen Ge-
30 fühle entgegen, die ich als Schülerin ebenso fühlte", sagt die junge Frau. „Man spürt immer noch die Unsicherheit, die Chancenlosigkeit, die die Schüler für sich vereinnahmt haben." Die Klasse ist immer noch still. „Was wollt ihr werden?", fragt Lena
35 Herber in die Runde. Erst als sie direkt angesprochen werden, antworten einige Mädchen, dass sie Arzthelferin werden wollen. Für fast alle Wunsch-Ausbildungsberufe ist mindestens ein guter Realschulabschluss nötig.

Besuche an Hauptschulen erinnern sie an früher: Gefühl von Unsicherheit, Chancenlosigkeit

?

40 Lena Herber weiß, wie schwierig es ist, einen Beruf zu finden, den man machen möchte, aber mit seinem Abschluss auch machen kann. Als Teenager wollte sie Fotografin werden. Als sie ihrem damaligen Lehrer ihren Wunsch erklärte, sagte der nur:
45 „Such dir was anderes, das kannst du nicht. Dafür brauchst du einen Realschulabschluss." Auf ihre Antwort, dass sie dann eben einen Realschulabschluss mache, habe ihr Lehrer geantwortet, dass sie dafür zu schlecht sei. Hilflos habe sie sich da ge-
50 fühlt, erinnert sich die junge Frau. „Mein Selbstbewusstsein war im Keller."

weiß um Schwierigkeit, Wunschberuf ohne entsprechenden Schulabschluss zu erlernen

?

?

→ *Gefühl der Hilflosigkeit*

Sie wollte weg. Weg von dem Gedanken, sie sei nicht gut genug, am besten ins Ausland. Sie wusste nicht, dass es auch Organisationen gibt, die dies für
55 Hauptschüler anbieten. Das passte nicht in ihr Bild. In ihrem Kopf brauchte sie dafür einen Realschulabschluss. Nun hatte die Schülerin ein Ziel. Sie lernte, schrieb gute Noten – und machte mit Leichtigkeit ihren Abschluss. Kurz davor bewarb sie sich eigen-
60 ständig bei der Organisation „Youth for Understanding" und konnte im Anschluss für ein Jahr nach Brasilien. Das Land schien ihr weit weg genug.

wollte am liebsten ins Ausland flüchten

hatte Ziel: Realschulabschluss
→ *lernte fleißig, schaffte Abschluss, bewarb sich erfolgreich um Auslandsjahr*

„Du warst im Ausland?", fragt einer der Schüler. „Das kann man auch als Hauptschüler? War das
65 schwierig?" Das Thema stößt auf reges Interesse. Viele können sich vorstellen, Deutschland für eine Weile zu verlassen. Daran gedacht, sich bei einer

?

Auslandserfahrung stößt bei Schülern auf Interesse

Training Grundwissen 🖋 35

Organisation zu bewerben, hat keiner in der Klasse. **?**
„Ich hätte auch nie gedacht, dass die mich neh-
70 men", sagt Lena Herber. In Brasilien lernte sie innerhalb eines Jahres <u>fließend Portugiesisch sprechen.</u>
<u>Selbstbewusst und erwachsen</u> kam sie zurück nach
Deutschland und <u>machte ihr Abitur.</u> Danach begann
sie <u>Bildungsmanagement in Berlin zu studieren.</u>
75 Ganz bewusst habe sie sich für diesen Studiengang
entschieden: Lena Herber <u>will Bildung so mitgestal-</u>
<u>ten, dass die Möglichkeit, einen höheren Bildungs-</u>
<u>grad zu erreichen, nicht mehr vom Zufall abhängt</u>
<u>oder von einem besonders starken Willen einzelner</u>
80 <u>Schüler.</u>
Noch immer ist es in der Klasse ganz leise. Aber
es ist eine andere Stille. Gebannt haben die künfti- **?**
gen Schulabgänger zugehört. Wie geht es ihnen
jetzt? Langes Schweigen. Dann meldet sich der 16-
85 jährige Dave. „<u>Danke, dass du hier warst",</u> sagt er.
„<u>Es ist schön zu sehen, dass man aus etwas Klei-</u>
<u>nem etwas Großes machen kann."</u>

lernt in Brasilien fließend Portugiesisch
→ bei Rückkehr selbstbewusst und erwachsen, fängt an Bildungsmanagement zu studieren
Grund: will Schülern helfen, höheren Bildungsgrad zu erreichen

Schüler sind dankbar, Lena hat ihnen Mut gemacht

Quelle: ZEIT ONLINE 01.06.2010. Bettina Malter: (K)ein Arbeitsleben auf dem Abstellgleis.
Im Internet unter: http://www.zeit.de/karriere/beruf/2010-05/perspektive-hauptschueler/seite-1,
aus didaktischen Gründen stellenweise gekürzt und geändert.

3. a) Mögliche Warum-Fragen:
- Warum hat Lena die Schule nicht wichtig genommen?
- Warum ist sie plötzlich fleißig geworden?
- Warum hat keiner ihrer Lehrer es für möglich gehalten, dass Lena studieren würde?
- Warum durften ihre Grundschulfreunde nicht mehr mit ihr spielen?
- Warum bekam sie keine Unterstützung durch ihren Lehrer?
- Warum wollte sie unbedingt weit weg?
- Warum hat sie ausgerechnet Bildungsmanagement studiert?
- Warum geht sie in Hauptschulen, um ihre Geschichte zu erzählen?

b) Mögliche Wie-Fragen:
- Wie hat Lena Herber es geschafft, ins Ausland zu gehen?
- Wie haben die Schüler auf ihre Erzählung reagiert?
- Wie hat Lena Herber es geschafft zu studieren?
- Wie hat der Auslandsaufenthalt sie verändert?
- Wie ist die Überschrift zu verstehen?

36 ∮ Training Grundwissen

4. a) *siehe Lösung zu Aufgabe 2 (Stichworte am Rand)*

b) Antworten auf die jeweils ersten beiden Warum-/Wie-Fragen:
   - Lena konnte sich nicht auf die Schule konzentrieren, weil sie um die Aufmerksamkeit ihrer Eltern kämpfte.
   - Plötzlich fleißig geworden ist sie, weil sie ein Ziel hatte: Sie wollte ins Ausland und dachte, dass man dafür einen Realschulabschluss braucht.
   - Lena Herber hat es geschafft ins Ausland zu gehen, indem sie sich selbstständig bei einer Organisation beworben hat.
   - Die Schüler reagierten dankbar und mit Interesse.

5.
- Studentin besucht Hauptschulklasse; erzählt ihre Geschichte: von der Hauptschülerin zur Studentin
- Grund ihres Besuchs: will Schüler*innen Mut machen
- Ihre Geschichte im Einzelnen:
  - große Schwierigkeiten beim Lernen: kann in der 3. Klasse kaum lesen
  - kommt in Hauptschule
  - kann mit Hauptschulabschluss Wunschberuf nicht erlernen
  - fasst Ziel: Realschulabschluss nachholen
  - lernt fleißig, schafft Realschulabschluss
  - bewirbt sich für Auslandsaufenthalt
  - geht ein Jahr nach Brasilien; lernt dort fließend Portugiesisch
  - kommt selbstbewusst zurück
  - macht Abitur; fängt an, Bildungsmanagement zu studieren
  - Grund für Studium: will Schüler*innen helfen, bessere Schulabschlüsse zu erreichen
- Reaktion der Schüler*innen: dankbar, fühlen sich ermutigt

Übung 41

∮ **Hinweis:** *Greife jeweils die Hauptinformationen heraus, um das Thema zu bestimmen.*

Text A: Im Text geht es um ein Mädchen, das im Internet auf die falschen Angaben eines Chatpartners hereingefallen ist.

Text B: Der Text handelt von einem Jungen, der selbstbewusst genug ist, um sich nicht von seinen Freunden zum Trinken von Alkohol überreden zu lassen.

Training Grundwissen 37

Text C: Im Text geht es um die Zunahme von Gewalt unter Kindern und Jugendlichen.

Text D: Der Text berichtet über den Diebstahl des Firmenwahrzeichens der Firma Bahlsen in Hannover.

Übung 42

1. Thema des Textes ist die unerwartet steile Karriere eines Friseurlehrlings.

2. a) Er hatte Angst davor, Fehler zu machen. Außerdem hatte er Probleme mit einigen Kollegen.

   b) Ein intensives Gespräch mit seinem Chef hat ihn umgestimmt.

   c) Jurk war faul und zeigte kein Engagement.

   d) Er hielt ihn für talentiert.

3. Das Sprichwort trifft nur zum Teil auf Jurk zu: Zunächst zeigt dieser während seiner Ausbildung zum Friseur nämlich wenig Engagement. Sein Chef droht ihm deshalb damit, ihn nach der Ausbildung nicht zu übernehmen. Doch dann erfährt Jurk, dass sein Lehrherr früher einmal Friseur-Weltmeister war. Zugleich gibt ihm der Chef deutlich zu verstehen, dass er ihm zutraut, später auch Weltmeister zu werden. Dieses Gespräch macht Jurk so stolz, dass er plötzlich ehrgeizig zu trainieren beginnt.
   Dass er Vizeweltmeister wurde, ist zwar auf sein Talent und auf seine harte Arbeit zurückzuführen, ohne die Unterstützung durch seinen Chef hätte er das aber nicht geschafft.

Übung 43

1. a) Wer als Stuntman arbeiten will, muss sportlich sein.

   b) Bei den Szenen muss sich ein Stuntman die Zeit genau einteilen, sonst wird es für ihn lebensgefährlich.

   c) Ein Stuntman kann die gefährlich wirkenden Szenen nur spielen, weil er das immer und immer wieder geübt hat.

   d) Klappt etwas doch nicht so wie geplant, kommt es in der Regel zu Unfällen mit Verletzungen.

38 Training Grundwissen

e) Erfahrene Stuntmen betonen, dass sie gelegentlich auch Aufträge ablehnen, wenn ihnen die Stunts zu gefährlich erscheinen.

f) Stuntmen arbeiten fast immer auf Honorarbasis. Die Bezahlung genügt aber meist nicht, um davon den Lebensunterhalt bestreiten zu können.

Übung 44

1. Achim hat davor gewarnt, einfach eine Bierbank als Surfbrett zu nehmen. Daraufhin hat Hübi ihm vorgeworfen, er habe „keine Fantasie" (Z. 4 f.) und „keine Visionen" (Z. 5). Nun beginnt Achim, an sich selbst zu zweifeln. Er fragt sich, ob er wirklich zu eingeschränkt ist, um etwas Neues auszuprobieren.

   Hinweis: Mit seiner Überlegung reagiert Achim auf den Vorwurf seines Freundes.

2. Hübi hat eigentlich gar nichts geleistet; trotzdem tut er so, als habe er schon einen enormen Erfolg gehabt. Dagegen ist Achim derjenige, der wirklich handelt.

   Hinweis: Hübi jubelt laut über seinen vermeintlichen „Triumph", dabei hat er gar nichts geschafft; er hat nur die Idee gehabt, eine Bierbank als Surfbrett zu nehmen. Dagegen ist Achim derjenige, der es wagt, ein Risiko einzugehen, indem er mit diesem „Surfbrett" aufs Wasser geht.

3. Achim wird weiter auf dem Hof seines Vaters arbeiten (vgl. Z. 12 f.). Dagegen werden die anderen etwas ganz Neues ausprobieren oder erfahren, auch an anderen Orten der Welt. Er hofft, dass sie ihm davon erzählen werden, indem sie ihm ab und zu mal eine Postkarte schicken.

   Hinweis: Sie werden sich um einen Studienplatz bewerben oder in eine WG ziehen oder nach Australien reisen (vgl. Z. 97 ff.).

4. Indem er ihm diese Frage stellt, zeigt er, dass er seinen Freund ein wenig bemitleidet, weil er weiß, dass der als Einziger nichts Besonderes erleben wird. Wenn er sich danach erkundigt, wie Achim sich fühlt, ist das eine freundschaftliche Geste.

   Hinweis: Er hätte sich ja auch einfach verabschieden können, ohne sich nach der Stimmung Achims zu erkundigen.

Training Grundwissen

39

Übung 45

1. Es geht um einen jungen Mann namens Hagen Jurk, **der** das Friseurhandwerk erlernt hat **und** in seinem Beruf Vizeweltmeister geworden ist. **Während seiner Ausbildung** hat Hagen zunächst große Schwierigkeiten, **sodass** er schon aufgeben will. **Aber** sein Chef hat seine Begabung erkannt. **Deshalb** führt er ein Gespräch mit ihm, **in dem** er ihm von seiner eigenen Ausbildung erzählt. **Damit** macht er ihm Mut. **Von da an** nutzt Hagen seine Chance. Er entwickelt Ehrgeiz **und** trainiert hart, **mit dem Ergebnis, dass** er am Ende großen Erfolg in seinem Beruf hat.

   ✎ *Hinweis: Du kannst auch mehr als ein Wort einfügen, um den Zusammenhang zwischen Sätzen deutlich zu machen. Ein Beispiel dafür bietet der letzte Satz: „... mit dem Ergebnis, dass ...". Auch kannst du die Wörter an einigen Stellen umstellen, wenn du meinst, dass das besser klingt. In dem Lösungstext ist das zu Beginn des zweiten Absatzes erfolgt: „Während seiner Ausbildung ...". Die adverbiale Bestimmung am Satzanfang führt dazu, dass der Satzbau vielseitiger klingt.*

2. Der Text „(K)ein Arbeitsleben auf dem Abstellgleis" handelt von einer jungen Frau, die es trotz großer Schwierigkeiten geschafft hat, einen guten Bildungsabschluss zu machen. Einer Berliner Hauptschulklasse erzählt sie von ihren Erfahrungen. Die sehen so aus:
   Sie erhält von ihren Eltern keine Unterstützung für die Schule, deshalb hat sie zunächst Schwierigkeiten, Lesen zu lernen. Als eine Lehrerin das bemerkt, bekommt sie Nachhilfeunterricht. Nach der Grundschule wechselt sie zunächst auf die Hauptschule. Um sich ihren Berufswunsch als Fotografin erfüllen zu können, entwickelt sie plötzlich Ehrgeiz und strengt sich an. So schafft sie erst den Realschulabschluss. Danach geht sie für ein Jahr nach Brasilien, wo sie fließend Portugiesisch lernt, und macht anschließend sogar noch ihr Abitur. Nun studiert sie Bildungsmanagement.
   Mit ihrem Erfahrungsbericht beeindruckt sie die Schüler*innen nicht nur, sondern sie ermutigt sie auch.

   ✎ *Hinweis: Achte darauf, dass du bei einer solchen Zusammenfassung nur diejenigen Einzelheiten erwähnst, die für das Verständnis wirklich wichtig sind.*
   Die Erfahrungen, von denen die junge Frau erzählt, liegen zwar in der Vergangenheit. Du kannst sie aber trotzdem im Präsens darstellen, wenn du sie vorher ankündigst, z. B. so: Ihre Erfahrungen beschreibt sie so/sehen so aus: ...

40 / Training Grundwissen

Übung 46

1. a) Schusswaffe: **Pistole**, *auch möglich:* **Knarre**
    b) geradeheraus, unumwunden: **unverhohlen**
    c) erweitert, ausgeweitet: **ausgedehnt**
    d) blamiert, vorgeführt: **bloßgestellt**
    e) angenommen, gemutmaßt: **geschätzt**
    f) Untersuchungen: **Umfragen**

    Hinweis: zu a: Z. 17 u. 21, zu b: Z. 25 f., zu c: Z. 47, zu d: Z. 56, zu e: Z. 60, zu f: Z. 67

2. a) Mut: **Courage**   b) judenfeindlich: **antisemitisch**
    c) Nachbildung: **Attrappe**
    d) seelisch verletzend: **traumatisch**
    e) gezielt, planmäßig: **systematisch**
    f) wichtigen: **relevanten**

    Hinweis: zu a: Z. 5., zu b: Z. 6 f. u. Z. 27 f., zu c: Z. 18, zu d: Z. 49, zu e: Z. 61, zu f: Z. 65

Übung 47

profitieren (Z. 19):
*   *Wörter aus der gleichen Wortfamilie:* Profit, profitabel
*   *Unmittelbares Umfeld:* „Zecken, die das FSME-Virus übertragen, könnten sich fortan auch in Norddeutschland ausbreiten." (Z. 22–24) → So sieht deren Profit aus, den die Klimaerwärmung für sie mit sich bringt.
*   *Weiteres Umfeld:* „Abgesehen von Winzern hierzulande, die von höheren Temperaturen profitieren, weil sie Reifegrad und Qualität ihrer Weine zugute kommen [...]." (Z. 40–43)
*   *Bedeutung laut Wörterbuch:* Nutzen, Gewinn aus etwas ziehen, einen Vorteil durch etwas haben

Widrigkeiten (Z. 44/45):
*   *Wörter aus der gleichen Wortfamilie:* wider, Widerstand, erwidern
*   *Unmittelbares Umfeld:* „[...] werden Landwirte voraussichtlich ebenfalls mit Widrigkeiten zu kämpfen haben. Extremwetterlagen [...] können die Ernte zerstören." (Z. 43–47)
*   *Weiteres Umfeld:* „So führte die Dürre 2018 im Getreideanbau zu enormen Ernteeinbußen." (Z. 47–49)
*   *Bedeutung laut Wörterbuch:* Unannehmlichkeit, Verlegenheit, Ärgernis

Training Grundwissen 41

global (Z. 53)

- *Wörter aus der gleichen Wortfamilie:* Globus, Globalisierung
- *Unmittelbares Umfeld:* „Anderswo, insbesondere in Ländern des globalen Südens [...]." (Z. 52/53)
- *Weiteres Umfeld:* „Es gibt Prognosen, nach denen bis 2050 über 140 Millionen Menschen wegen des Klimas auf der Flucht sein sollen." (Z. 59–61)
- *Bedeutung laut Wörterbuch:* auf die ganze Erde bezüglich

Effekt (Z. 56)

- *Wörter aus der gleichen Wortfamilie:* effektiv
- *Unmittelbares Umfeld:* „Auch das wird einen Effekt auf Deutschland haben [...]." (Z. 56/57)
- *Weiteres Umfeld:* „[...] nicht zuletzt durch Menschen, die ihre Heimat aus Not verlassen." (Z. 57–59)
- *Bedeutung lauf Wörterbuch:* Wirkung, Auswirkung

versickern (Z. 67):

- *Wörter aus der gleichen Wortfamilie:* einsickern, Sickergrube
- *Engeres Umfeld:* „[...] bei Starkniederschlag kann das Regenwasser durch asphaltierte Straßen und Bürgersteige nur schlecht versickern." (Z. 64–67)
- *Weiteres Umfeld:* „[...] werden Stadtmenschen stärker von Hochwasser betroffen sein." (Z. 62–64)
- *Bedeutung laut Wörterbuch:* sickernd im Untergrund verschwinden (also allmählich, tropfenweise)

Übung 48

Absicht	Der Verfasser ...
C	erzählt sehr anschaulich und lebendig von seinen Erlebnissen während einer Reise in die Türkei.
A	teilt den Leser*innen mit, dass es am frühen Morgen bei dichtem Nebel auf der Autobahn A 10 zu einer Massenkarambolage gekommen ist.
E	erklärt den Leser*innen, wie sie vorgehen müssen, um bei einem neuen Fernseher die einzelnen Sender zu programmieren.
D	kritisiert, dass es immer wieder Zugausfälle im S-Bahn-Verkehr gibt.
B	rät den Leser*innen, in der kalten Jahreszeit auf angemessene Kleidung zu achten.

Übung 49

Die Darstellung ...	Bericht	Reportage	Interview	Kommentar	Glosse
a) wirkt anschaulich.		X			
b) wirkt sachlich und neutral.	X				
c) wirkt humorvoll.					X
d) wirkt kritisch.				X	X
e) wirkt übertrieben.					X
f) zeigt die Meinung der Autor*innen.				X	X
g) erfolgt meist im Präteritum.	X				
h) erfolgt in der Regel im Präsens.		X	X	X	
i) strebt auf einen überraschenden Wendepunkt zu.					X
j) entspricht der eines Dialogs.			X		
k) bezieht sich auf Einzelfälle, aber auch auf Grundsätzliches.		X			
l) enthält auch Umgangssprache.			X		

Übung 50

Text A
Textsorte: Bericht
Merkmale: sachliche und neutrale Darstellung im Präteritum

Text B
Textsorte: Interview
Merkmale: Darstellung in Dialogform; enthält auch Umgangssprache

Text C
Textsorte: Reportage
Merkmale: Darstellung im Präsens; wirkt anschaulich, da sowohl Einzelfälle als auch Grundsätzliches berichtet wird

Training Grundwissen ✦ 43

Text D
Textsorte: Glosse
Merkmale: Darstellung humorvoll; wirkt übertrieben; strebt auf überraschenden Wendepunkt zu

Text E
Textsorte: Kommentar
Merkmale: Text zeigt Meinung der Autorin; Darstellung im Präsens

Übung 51

1. **A** Die Ich-Erzählerin und ihr Vater; alle weiteren Personen kommen nur am Rande vor.

   B Es geht um die allmähliche Annäherung zwischen der Ich-Erzählerin und ihrem Vater, den sie vorher nicht gekannt hat.

   C Der Text zeigt, dass es für ein junges Mädchen schwierig ist, eine Beziehung zu ihrem Vater herzustellen, wenn sie ihn in den ersten vierzehn Jahren ihres Lebens überhaupt nicht gekannt hat.

   D In Berlin. Zwei Schauplätze werden erwähnt: das Restaurant, in dem die erste Begegnung zwischen der Ich-Erzählerin und ihrem Vater stattfindet, und das Krankenhaus, in dem der Vater im letzten Jahr seiner Krankheit liegt, bevor er stirbt.

   E Die Ich-Erzählerin ist anfangs vorsichtig und skeptisch. Als ihr Vater im Krankenhaus liegt, kümmert sie sich aber um ihn, z. B. besucht sie ihn regelmäßig. Der Vater scheint durchaus Interesse am Kontakt zu seiner Tochter zu haben. Er lädt sie z. B. ins Kino und in ein Restaurant ein, und sie darf ihn auch an seinem Arbeitsplatz besuchen. Allerdings kommt es zwischen den beiden nicht zu tiefer gehenden Gesprächen. Dazu sind sie zu zurückhaltend.

   F Die Handlung erstreckt sich über drei Jahre: Am Anfang ist die Ich-Erzählerin 14 Jahre alt, als der Vater stirbt, ist sie 17.

   G Das Ende ist eher schlecht. Nach dem Tod ihres Vaters ist es der Ich-Erzählerin nicht mehr möglich, eine engere Beziehung zu ihm zu entwickeln.

   ✐ **Hinweis:** *Halte deine Stichworte eher allgemein. Du musst hier noch keine Einzelheiten erwähnen.*

44 ✦ Training Grundwissen

2. • Warum bittet sie ihren Vater nie um Geld, obwohl sie eigentlich welches brauchen könnte?
   • Warum sind sie und ihr Vater sich nach zwei Jahren immer noch „etwas fremd" (Z. 25)? Innerhalb von zwei Jahren kann man sich doch ein wenig näher kommen!
   • Warum backt sie zwei ganze Bleche voller Streuselschnecken? So viel Kuchen kann der kranke Vater doch gar nicht essen!

   🖊 *Hinweis: Du kannst auch andere Warum-Fragen gestellt haben, evtl. auch zum Verhalten des Vaters. Es sollten Fragen sein, die dir beim Lesen des Textes in den Sinn kommen.*

Übung 52

1. a) Ich-Erzählerin, 17 Jahre alt
   b) Vier Sinnabschnitte:
      • Erster Sinnabschnitt: Anruf des Vaters, erstes Treffen zwischen Tochter und Vater (Z. 1–17)
      • Zweiter Sinnabschnitt: Beschreibung des weiteren Kontakts zum Vater (Z. 18–26)
      • Dritter Sinnabschnitt: Erkrankung des Vaters, Umgang der Ich-Erzählerin mit dem kranken Vater (Z. 27–40)
      • Vierter Sinnabschnitt: Tod des Vaters, seine Beerdigung (Z. 41–44)
   c) Satzbau ziemlich einfach: viele einfache Hauptsätze (z. B. in Z. 9/10, Z. 18/19, Z. 33 u. 34), dazwischen einige Satzgefüge (z. B. Z. 1, Z. 4–7, Z. 20–22, Z. 32/33)
      Viele alltägliche Wörter: z. B. „Jeans, Jacke und Hose" (Z. 9). Auffällig: Ich-Erzählerin benutzt die Bezeichnung „der Mann" (Z. 3 u. 27) für ihren Vater.
   d) Auffällig: Die einzelnen Aussagen sind mehr oder weniger aneinandergereiht. Es scheint, als würde die Ich-Erzählerin nur der Reihe nach beschreiben, was passiert.

   🖊 *Hinweis: a) Die Ich-Erzählerin ist am Anfang der Handlung zwar erst 14 Jahre alt. Sie erzählt die Geschichte aber erst nach dem Tod des Vaters; da ist sie schon 17 Jahre alt. b) Überlege, wie sich die Beziehung zwischen der Ich-Erzählerin und ihrem Vater entwickelt. Bestimme Phasen in dieser Entwicklung. c) Beschränke dich auf die wichtigsten Besonderheiten. Wichtig ist, dass du das Typische an der Sprache der Ich-Erzählerin erkennst. d) Über ihre Gefühle spricht die Ich-Erzählerin nicht. Dadurch wirkt ihre Darstellung sehr sachlich und nüchtern.*

Training Grundwissen ✦ **45**

2. Die Sprache passt zur Stimmung der Ich-Erzählerin. Ihre Darstellung wirkt sachlich und nüchtern und verrät nichts über ihre Gefühle, weder durch die Wortwahl noch durch den Satzbau.

✎ **Hinweis:** *Am besten liest du dir Teile des Textes einmal laut vor und achtest darauf, wie die Sprache klingt.*

Übung 53

1. Wiederholung

2. Durch die Wiederholungen wird die Aufmerksamkeit des Lesers auf die Wörter „Arbeit", „Zeit" und „Geld" gelenkt. Diese Wörter sind für den Sinn der Geschichte wichtig, weil es im Text um die richtige Lebensführung geht, also um das richtige Verhältnis von Arbeit, Zeit und Geld.

Übung 54

Redewendung	Erklärung
auf keine Kuhhaut gehen	zu viel sein, unmöglich sein
auf der Hut sein	sich in Acht nehmen, sich vorsehen
wie ein begossener Pudel dastehen	nicht wissen, wie einem geschieht, völlig überrascht sein, verzweifelt sein
sich ein Bein ausreißen	sich sehr anstrengen, alles tun
am liebsten im Boden versinken wollen	sich schämen
ein X für ein U vormachen	täuschen, hinters Licht führen
fünf gerade sein lassen	nachsichtig sein, etwas nicht so genau nehmen

Übung 55

1. • Achim bleibt stehen, <u>als wären Hübis Worte ein unsichtbares Hindernis</u>, gegen das er plötzlich geprallt ist. (Z. 7–10.) → **bildhafter Vergleich**
   • Achim trinkt noch einen Schluck aus seiner Dose, <u>es schmeckt wie flüssiger Sommer</u>. (Z. 20–22) → **bildhafter Vergleich**
   • Sie <u>gleiten</u> zusammen durch die Nacht. (Z. 25/26) → **Metapher**

46 ✦ Training Grundwissen

- Hübi legt die Bierbank behutsam auf die <u>schwarze Haut des Sees</u>. (Z. 36–38) → **Metapher**
- [...] das Ding <u>schießt</u>, von Achims Schwung getragen, hinaus auf den See." (Z. 47/48) → **Metapher**
- „<u>Wie Gärten unter dem Meer, wie Städte, in denen Tausende verschiedene Fischarten wohnen</u>", erzählt Hübi. (Z. 63–65) → **bildhafte Vergleiche**
- [...] das Wasser um ihn ist <u>von Sternen gesprenkelt</u> [...] (Z. 68–70) → **Metapher**
- Obwohl <u>sein Kopf hämmert</u> [...] (Z. 100) → **Personifikation**
- Mit dem nächsten Besuch <u>werden sich die Halme wieder aufrichten und ihren Besuch vergessen</u>. (Z. 114–116) → **Personifikation**

✦ **Hinweis:** *Laut Aufgabenstellung genügt es, wenn du fünf Sprachbilder unterstrichen und bestimmt hast.*

2.

	Gegensatz
Hat er keine Visionen, weil er auf dem Hof seines Vaters schuftet, ... (Z. 11 ff.)	statt beim Work and Travel auf der Farm eines Fremden, wie Hübi es tun wird.
Die anderen liegen schon in den Zelten und pennen, ... (Z. 18 f.)	nur sie beide sind noch wach.
„Wieso ich?" (Z. 29)	„Du fährst doch nach Australien."
Während Hübi hinter ihm seinen Triumph in die Nacht hinausschreit, ... (Z. 48 ff.)	nimmt Achim Surferhaltung ein.
In Australien haben die Surfer Schnüre um den Knöchel [...]. (Z. 53 f.)	Doch Achim hat keine Schnüre um den Knöchel.
Fluchend und Wasser strampelnd sucht er nach der Bierbank, ... (Z 57 ff.)	doch sein Surfbrett ist in der Dunkelheit verschwunden.
Normalerweise lassen sie es am Sonntag ruhig angehen, ... (Z. 86 f.)	anstatt sofort aufzuräumen und die Zelte abzubauen.
Obwohl sein Kopf hämmert, ... (Z. 100)	macht er sich ein Radler auf.
Nach gut einer Stunde ist der Zeltplatz kein Zeltplatz mehr, ... (Z. 112 f.)	sondern nur noch eine zerdrückte Wiese.

✦ **Hinweis:** *Beachte, dass auch Konjunktionen wie „obwohl", „sondern" oder „anstatt (zu)" einen Gegensatz zum Ausdruck bringen können.*

Training Grundwissen

3. a) Surfer (Überschrift, Z. 54, Z. 131), Surfen (Z. 28), Surfbrett (Z. 46, Z. 59, Z. 142), Surferhaltung (Z. 23 f., Z. 50 f.)

b) Durch die vielen Wiederholungen bekommt das Wort „surfen" eine ganz besondere Bedeutung. Für die beiden Jungen ist Surfen mehr als eine Sportart; sie verbinden damit ganz besondere Vorstellungen, z. B. Freiheit und Abenteuer. Auch bezeichnen sie jemanden, der ein ganz besonderer Mensch ist, als „Surfer".

> ✎ **Hinweis:** „Wird schon, du bist doch ein Surfer." (Z. 130 f.) Das sagt Achim zu Hübi. Damit drückt er aus, dass er Hübi für einen ganz besonderen Menschen hält, der sich durch seine Persönlichkeit von anderen Menschen abhebt. Und Hübi sieht in Achim auch einen besonderen Menschen, denn er gibt ihm das Kompliment zurück: „Ja, aber du auch" (Z. 132).

Übung 56

1. Internetnutzung von Jugendlichen

2. a) Internet-Nutzer (1190 Jugendliche von 12 bis 19 Jahren)

b) im Jahr 2018

3. ☐ absolute Zahlen

☒ Prozentzahlen

4. a)

Inhaltliche Verteilung der Internetnutzung	Mädchen %	Jungen %
Kommunikation	(41)	30
Spiele	10	33
Informationssuche	12	(9)
Unterhaltung (z. B. Musik, Videos, Bilder)	37	28

Basis: Internet-Nutzer, n = 1 190 (Jugendliche im Alter von 12 bis 19 Jahren)
Daten nach: JIM Studie 2018 © Medienpädagogischer Forschungsverbund Südwest (LPK, LMK)
(eigene Darstellung); Angaben in Prozent

b) ☐ Unterhaltung

☐ Kommunikation

|☒| Informationssuche

|☐| Spiele

5. Im Jahr 2018 waren Jugendliche im Alter von 12 bis 19 Jahren unter der Woche (Montag bis Freitag) im Schnitt 214 Minuten am Tag online.

6.

Informationen	A	B	C
Die tägliche Onlinenutzung Jugendlicher ist von 2017 auf 2018 leicht gesunken.	☐	☒	☐
33 Prozent aller befragten Jungen nutzen das Internet zum Spielen.	☒	☐	☐
23 Prozent aller befragten Jungen begegnen im Internet häufig Hassbotschaften.	☐	☐	☒
Mädchen nutzen das Internet hauptsächlich zur Kommunikation und zur Unterhaltung.	☒	☐	☐
35 Prozent der befragten Jugendlichen sind im Internet noch nie Hassbotschaften begegnet.	☐	☐	☒
Seit 2011 ist die tägliche Onlinenutzung Jugendlicher stark gestiegen.	☐	☒	☐

Übung 57

1. Das Foto zeigt eine Gruppe von sechs Jugendlichen, die irgendwo draußen in einem Kreis zusammenstehen. Es sind vier Jungen und zwei Mädchen. Der Junge hinten in der Mitte scheint in der Gruppe der Anführer zu sein. Er weist mit einer Hand fast drohend auf einen anderen Jungen, der vorn rechts in der Ecke steht und nur von hinten zu sehen ist. Zwischen diesem und dem Anführer läuft offenbar eine Auseinandersetzung ab. Die übrigen vier Jugendlichen stehen daneben und beobachten den Streit gespannt. Sie schauen vor allem auf den Jungen vorne rechts, so als würden sie etwas von ihm erwarten.
Der Anführer hat eine Flasche hochprozentigen Alkohols in der linken Hand und sieht seinen Gegenspieler herausfordernd an. Ein Mädchen, das aus Sicht des Betrachters rechts neben ihm steht, wirkt zwar auch erwartungsvoll, aber ruhig. Es hat eine Flasche Bier in der Hand und raucht eine Zigarette. Bei dem Mädchen, das vom Betrachter aus links neben dem

Training Grundwissen 49

Anführer steht, kann man am Gesichtsausdruck deutlich erkennen, dass es sehr angespannt ist.

Der Junge vorne rechts wirkt wie ein Außenseiter, der sich in die Ecke gedrängt fühlt, obwohl er sich äußerlich kaum von den anderen unterscheidet, denn wie sie trägt er auch einen Kapuzenpulli. Offenbar tut er nicht das, was die anderen von ihm erwarten.

2. *Mögliche Textstellen:*
   - „Er wusste: Wenn er sich jetzt wieder weigerte, Alkohol zu trinken, gehörte er nicht mehr dazu." (Z. 3/4)
   - „Michael war der Wortführer. Breitbeinig stand er da und musterte Sven aus zusammengekniffenen Augen" (Z. 1/2)

3. Die Situation sieht bedrohlich aus. Zumindest der Junge vorn rechts fühlt sich bestimmt sehr unwohl. Der Anführer scheint ihn zu etwas zu drängen, was er nicht möchte, während die anderen darauf warten, dass er klein beigibt. Wie das Ganze ausgeht, kann man nicht vorhersehen. Eine friedliche Lösung scheint aber ausgeschlossen. Entweder zieht sich der Junge, der so bedrängt wird, zurück, oder es kommt zu einer Schlägerei.

4. Was glaubt Michael eigentlich, wer er ist? Er weiß ganz genau, dass ich aus gutem Grund keinen Alkohol trinke: Ich will mal nicht so enden wie mein Vater! Die anderen scheinen auch nur darauf zu warten, dass ich endlich klein beigebe. Ob ich nicht doch einfach schnell einen Schluck trinken soll? Dann wären sie endlich zufrieden und ich würde mich nicht mehr wie ein Außenseiter fühlen. Andererseits: Auf „Freunde", die nur dann mit mir befreundet sein wollen, wenn ich keine eigene Meinung habe, kann ich wirklich verzichten.

5. *Meine Entscheidung:* Ich finde, das Bild eignet sich eher nicht.
   Begründung: Der Anführer wirkt sehr aggressiv und sieht nicht so aus, als müsse er sich erst Mut antrinken, um Mädchen anzusprechen. Es gehören schließlich schon zwei Mädchen zu der Clique und der Anführer scheint keine Scheu davor zu haben, in ihrer Nähe zu sein. Außerdem wird der Junge, von dem die anderen etwas erwarten, nur von hinten gezeigt, sodass man sein Gesicht nicht sieht. Deshalb kann man auch nicht erkennen, welche Gefühle ihn bewegen.

   Hinweis: Wie du dich entscheidest ist egal, wichtig ist aber, dass du deine Meinung überzeugend begründen kannst.

50 / Training Grundwissen

Übung 58

1. Zwei Männer sitzen auf einer Bank und wollen Hamburger essen. Einer von ihnen ist auffallend dick, der andere ist eher normalgewichtig. Sie sind beide lässig mit einer bequemen Hose und einem T-Shirt bekleidet. Vor sich auf dem Boden haben sie Verpackungskartons von Hamburgern abgestellt. Der Kräftigere der beiden scheint bereits im Begriff zu sein, in seinen Burger zu beißen, den er mit beiden Händen hält. Der andere hat zwar ebenfalls den Hamburger in der Hand, doch er hat dessen Hälften auseinandergenommen und schaut zweifelnd auf den Belag.

2. Der Witz besteht zum einen darin, dass der Übergewichtige sich besorgt darüber äußert, dass so viel Essen weggeworfen wird. Fast scheint es, als wolle er sich dafür rechtfertigen, dass er gleich kräftig zulangen wird, nach dem Motto: „Mein Essen landet nicht im Müll!" Der Schlankere dagegen sorgt sich um die Qualität des Essens: „Ja! Aber noch mehr Sorgen macht mir, wie viel Müll im Essen landet!" Aus diesem Grund ist er auch zurückhaltender beim Essen. Trotzdem sieht es so aus, als würde er ebenfalls gleich anfangen zu essen, nur eben mit weniger Appetit.

   Witzig sind die Sprechblasentexte auch wegen des Wortspiels: Was der Übergewichtige sagt, wird von dem anderen aufgegriffen. Er dreht die Wörter „Essen" und „Müll" nur um – und erzeugt dadurch einen völlig anderen Sinn.

3. Der Zeichner will zeigen, dass viele Menschen ein ungesundes Verhältnis zu Lebensmitteln haben. Entweder sie essen zu viel und werden dick, oder sie werfen Nahrungsmittel achtlos in den Müll. Darüber hinaus machen sich viele Sorgen um die Qualität ihres Essens, weil sie in den Nachrichten ständig etwas von Lebensmittelskandalen hören. Konsequenzen ziehen sie daraus aber nicht: Sie essen trotzdem weiter Fast Food und Lebensmittel, deren Herkunft sie nicht genau kennen.

4. Essen im Müll oder Müll im Essen?

5. Der Bericht handelt von einem Lebensmittelskandal: In Polen wurde Gammelfleisch zu Würstchen und Fleischwaren verarbeitet. Der Hersteller hat dabei abgelaufenes Fleisch mit frischem Fleisch vermischt. Die Produkte wurden in verschiedene Länder geliefert, auch nach Deutschland.

Die Karikatur passt zu diesem Text, weil der etwas schlankere Mann so besorgt auf seinen Hamburger schaut. Anscheinend hört er häufiger Nachrichten über Lebensmittelskandale, denn ihm bereitet vor allem Sorgen, „wie viel Müll im Essen landet".

Teil D: Schreiben

Übung 59

1.

2.

Pro	Kontra
wichtige Erfahrungen sammeln → selbstständig arbeiten, Verantwortung tragen	rechtzeitig Job finden → schwierig → frühzeitig darum kümmern
Geld verdienen → Wünsche erfüllen → sparen für Führerschein	verreisen nicht möglich → Urlaubsreisen nur in Ferien
Kontakt mit Berufstätigen → gute Vorbereitung auf Berufsleben	weniger Freizeit → kaum Zeit für Hobbys und Freunde
	keine Erholung → Ferien sind zum Ausruhen da

Hinweis: In der Pro-Spalte sind alle Stichpunkte notiert, die dafür sprechen, einen Ferienjob zu machen. Die Kontra-Spalte enthält dagegen alle Stichpunkte, die dagegen sprechen, einen Ferienjob anzunehmen.

Training Grundwissen ✦ 53

Übung 60

1. a) *Textsorte:* Brief
        Merkmale: Briefkopf mit Angabe von Ort und Datum, persönliche Anrede des Empfängers, abschließender Gruß und Unterschrift

        ✒ **Hinweis:** *Da es sich um einen Brief des Onkels an seinen Neffen handelt, muss im Briefkopf nicht die vollständige Adresse stehen.*

    b) *Schreiber:* Onkel von Max Meier
        Ziel: will seinen Neffen zur Änderung seiner Lebensweise bewegen

    c) *Leser:* Max Meier, Neffe des Schreibers
        Vorwissen: Schreiber ist Onkel
        Meinung: findet sein neues Leben gut

        ✒ **Hinweis:** *Mehr als dass der Schreiber des Briefes sein Onkel ist, weiß Max Meier zu diesem Zeitpunkt noch nicht.*

2. bis 4.

   - (Vater des Neffen gestorben)
   - Neffe hat seine Lebensweise geändert   1
   - neue Lebensweise problematisch **!**   2
   - wird bald sein ganzes Erbe verprasst haben   6
   - soll zur Vernunft kommen **!**   4
   - soll wieder seine Pflichten erfüllen   7
   - soll an seine Zukunft denken **!**   5
   - fragt nach Problemen des Neffen   3
   - bietet Hilfe und Unterstützung an   8

   ✒ **Hinweis:** *Dass der Vater des Neffen gestorben ist, ist eher nebensächlich, da es ja bekannt ist. Von der Reihenfolge her ist es sinnvoll, so vorzugehen:*
   Als Erstes nennt der Schreiber, also der Onkel, den Anlass seines Briefes: Er hat erfahren, dass der Neffe seine Lebensweise komplett geändert hat. Dies bereitet ihm Sorgen.
   Danach könnte er sich fragen, ob es möglicherweise Gründe dafür gibt, z. B. weil Max mit der Trauer um den Tod des Vaters nicht fertigwird.
   Anschließend sollte der Onkel seinem Neffen gut zureden und ihn dazu auffordern, wieder zur Vernunft zu kommen. Begründung: Neffe soll an die Zukunft denken, Erbe wird sonst bald verprasst sein.
   Danach appelliert der Onkel an seinen Neffen, wieder seine Pflichten zu erfüllen.
   Zum Schluss könnte er Max seine Hilfe und Unterstützung anbieten.

54 / Training Grundwissen

5. Schreibplan:

Einleitung	• Hinweis auf Kenntnis über Änderung der Lebensführung • Ausdruck von Sorge
Hauptteil	• Frage nach den möglichen Gründen (Probleme?) • Aufforderung, wieder zur Vernunft zu kommen • Neffe soll an seine Zukunft denken • Mahnung: Erbe sonst bald verprasst • Ausdrücklicher Appell an Neffen, wieder Pflichten zu erfüllen
Schluss	• Angebot: Bereitschaft zu Hilfe und Unterstützung

Übung 61

Hinweis: Nenne im Briefkopf zunächst Ort und Datum, danach erfolgt die für einen persönlichen Brief typische Anrede (Lieber Max, ...). Erst dann beginnst du mit dem eigentlichen Text. Dabei darfst du die einzelnen Stichpunkte aus deinem Schreibplan nicht einfach nur zu vollständigen Sätzen ausformulieren und aneinanderreihen, sondern du musst deine Darstellung auch noch ein wenig anreichern. Überlege, was der Onkel jeweils erläuternd hinzufügen könnte, um den Neffen mit seinen Aussagen zu überzeugen. Am Ende folgt der abschließende Gruß.

Freising, den ...   *Ort und Datum*

Lieber Max,   *Anrede*

mir ist zu Ohren gekommen, dass du deine Lebensweise nach dem Tod deines Vaters vollkommen geändert hast. Offenbar liegst du bis zum späten Vormittag im Bett und machst dir einfach einen bequemen Tag. Ehrlich gesagt: Das bereitet mir große Sorgen!

Einleitung
Anlass des Schreibens: Hinweis auf Kenntnis über Änderung der Lebensführung, Ausdruck von Sorge

Natürlich frage ich mich auch, ob es Gründe für diese drastische Veränderung gibt. So, wie ich dich bisher kenne, passt es gar nicht zu dir, dass du nur noch das tust, wozu du Lust hast, und nicht mehr zur Arbeit gehst. Kann es sein, dass dich der Tod deines Vaters so getroffen hat und du die Trauer noch nicht bewältigt hast?

Hauptteil
Frage nach den möglichen Gründen

Ich rate dir dringend: Komme so schnell wie möglich wieder zur Vernunft! So kann es doch nicht weitergehen. Denke an deine Zukunft! Wenn du nicht wieder zu deiner alten

Aufforderung, wieder zur Vernunft zu kommen, an die Zukunft zu denken

Training Grundwissen

Lebensweise zurückkehrst, wirst du noch im Elend landen. Irgendwann wirst du nämlich das Erbe deines Vaters ganz und gar verprasst haben. Wovon willst du dann leben? Im schlimmsten Fall endest du noch als Obdachloser auf der Straße.

Mahnung: Erbe sonst bald verprasst

Gib dir also einen Ruck und kehre zu deiner gewohnten Lebensweise zurück! Stehe morgens wieder pünktlich auf und erledige deine Pflichten! Das ist bestimmt besser für dich. Vielleicht lenkt es dich von der Trauer um deinen verstorbenen Vater ab. Er wird ja dadurch nicht wieder lebendig, dass du nur noch den Kopf in den Sand steckst und dich zu nichts mehr aufraffst. Außerdem wird es dir bestimmt bald langweilig werden, wenn du nur noch vor dem Fernseher sitzt oder durch Einkaufszentren schlenderst. Im Übrigen: Stell dir mal vor, was dein Vater dazu sagen würde! Er wäre entsetzt.

ausdrücklicher Appell, wieder Pflichten zu erfüllen

Begründung: besser für ihn

Lieber Neffe, als dein Onkel bin ich natürlich jederzeit bereit, dich zu unterstützen, falls es dir schlecht gehen sollte. Das bin ich nicht zuletzt auch meinem Bruder schuldig. Allerdings ist es schon nötig, dass du dich auch an mich wendest und mir sagst, weshalb du so untätig geworden bist. Solange ich nicht verstehe, was mit dir los ist, kann ich dir auch nicht helfen. Ich erwarte also deine Antwort!

Schluss
Angebot von Hilfe und Unterstützung

Aufforderung zur Antwort

Herzliche Grüße
Dein Onkel Rudi

abschließender Gruß

Übung 62

✒ **Hinweis:** *Überlege, worin jeweils der Mangel besteht: Ist der Ausdruck umgangssprachlich? Dann ersetze ihn durch einen Ausdruck der Standardsprache. Oder ist eine Formulierung grammatisch unvollständig? Dann vervollständige sie.*

1. Lieber
2. deinen Brief
3. Sorgen
4. unangebracht/unnötig
5. geht es mir ganz gut
6. Vater
7. nur getan, was er von mir verlangt hat/seine Anweisungen befolgt
8. hart gearbeitet
9. ganz in Ordnung/ganz richtig
10. Es kann sein
11. richtig
12. gearbeitet
13. anzusammeln/zu verdienen
14. Spaß gehabt/(sich) ausgeruht
15. sehr schade/schrecklich
16. dass ich (nur beim ersten Mal)
17. irgendwann/eines Tages (an einer Stelle statt „einmal")
18. nie/viel zu selten
19. Es ist gut möglich
20. Das erste „beide" streichen!
21. als Obdachloser auf der Straße
22. sehr gut
23. Herzliche Grüße

Training Grundwissen ✒ 57

Übung 63

Die Erfahrungen, die man im Betriebspraktikum macht, *Behauptung / These*
sind nicht geeignet, dem Praktikanten einen Einblick ins
Berufsleben zu ermöglichen.

Der Chef und die anderen Mitarbeiter werden einem Prak- *Begründung (Teil 1)*
tikanten kaum anspruchsvolle, interessante Aufgaben zu-
weisen. Wahrscheinlich werden sie ihm nur Dinge auf-
tragen, bei denen nichts schiefgehen kann. Andernfalls
müssten sie sich sehr viel Mühe geben, um ihn einzuwei-
sen, und dazu fehlt ihnen sicher die Zeit.

Vielleicht fordern sie den Praktikanten deshalb auf, zwi- *Beispiel*
schendurch den Fußboden zu fegen. Oder er wird gebeten,
für die Frühstückspause Kaffee zu kochen. Und in der übrigen Zeit steht er tatenlos herum und sieht den anderen
beim Arbeiten zu.

Was für Erfahrungen kann man dabei machen? Neu sind *Begründung (Teil 2)*
Fegen und Kaffeekochen jedenfalls nicht, denn das kennt
man schon von zu Hause. Solange ein Praktikant nur ne-
bensächliche Aufgaben erledigt oder anderen beim Arbeiten zusieht, wird er kaum etwas hinzulernen. Eigentlich ist
seine Anwesenheit in dem Betrieb dann eine reine Zeitver-
schwendung.

Einen Einblick ins Berufsleben bekommt er so nicht. *→ Fazit: Bestärkung*
der These

58 🖊 **Training Grundwissen**

Übung 64

1.

Städtisches Presseblatt
10. April 2020

Nur Randale und Zoff im Kopf!

1 Aufgeschlitzte Sitzpolster in der S-Bahn, beschmierte Schultoiletten, verbeulte und zertretene Mülleimer an jeder Straßenecke, und wenn man nicht aufpasst, wird
5 man auf offener Straße mit „Alter, was guggst du? Bin ich Kino, oder was?" angepöbelt.

Heutigen Jugendlichen scheinen Umgangsformen ein Fremdwort zu sein. Hat
10 man sich früher noch darüber beschwert, wenn ein Jugendlicher eine ältere Person nicht gegrüßt hat, muss man heute noch froh sein, wenn man bei einer Begegnung mit Jugendlichen erst gar nicht bemerkt
15 wird. Denn mittlerweile kämpft die „Generation Randale" nicht mehr nur mit Schimpfwörtern, sondern auch mit Schlagringen und Klappmessern. Das Ganze wird dann mit dem Handy gefilmt und als Hel-
20 dentat ins Internet gestellt.

Bei dieser Gelegenheit können sich die Jugendlichen dort auch gleich Anregungen für die nächste Attacke gegen wehrlose Opfer holen. Sie kennen sich nämlich bes-
25 tens darin aus, auf welchen Seiten sie sich illegal[1] gewaltverherrlichende Filme oder PC-Spiele herunterladen können.

Wer so beschäftigt ist mit sinnloser Gewalt, hat natürlich keine Zeit für Schule
30 und Lernen. Schlechte Noten interessieren inzwischen nicht einmal mehr die völlig überforderten Eltern. Zum Glück gibt es ja die Sozialhilfe, die die jugendlichen Schläger später einmal durchfüttert.
35 Eine schöne Jugend haben wir da!

2.

Pro	Kontra	
Jugendliche haben heutzutage keine Umgangsformen mehr.	Nicht alle sind gleich: Viele benehmen sich durchaus vorbildlich.	1
Sie beleidigen andere und sind gewaltbereit.	Viele Jugendliche bemühen sich um höfliches Auftreten.	1
Sie schrecken auch vor illegalen Handlungen nicht zurück.	Sie engagieren sich in Vereinen und anderen sozialen Einrichtungen.	2
Sie wollen nichts lernen.	Die meisten von ihnen streben gute Noten in der Schule an.	3
Ihre Eltern sind überfordert.	Viele Eltern kommen gut mit ihren Kindern zurecht.	
Sie gehen davon aus, später Sozialhilfe zu bekommen.	Viele Jugendliche haben den Wunsch, einen Beruf zu erlernen und finanziell unabhängig zu sein.	3

🖊 **Hinweis:** *Die Argumente sind nach steigender Wichtigkeit von 1 bis 3 gekennzeichnet.*

Training Grundwissen ✏ 59

3. Schreibplan:

Einleitung	**Hinführung zum Thema + Äußern der vertretenen Meinung:**
	• Bezug auf Artikel „Nur Randale und Zoff im Kopf!" (10. 4. 2020)
	• stimme der Meinung des Verfassers nicht zu
	• Verfasser stellt Verhalten der Jugendlichen sehr einseitig dar
Hauptteil	**Gegenargument + Entkräftung:**
	• Gegenargument: Jugendliche ohne Benehmen
	• Aber: nur wenige; Verfasser verallgemeinert zu stark; gibt auch Erwachsene, die sich schlecht benehmen
	wichtiges Argument deiner Seite:
	• These: viele Jugendliche bemühen sich um höfliches Auftreten
	• Begründung: wollen von anderen wertgeschätzt werden
	• Beispiel: bieten älteren Personen im Bus ihren Sitzplatz an
	wichtigeres Argument deiner Seite:
	• These: Jugendliche zeigen hohes soziales Engagement
	• Begründung: engagieren sich in sozial orientierten Vereinen und Einrichtungen
	• Beispiel: Sammeln von Spenden oft durch Jugendliche
	wichtigstes Argument deiner Seite:
	• These: Jugendliche zeigen hohe Leistungsbereitschaft in Schule und Ausbildung
	• Begründung: investieren viel Zeit und Mühe in ihre Bildung, wollen gute Zeugnisse; oberstes Ziel: Arbeitsplatz finden und unabhängig sein
	• Beispiel: viele Schüler nehmen Nachhilfe, teils sogar um aus bereits guten Noten sehr gute Noten zu machen
Schluss	**Fazit – deine Meinung als Ergebnis der Argumentation:**
	• Artikel wird einem Großteil der Jugendlichen nicht gerecht

60 / Training Grundwissen

4. Vorname Nachname   *Briefkopf*
   Straße Nr.
   Postleitzahl Ort

   An das
   Städtisches Presseblatt

                           (Ort), 10.04.2020

Sehr geehrte Damen und Herren,

in Ihrem Artikel „Nur Randale und Zoff im Kopf!"   *Einleitung*
vom 10. April 2020 unterstellen Sie den Jugendlichen
von heute, unberechenbare Schläger ohne einen Fun-
ken Anstand zu sein. Ich möchte Ihnen hiermit in aller
Form widersprechen! Ihre Darstellung ist nicht nur
sehr verallgemeinernd, sondern auch einseitig.

Es ist zwar richtig, dass es einige Jugendliche gibt, die   *Hauptteil*
gerne „Randale und Zoff" betreiben, Sie können aber   *Gegenargument*
nicht einfach behaupten, dass jedes zerfetzte Sitzpols-   *entkräften*
ter und jeder zerbeulte Mülleimer auf die Rechnung
eines Jugendlichen geht. Auch betrunkene Erwachsene
können für mutwillige Zerstörung verantwortlich sein.
Dies kann man gut auf Volksfesten beobachten, auf
denen gerne mal ein Bier zu viel getrunken wird.

Zahlreiche Jugendliche bemühen sich durchaus um ein   *wichtiges Argument*
höfliches und freundliches Auftreten. Junge Leute ha-
ben, wie andere auch, das Bedürfnis, von ihren Mitmenschen wertgeschätzt zu werden. Erst vor einigen
Tagen habe ich in einem Bus beobachtet, wie ein Junge
seinen Sitzplatz einer älteren Dame angeboten hat.

Außerdem zeigen sehr viele Jugendliche in sozialen   *wichtigeres Argument*
Vereinen und Einrichtungen, dass sie sich sehr wohl
um das Allgemeinwohl kümmern: Sie sammeln im
Auftrag der Kirche Spenden für ärmere Länder, sie helfen bei den Tafeln der größeren Städte, beteiligen sich
an Wohltätigkeitsveranstaltungen oder zeigen Verantwortung in Vereinen und Jugendgruppen.

Auch die Behauptung, dass den jungen Leuten Bildung   *wichtigstes Argument*
egal wäre, weise ich entschieden zurück: Jugendliche

Training Grundwissen ✦ 61

verwenden sogar sehr viel Zeit und Mühe für die
Schule. Die meisten von ihnen wollen ein gutes Zeugnis erlangen. Dafür nehmen sie sogar teure Nachhilfe-
stunden in ihrer Freizeit in Kauf. Dabei steht der
Wunsch, einen guten Arbeitsplatz zu bekommen und
finanziell auf eigenen Beinen zu stehen, ganz oben. Für
dieses Ziel zeigen die Schüler viel Einsatz und Leis-
tungsbereitschaft.

Der Artikel in Ihrer Zeitung lässt all diese Fakten außer   *Schluss*
Acht und bringt Anschuldigungen ohne einen einzigen
Beweis vor. Er ist deshalb meiner Meinung nach überhaupt nicht geeignet, der Jugend in der heutigen Gesellschaft gerecht zu werden.

Mit freundlichen Grüßen
Vorname Nachname

Übung 65

✎ **Hinweis:** *Auch in diesem Fall empfiehlt es sich, im Hauptteil zunächst einen möglichen Einwand
zu entkräften. Steigere deine eigenen Argumente dann nach Wichtigkeit: Am Schluss trägst du
das wichtigste Argument vor. Vergiss nicht, alle deine Thesen gut zu begründen. Gerade bei diesem
Thema bietet es sich übrigens an, mit Beispielen nicht zu sparen.*

Komm zur Benimm-AG!

Wer betritt zuerst ein Restaurant – die Frau oder der Mann?   *Einleitung*
Darf man einem Gastgeber einen Blumenstrauß in Folie
überreichen? Das sind nur zwei Beispiele, die zeigen: Viele
Benimm-Regeln sind in Vergessenheit geraten. Aus diesem
Grund soll an unserer Schule die Arbeitsgemeinschaft „Be-
nimm ist in!" ins Leben gerufen werden. Ziel der neuen
AG ist es, die wichtigsten Grundsätze wieder in Erinne-
rung zu rufen.

Möglicherweise fragen sich jetzt einige von euch: Was soll   *Hauptteil*
das? Benimm-Regeln sind heute doch gar nicht mehr   *Gegenargument*
wichtig! Das sieht man schon daran, wie anders die Leute
im Vergleich zu früher gekleidet sind. Früher war es z. B.
so, dass man sich fein anzog, wenn man ins Theater ging.

62 / Training Grundwissen

Heute geht jeder ins Theater, wie er will. Niemand wird schief angeguckt, bloß weil er mit Jeans und Pullover im Publikum sitzt.

Und doch: Ich meine, gutes Benehmen ist auf jeden Fall wichtig, auch heute noch. Wer sich zu benehmen weiß, macht nämlich einen besseren Eindruck auf andere. Man wirkt freundlicher und auch sicherer. Kein Wunder, denn wer sich richtig benimmt, kann sich ruhiger und gelassener in seinem Umfeld bewegen, und das wirkt sich positiv auf die Ausstrahlung aus. *wichtiges Argument*

Auch als Gast sollte man wissen, was richtig und was falsch ist. Wer die üblichen Tischmanieren nie gelernt hat, kann alle möglichen Fehler machen. Vielleicht schlürft er sein Getränk laut hörbar, weil ihn nie jemand darauf aufmerksam gemacht hat, dass man das nicht tut. Oder er nimmt die Aufforderung, es sich bequem zu machen, zu wörtlich und lümmelt unhöflich auf seinem Sitzplatz. Ich frage mich, ob so jemand noch einmal beim gleichen Gastgeber eingeladen wird. Zumindest wird man hinterher über so einen Gast tuscheln. *wichtigeres Argument*

Bei Bewerbungsgesprächen ist gutes Benehmen natürlich besonders wichtig. Das beste Zeugnis nützt nichts, wenn ein Bewerber Kaugummi kauend und mit den Händen in den Hosentaschen das Büro des Personalchefs betritt. Das dürfte jedem klar sein. Aber was ist mit den anderen „Kleinigkeiten"? Wann setzt man sich hin: erst wenn man dazu aufgefordert wird – oder einfach dann, wenn man sieht, wo ein Stuhl frei ist? Und wer streckt wem die Hand entgegen: der Personalchef dem Bewerber – oder umgekehrt? *wichtigstes Argument*

Ich denke, es ist eine gute Idee, dass diese AG an unserer Schule eingerichtet wird! Gutes Benehmen ist für jeden von uns vorteilhaft. Die neue Arbeitsgemeinschaft ermöglicht es dir, genau das zu lernen. Nutze deine Chance und nimm teil! *Schluss*

Training Grundwissen

Übung 66

1.

Stichpunkt	Begründung für deine Auswahl
Nr. 3	Lernen mit praktischen Erfahrungen verbinden zu können ist sinnvoll, muss die Schulleiterin überzeugen
Nr. 1	Schulleiterin könnte Sinn der Aktion infrage stellen, weil die Summe, die dabei von der Klasse erzielt wird, nicht allzu hoch sein dürfte; Hinweis auf Teilnahme vieler anderer Schulen: Gesamtsumme beträchtlich → Teilnahme doch sinnvoll
Nr. 11	in den Medien häufig Diskussion über fehlende Werte bei Jugendlichen → Hilfsbereitschaft sollte unterstützt werden

2. mögliches Gegenargument: Stichpunkt Nr. 5 – Mögliches Organisationsproblem

3. ✒ **Hinweis:** *Solltest du andere Stichpunkte gewählt haben, um deine Argumente auszuformulieren, so wäre das nicht falsch. Entscheidend ist, dass du deine Thesen gut begründest und möglichst auch mithilfe von Beispielen veranschaulichst. Nenne als Erstes den Anlass, der dich dazu bringt, deine Meinung in Form eines Briefes aufzuschreiben. Achte beim Schreiben des Hauptteils darauf, dass du deine Argumente nicht einfach nur aufzählst, sondern sie auch miteinander verknüpfst. Am Schluss solltest du unbedingt noch einmal dein Anliegen klar zum Ausdruck bringen.*

Vorname Nachname Klassensprecher 9 b Anne-Frank-Schule 85049 Ingolstadt	**Briefkopf** *Absender*
Elisabeth Schmitt Schulleiterin Anne-Frank-Schule 85049 Ingolstadt	*Empfänger*
Ingolstadt, 11.05.2021	*Ort, Datum*
Liebe Frau Schmitt,	*Anrede*
dass Sie gegen die Teilnahme unserer Klasse am Aktionstag für Afrika sind, hat uns alle sehr enttäuscht. Als Klassensprecher möchte ich Ihnen deshalb noch einmal genau darlegen, warum wir es richtig fänden, uns an dieser Aktion zu beteiligen.	**Einleitung** *Grund des Schreibens und Meinung*

Sie sagen, die Teilnahme an diesem Aktionstag würde zu viel Organisation erfordern und Ihnen zusätzlich Arbeit bereiten, die Sie zurzeit nicht leisten könnten. Aber wir versprechen Ihnen, dass wir alles, was dafür organisiert werden muss, selbst in die Hand nehmen. Das Einzige, was Sie merken werden, ist, dass alle Schüler einen Tag lang nicht in der Schule sind.

Entkräften eines Gegenarguments
kein Entstehen von zusätzlicher Arbeit für die Schulleiterin

Uns liegt wirklich sehr daran, an diesem Aktionstag teilzunehmen, weil wir im Ethikunterricht gerade das Thema „Armut in der Dritten Welt" behandelt haben. Die Texte, die wir dazu gelesen haben, und die Filme, die wir gesehen haben, waren sehr bewegend und interessant.

Argument 1
Hinweis auf Unterrichtsthema

Aber genügt das, um wirklich bleibende Erfahrungen und Kenntnisse zu erwerben? Wir finden, dass uns da etwas fehlt. Solange wir nur immer Informationen entgegennehmen, ohne selbst aktiv zu sein, hinterlassen Unterrichtsinhalte nur wenige Spuren in unserem Gedächtnis. Wir fänden es deshalb wichtig, auch einmal außerhalb der Schule tätig zu werden. Wir möchten selbst erfahren, was es bedeutet, mehrere Stunden lang zu arbeiten. Es wird wahrscheinlich nicht viel sein, was der Einzelne dabei verdienen kann. Aber immerhin kann dann jeder für sich hochrechnen, was für ein Monatslohn am Ende dabei herauskommen würde. Das könnte uns helfen, zumindest ein wenig zu verstehen, was es bedeutet, arm zu sein. Auf diese Weise würde der Unterricht im „Schonraum Schule" zumindest ein wenig durch praktische Erfahrungen bereichert.

These (hier als Frage formuliert): es genügt nicht, immer nur Texte zu lesen und Filme anzusehen

Begründung: wichtig, einmal außerhalb der Schule aktiv zu werden

Unterricht durch praktische Erfahrungen bereichern

Da uns das Problem der Armut in der Dritten Welt sehr berührt hat, möchten wir außerdem einen kleinen Beitrag dazu leisten, den Menschen dort zu helfen. Auch wenn die Summe, die wir durch eine eintägige Arbeit zusammenbekommen, vermutlich nicht sehr hoch sein wird, wäre dieses Geld doch ein Beitrag zur Hilfe. Im Übrigen wären wir ja nicht die einzige Klasse,

Argument 2
These: Wunsch, Beitrag zu leisten, um Menschen in Afrika zu helfen

Training Grundwissen

die an diesem Aktionstag für Afrika teilnimmt. Es gibt in ganz Deutschland Schulen, die sich dafür engagieren – und das schon seit Jahren. Wenn man all die erzielten Beträge der verschiedenen Schulen zusammenrechnet, dürfte die Summe doch ganz beträchtlich sein. Unsere Teilnahme wäre also durchaus sinnvoll.

Begründung: Einnahmen der Klasse allein zwar gering, aber Teilnahme vieler Schulen → hohe Summe

Teilnahme sinnvoll

Im Ethikunterricht lernen wir, dass es gut ist, anderen zu helfen; wenn wir dann tatsächlich helfen wollen, dürfen wir doch nicht daran gehindert werden! In den Medien hört man in letzter Zeit oft, dass die Jugendlichen keine Werte mehr haben, nur noch an sich denken, ständig vor dem Computer sitzen oder shoppen gehen und im schlimmsten Fall gewalttätig werden oder andere mobben. Nun zeigen wir, dass wir etwas tun wollen, um Menschen zu helfen, denen es schlecht geht. Sollte die Schule diese Bereitschaft nicht aufgreifen und unterstützen?

Argument 3
These: Wille zur Hilfsbereitschaft darf nicht behindert werden

Begründung: Hilfsbereitschaft sollte von der Schule unterstützt werden

Wir hoffen jedenfalls sehr, dass Sie Ihre ablehnende Haltung noch einmal überdenken und es uns doch ermöglichen, unser Vorhaben in die Tat umzusetzen.

Schluss
Bekräftigung der Bitte

Mit freundlichen Grüßen
Vorname Nachname

abschließender Gruß mit Unterschrift

Übung 67

1.

Ideen	+/–
(Autofahren macht Spaß)	
früher Erwerb des Führerscheins sinnvoll: Lernen in jungen Jahren leichter	+
Kosten für Eltern nicht zumutbar: teure Fahrstunden, nach Fahrprüfung weitere Ausgaben: eigenes Auto für Jugendliche unerschwinglich, steigende Benzinpreise, teure Reparaturen → Finanzierung unklar	–
in Städten gut ausgebautes Nahverkehrsnetz → Autofahren nicht nötig	–
durch Fahrstunden abgelenkt, Verpassen einiger Schulstunden: Sonderfahrten, z. B. Autobahnfahrt, Lernen für die theoretische Prüfung	–

66 ✦ Training Grundwissen

Ideen	+/–
Unabhängigkeit von den Eltern: Fahrten zum Sportverein, zu Abendveranstaltungen etc. → Führerschein für Jugendliche gut und sinnvoll	+
(Mit Führerschein Eindruck auf Freunde machen → steigert das Ansehen bei Gleichaltrigen)	
Möglichkeit, Eltern zu unterstützen: Besorgungen erledigen → früher Führerscheinerwerb auch gut für die Eltern	+

2. Pro-Argumente:

	Behauptung	Begründung	Beispiel
Argument 1	Führerschein macht unabhängig	Entwicklung von Selbstständigkeit auch gut für Eltern	eigenständiges Fahren zum Sportverein usw.
Argument 2	früher Erwerb des Führerscheins sinnvoll	Lernen in jungen Jahren leichter	Schwimmen, Radfahren: alles besser frühzeitig lernen
Argument 3	Führerscheinerwerb auch gut für Eltern	Unterstützung der Eltern möglich	Besorgungen erledigen (Getränkekästen)

Kontra-Argumente:

	Behauptung	Begründung	Beispiel
Argument 1	Führerschein zu teuer, Kosten nicht zumutbar für Eltern	nach Prüfung entstehen weitere Kosten	eigenes Auto, Benzin, Reparaturen
Argument 2	Schulleistungen eventuell gefährdet	keine volle Konzentration auf Schule	Lernen für Theorieprüfung, Sonderfahrten während Schulstunden
Argument 3	Führerschein nicht unbedingt nötig	gutes Nahverkehrsnetz in fast allen Städten	Möglichkeit, mit Bus und Bahn Ziel zu erreichen

Training Grundwissen 67

3. **Hinweis:** *Du könntest die einzelnen Argumente auch anders bewerten. Entscheidend ist, dass du jedes Argument so darstellst, dass die Leser*innen daraus problemlos ableiten können, für wie wichtig du es hältst.*

Schreibplan:

Einleitung	**Hinführung zum Thema:** in den USA Führerschein im Alter von 16 möglich: für deutsche Teenager verlockend → sinnvoll auch in Deutschland?
Hauptteil	**Gegenseite:** • wichtigstes Argument: Führerscheinerwerb teuer, Eltern kaum zuzumuten • weniger wichtiges Argument: Gefahr von schlechten Schulleistungen • unwichtigstes Argument: in Städten gut ausgebautes Nahverkehrsnetz → früher Erwerb des Führerscheins unnötig **eigene Seite:** • unwichtigstes Argument: Wunsch der Jugendlichen nach Selbstständigkeit, nach Unabhängigkeit von den Eltern • etwas wichtigeres Argument: Unterstützung der Eltern möglich (Besorgungen mit dem Auto erledigen) • wichtigstes Argument: Lernen fällt in jungen Jahren leichter
Schluss	**Fazit – deine Meinung als Ergebnis der Argumentation:** früherer Erwerb des Führerscheins gut, Senkung der Altersgrenze ein Gewinn an Freiheit

4. **Hinweis:** *Versuche, Zusammenhänge zwischen den einzelnen Argumenten herzustellen. Bemühe dich, bei jedem Argument passende Beispiele anschaulich darzustellen.*

In den USA ist es üblich, dass Jugendliche schon im Alter von 16 Jahren den Führerschein machen. Für deutsche Teenager klingt das verlockend. Viele Jungen und Mädchen hierzulande würden sich wünschen, auch schon so früh die Fahrerlaubnis zu bekommen. Aber wäre das tatsächlich sinnvoll und richtig?

Einleitung
Hinführung zum Thema

Immerhin sind die Fahrstunden und die Fahrprüfung teuer. Und anschließend entstehen noch weitere Kosten, die den Eltern kaum zuzumuten sind. Beispielsweise bräuchte man ein eigenes Auto, um genügend Fahrpraxis zu bekommen. Bei den steigenden Benzinpreisen und den Kosten für mögliche Reparaturen wäre das kaum zu bezahlen.

Hauptteil
1. Kontra-Argument
These: hohe Kosten
Begründung: weitere Kosten nach Prüfung
Beispiel: eigenes Auto, Benzin usw.

Außerdem besteht die Gefahr, dass man in den Schulleistungen nachlässt, weil man sich auf das Lernen für die theoretische Fahrprüfung konzentriert und weniger für Klassenarbeiten übt. Hinzu kommt, dass man auch einige Schulstunden versäumen würde, denn es gibt Fahrstunden, auf deren Termine man keinen Einfluss hat, z. B. bei Sonderfahrten wie der Autobahnfahrt. Auch beim Termin für die Fahrprüfung wird keine Rücksicht auf den Stundenplan der Schule genommen.

2. Kontra-Argument
These: Gefahr: schlechtere Schulleistungen
Begründung: Ablenkung durch Lernstoff für theoretische Prüfung; versäumte Schulstunden
Beispiel: Termine für Sonderfahrten und Fahrprüfung

Im Übrigen stellt sich die Frage, ob es wirklich nötig ist, schon so früh den Führerschein zu haben. Es stehen genügend andere Transportmittel zur Verfügung. Zumindest in den Städten ist das Netz des öffentlichen Nahverkehrs so gut ausgebaut, dass man gar kein Problem haben dürfte, seine Ziele zu erreichen. Selbst auf dem Land gibt es Busse und Bahnen, die einen in die nächste Stadt befördern. Die meisten Jugendlichen besitzen außerdem ein Fahrrad, sodass sie schon deshalb mobil genug sind. Und notfalls springen auch die Eltern als Fahrdienst ein.

3. Kontra-Argument
These: früher Führerscheinerwerb unnötig
Begründung: andere Transportmittel zur Verfügung

Beispiel: Busse und Bahnen, Fahrrad, Eltern

Allerdings fühlt man sich als Jugendlicher im Alter von 16 Jahren eigentlich schon zu alt dafür, ständig von den Eltern umherkutschiert zu werden. Man möchte schließlich selbstständig werden und von ihnen unabhängig sein. Auch sollte man Rücksicht auf seine Eltern nehmen. Vielleicht gefällt es ihnen ja gar nicht, ständig Absprachen darüber zu halten, an welchen Tagen der Sohn oder die Tochter zum Sportverein oder zur Disco gefahren werden möchte.

1. Pro-Argument
These: Wunsch nach Unabhängigkeit

Begründung: Rücksichtnahme auf Eltern

Beispiel: Fahrten zum Sportverein, zur Disco

Für die Eltern wäre es hin und wieder sogar sehr nützlich, wenn ihr Kind sich schon mit 16 Jahren hinter das Steuer setzen dürfte. Der Sohn oder die Tochter könnte sie dann im Alltag ein wenig unterstützen, indem er oder sie Besorgungen für die Eltern erledigt, wie das Einkaufen von Getränkekästen. So würde man seinen Eltern auch zeigen, wie sehr man es schätzt, dass sie einem den Führerschein finanziert haben.

2. Pro-Argument
These: Unterstützung der Eltern möglich

Begründung: gelegentliche Besorgungen
Beispiel: Getränke holen

Training Grundwissen 69

Vor allem aber ist bekannt, dass man gerade in jungen Jahren besonders gut lernen kann. Nicht ohne Grund gibt es dafür seit Langem ein Sprichwort: „Früh übt sich, was ein Meister werden will." So gesehen wäre es doch gut, wenn Jugendliche den Führerschein so früh wie möglich machen könnten. Sie würden das Autofahren dann zu einem Zeitpunkt lernen, zu dem es ihnen leichtfällt. Man lernt ja auch das Schwimmen oder Radfahren nicht erst im Alter von 20 oder 30 Jahren.

Alles in allem bin ich also doch dafür, die Altersgrenze für den Erwerb des Führerscheins herabzusetzen. Dadurch wäre ja niemand verpflichtet, sich gleich im Alter von 15 Jahren bei einer Fahrschule anzumelden. Es würde jedem freistehen, ob er im Alltag weiter mit Bus und Bahn fährt oder nicht. Aber allein die Möglichkeit zu haben, früh das Autofahren zu lernen, wäre schon ein Gewinn an Freiheit. Ich jedenfalls wäre froh, wenn ich diese Wahl hätte.

3. Pro-Argument
These: Lernen in jungen Jahren leichter

Begründung: Auto-fahren zu einem Zeitpunkt lernen, zu dem es leichtfällt
Beispiel: Schwimmen/ Radfahren

Schluss
Fazit: Befürworten des frühen Führerschein-erwerbs

Übung 68

✎ **Hinweis:** *Bedenke beim Erstellen deines Schreibplans, dass die Reihenfolge der Arbeitshinweise nicht unbedingt mit der Reihenfolge der Materialien übereinstimmen muss. Überlege also bei jedem Material genau, welche Informationen zu welchem Abschnitt deines Textes passen könnten, und trage sie dort ein. Bringe auch eigene Ideen mit ein. Sollte dir am Schluss noch etwas einfallen, das du in deiner Darstellung verwenden könntest, ergänzt du es an der passenden Stelle.*
Du musst nicht alle Informationen aus den Materialien nutzen. Wähle diejenigen aus, die dir für deinen Text passend erscheinen.

	Inhalte	Zugehörige Informationen	Quellen
Einleitung	Hinführung zum Thema	• Geld im Leben der Menschen sehr wichtig • Sie bezahlen damit das, was sie zum Leben brauchen. • Geld gab es nicht schon immer → Wandel beim „Bezahlen" im Laufe der Zeit	

Hauptteil	Entwicklung des Bezahlens im Laufe der Zeit und Gründe für die Veränderungen	• anfangs Tauschgeschäfte	M 1
		• später zählbare Waren als erste Art von Geld (Grund: Vereinheitlichung des Bezahlens)	M 1
		• danach Münzen, später auch Papiergeld (Grund: kleineres, handlicheres Bezahlmittel mit festem Wert)	M 1
		• inzwischen auch bargeldloses Bezahlen mit Buchgeld (Grund: noch flexibler als Banknoten, v. a. bei sehr großen Geldbeträgen)	M 1
	Bargeldloses Bezahlen heute	• Bezahlen häufig mit Karte oder mit dem Smartphone	M 2
		• Kartenzahlung im Alltag möglich	M 2
		• Deutschland: Im Schnitt bezahlt jeder Zweite (49 Prozent) schon mehrmals in der Woche mit Karte; 11 Prozent heben seltener als einmal im Monat (oder nie) Bargeld ab.	M 3
		• Schweden: Über 80 % der Bevölkerung benutzen kein Bargeld mehr.	M 2
	Gründe gegen die Abschaffung des Bargelds	• Widerstand gegen Abschaffung des Bargelds noch groß	M 2
		• Sorge vor Preisgabe von Daten („gläserner Kunde")	eigene Idee
		• Ältere Menschen haben Probleme mit bargeldlosem Bezahlen.	eigene Idee
Schluss	Überlegungen zur Änderung des Bezahlsystems in der Mensa	Vorschlag: Chipkarten zum Bezahlen des Essens einführen → Bezahlung geht schneller und einfacher, aber Schüler*innen müssen kein Smartphone besitzen/nutzen.	

Training Grundwissen   71

Hinweis: Vergiss nicht, dass es dir gelingen muss, einen zusammenhängenden Text zu schreiben. Achte also darauf, die einzelnen Absätze mit Überleitungen zu verknüpfen. Bleibe in deiner Darstellung wenn möglich nicht zu allgemein, sondern reichere deine Ausführungen mit Beispielen oder konkreten Zahlen an, wenn es sich anbietet. So wird dein Text anschaulicher.

Geld ist heute unverzichtbar – überall auf der Welt. Man kann sich damit die Dinge kaufen, die man zum Leben braucht oder haben will: eine Wohnung, Kleidung, Essen und Trinken – oder auch Dienstleistungen, z. B. einen Haarschnitt oder die Reparatur des Autos. Doch Geld, wie wir es heute kennen, gab es nicht schon immer. Die Art, wie für Waren und Dienstleistungen bezahlt wird, hat sich im Laufe der Zeit stark gewandelt.

Einleitung
Hinführung zum Thema

Am Anfang gab es nur Tauschgeschäfte: Jeder bot seine Produkte oder Leistungen an und bekam dafür im Tausch etwas anderes, das er selbst brauchen konnte. Es gab dabei jedoch ein Problem: Brauchte zum Beispiel ein Weber einen Fisch, der Fischer hatte aber gerade keinen Bedarf an neuer Kleidung, konnte nicht getauscht werden. Deshalb fing man später an, andere Menschen für ihre Leistungen mit Dingen zu „entlohnen", die sich zählen ließen und die einen allgemein anerkannten Wert hatten, z. B. mit Ziegen oder mit Getreide. Der nächste Schritt war die Erfindung von Münzen: Man nahm ein weiches Edelmetall und hämmerte daraus kleine runde Stücke. Das erleichterte das Bezahlen sehr, denn Münzen waren klein, hatten einen festen Wert und ließen sich leicht transportieren. Doch zum Bezahlen großer Summen waren sie ungeeignet, denn ein großer Sack voller Münzen ist ganz schön schwer. So erfand man das Papiergeld. Wer Anspruch auf eine größere Summe hatte, dem wurde einfach ein Stück Papier ausgehändigt, auf dem der entsprechende Betrag notiert war.

Hauptteil
am Anfang nur Tauschgeschäfte

später Bezahlen mit zählbaren Waren

Erfindung von Münzen

Papiergeld für größere Summen

Heute bekommt man oft gar keine Münzen und Scheine mehr in die Hand. Fast jeder hat ein Konto, auf dem Bezahlvorgänge gebucht werden. So werden z. B. das Gehalt oder die Miete in der Regel direkt auf das Konto des Empfängers oder der Empfängerin überwiesen. Was man an

Buchgeld: Bezahlvorgänge aufs Konto

Geld eingenommen oder ausgegeben hat, steht dann auf dem Bankauszug.

Auch im Alltag läuft das Bezahlen heutzutage oft ganz ohne Bargeld ab. Zumindest größere Beträge bezahlen viele Menschen häufig mit ihrer Bankkarte. Der Bezahlvorgang ist so schneller und einfacher, denn man muss nicht mehr umständlich in seinem Portemonnaie nach Scheinen und Münzen suchen. Auch braucht man nicht mehr regelmäßig zum Geldautomaten zu gehen, um sich Bargeld zu besorgen. Eine Umfrage hat gezeigt, dass in Deutschland schon fast jeder Zweite (49 Prozent) regelmäßig mit der Karte bezahlt: 33 Prozent mehrmals in der Woche und 16 Prozent sogar täglich. Und jeder Zehnte (11 Prozent) gab an, seltener als einmal im Monat – oder nie – Bargeld am Automaten abzuheben. In Schweden ist man sogar noch weiter: Dort bezahlt die Mehrheit aller Bürger*innen (80 Prozent) praktisch nur noch mit Karte. Selbst Kleinbeträge, z. B. für einen Espresso, werden dort in der Regel bargeldlos bezahlt.

Nach wie vor gibt es immer noch viele Deutsche, die sehr am Bargeld hängen. Die meisten Menschen wissen, dass man bei jedem bargeldlosen Bezahlvorgang Daten von sich preisgibt. So kann genau verfolgt werden, wofür man sein Geld ausgibt – man wird praktisch zum „gläsernen Kunden". Das lehnen viele Leute in Deutschland ab. Zudem gibt es auch Personen, die mit dem bargeldlosen Bezahlen Schwierigkeiten haben. Das gilt z. B. für ältere Menschen, die mit den elektronischen Geräten nur schwer zurechtkommen.

In unserer Schulmensa wäre es sinnvoll, auf ein bargeldloses Bezahlsystem umzusteigen. Da das Bezahlen mit dem Smartphone von den meisten Eltern strikt abgelehnt wird, sollten wir auf ein Bezahlsystem mit Chipkarten setzen. Die Karten können regelmäßig an Automaten aufgeladen werden, und so kann jeder an der Kasse bargeldlos und schnell bezahlen. Auf diese Weise steht man weniger in der Schlange – und hat dadurch mehr Zeit fürs Essen.

Bargeldloses Bezahlen heute: Bezahlen größerer Beträge oft mit Bankkarte

jeder Zweite zahlt mehrmals pro Woche mit Karte

jeder Zehnte hebt seltener als einmal im Monat Bargeld ab

bargeldloses Zahlen in Schweden schon sehr weit verbreitet

Gründe gegen die Abschaffung des Bargelds

Preisgabe von Daten

bargeldloses Bezahlen schwierig, z. B. für ältere Menschen

Schluss

bargeldloses Bezahlen in der Mensa hilfreich

Vorschlag: Umstieg auf Bezahlsystem mit Chipkarten

Training Grundwissen	✒ 73

Übung 69

✒ **Hinweis:** *Frage dich, worüber Achim am Abend dieses Tages **nachdenken** könnte. Stelle seine Überlegungen **so dar, wie sie ihm durch den Kopf gehen könnten**. Der **Text** ist für dich die **Grundlage**, du kannst aber auch noch **zusätzliche Ideen** entwickeln. Das betrifft insbesondere Achims Zukunft: Da bist du ohnehin auf deine Fantasie angewiesen, denn darüber steht im Text nichts.*

*Stelle deinen Tagebucheintrag so dar, wie es zu seiner Situation passen könnte. Laut Text scheint er dadurch **verunsichert** zu sein, dass seine bisherigen Freund*innen alle ein neues Leben beginnen werden – nur er nicht. Darüber wird er sich Gedanken machen. Um zu zeigen, wie nachdenklich er ist, kannst du ihn zwischendurch auch **Fragen stellen** lassen. Auch gelegentliche **Ausrufe** würden passen – die würden zeigen, dass ihm plötzlich eine Idee kommt, die wie eine neue Einsicht für ihn ist. Orientiere dich bezüglich der Reihenfolge an den Arbeitshinweisen.*

Liebes Tagebuch,	22.08.2021	*Anrede, Datum*

das war vielleicht eine Nacht! Dass unser letztes gemeinsames Zelten ein ganz besonderes Ereignis werden musste, war klar. Aber dass Hübi plötzlich so eine verrückte Idee hatte, hätte ich doch nicht gedacht. Er meinte, wir sollten eine Bierbank nehmen und damit zum Surfen auf den See gehen. Das konnte doch gar nicht klappen! Wie so oft habe ich mich dann aber doch überreden lassen. Und natürlich ging es schief: Die Bank ließ sich zwar aufs Wasser legen, aber kaum war ich auf das Brett gestiegen und hatte meine Surferhaltung eingenommen, da fing sie an zu wackeln und ging unter.

Ich dachte bisher immer, Hübi sei mutig und würde alles hinkriegen. Aber er tut wohl nur so. Eigentlich hätte es mich schon stutzig machen müssen, dass er sein Surf-Experiment nachts durchführen wollte, wenn die anderen schon schliefen. Warum nicht tagsüber? Anscheinend war er doch nicht so sicher, dass es funktionieren würde. Komisch war auch, dass ich als Erster surfen sollte. Wieso ließ er mir den Vortritt? Er will doch nach Australien fahren und da surfen! Das passte irgendwie nicht zusammen. Und als wir die Bank aufs Wasser gelegt hatten, war er gleich so begeistert, dass er das als Triumph laut ausposaunt hat. Dabei hat er selber gar nichts gemacht. Er hatte bloß diese verrückte Idee. Dass Hübi gar nicht so mutig ist,

letzte Nacht: musste besonderes Ereignis werden

Hübis Idee: Bierbank zum Surfen nehmen

war skeptisch – hatte recht:

Bank ging unter

Nachdenken über Hübis Verhalten:
Selbstbewusstsein wohl nicht ganz echt

wollte Surf-Experiment erst nachts durchführen
→ war wohl nicht sicher, ob es klappt
wollte auch nicht als Erster surfen

triumphiert laut, hat aber selbst gar nichts getan

74 Training Grundwissen

wie ich immer dachte, habe ich auch bei unserem Abschied
gemerkt: Da hat er gesagt, dass er mich gern nach Australien mitnehmen würde – weil er Angst vor dieser Reise
hat. Seltsam!

ist gar nicht so mutig

Bald wird er erfahren, wie das Leben dort aussieht. Das
muss spannend sein – und dafür beneide ich ihn schon.
Aber alles wird da neu für ihn sein – und er kennt noch
niemanden, auf den er sich verlassen kann. Sein ganzes
Umfeld muss er neu erkunden. Einfach ist das bestimmt
nicht. Dafür wird er viele neue Dinge sehen und erleben.
Ob er wohl tauchen wird, um die tollen Korallen zu sehen?

Hübis nähere Zukunft:
wird das Leben in
Australien kennen-
lernen
aber: kennt dort
niemanden → wird
nicht einfach sein

Für mich gibt es in der nächsten Zeit nichts Neues. Ich
werde weiter auf Vaters Hof arbeiten, wie bisher, mehr
wird nicht passieren. Alles wird sein wie immer. Die Arbeit auf dem Hof ist hart, abends bin ich müde, schlafe tief
und fest, und am nächsten Tag geht das Ganze wieder von
vorne los. Dafür brauche ich aber auch keine Angst zu haben, dass etwas Unerwartetes geschieht, das ist schon ein
Vorteil. Mein Leben geht genauso weiter, wie ich es kenne;
da komme ich auf jeden Fall zurecht.

Wie wird die nächste
Zeit für ihn selbst
aussehen?
Arbeit auf Vaters Hof
keine Veränderung

aber: braucht keine
Angst zu haben

kommt auf jeden Fall
zurecht

Ob ich damit zufrieden sein kann? Wie wird meine Zukunft aussehen? Kann es nicht doch noch etwas anderes
für mich geben? Vaters Hof will ich nicht aufgeben.
Schließlich bin ich dort aufgewachsen, und alles ist mir
vertraut. Aber vielleicht lerne ich irgendwann ein Mädchen
kennen. Dann würde ich sie heiraten und eine
Familie mit ihr gründen. Das wäre doch etwas Neues! Eins
ist klar: Meine Heimat werde ich nicht verlassen. Aber ich
muss mein Leben so gestalten, dass ich mich wohlfühle.
An anderen sollte ich mich nicht orientieren. Es geht um
mein Leben – und wie ich das führe, das ist allein meine
Verantwortung!

Achims Zukunft:

will Vaters Hof nicht
aufgeben

wird vielleicht irgend-
wann eigene Familie
gründen
will Heimat nicht
verlassen

will sich nicht an
anderen orientieren

Übung 70

Meine Güte, was mach ich bloß? Jetzt liegt die Alte da unten und rührt sich nicht. Ob die sich was gebrochen hat? Warum steht die denn nicht wieder auf? – Eigentlich müsste ich ihr wohl helfen. Aber dann kriege ich die S-Bahn nicht mehr! Und dann komm ich zu spät zur Schule. Ist ja leider nicht das erste Mal. Diesmal gibt's bestimmt 'nen Verweis und obendrauf ganz schön Ärger zu Hause. Papa wird sicher stinksauer. Wahrscheinlich verdonnert er mich zu vier Wochen Hausarrest. – Aber was ist, wenn der Frau was Ernstes passiert ist? Wenn ich ihr nicht helfe, ist das unterlassene Hilfeleistung. Ich glaub', so heißt das. – Warum kommt die auch plötzlich mit ihrem dämlichen Köter um die Ecke? Konnte ich doch nicht wissen, dass die da plötzlich auftaucht! Eigentlich hab' ich ja gar nichts gemacht. – Vielleicht bin ich 'n bisschen schnell gefahren. Das neue Rennrad ist ja auch toll. – Trotzdem: Meine Schuld ist das nicht! Der Hund ist einfach auf mich zugelaufen. Da hat er sie mitgezerrt ... Andererseits: Was ist eigentlich wichtiger: So'n Wisch von der Schule oder die Gesundheit der Frau? Ich fürchte, ich komm nicht drum rum ... – Verdammt, andere Leute kommen auch mal zu spät zur Schule! Ich muss sie zumindest mal fragen, was sie hat und ob ich ihr helfen kann.

Übung 71

Hinweis: Bedenke, dass du aus der Sicht Hübis einen Brief an seinen langjährigen Freund Achim schreiben sollst. Deine Darstellung sollte im Ton dazu passen. Gib also zu erkennen, dass die beiden Jungen sich schon lange kennen und vertraut miteinander sind. Die letzte Nacht hat aber für jeden von ihnen neue Erkenntnisse über die Person des anderen gebracht. Damit soll dein Brief beginnen. Als Erstes macht Hübi sich Gedanken über das Verhalten seines Freundes, den er im Rückblick für sein mutiges Verhalten bewundert. Anschließend denkt er kritisch über sein eigenes Verhalten nach: Er hat begriffen, dass er gar nicht so mutig ist, wie er sich immer gegeben hat. Erst danach äußert er sich zu seinem bevorstehenden Aufenthalt in Australien – und zu den Gefühlen, die ihm angesichts der nächsten Zeit durch den Kopf gehen. Der Brief schließt mit guten Wünschen für Achim. Hübi wird sich in ihn hineinversetzen und sich Gedanken darüber machen, wie Achim sich fühlen wird. Bestimmt kommt ihm in den Sinn, dass sein Freund neidisch sein könnte, weil er davon ausgehen muss, dass er nichts Aufregendes erleben wird. Er wird ihn trösten und ihm sagen, dass man auch zu Hause gute Erfahrungen machen kann.

Rosenheim, 23. Juli 2021	*Ort, Datum*
Lieber Achim,	*Anrede*

ehrlich gesagt: Gestern hast du mich ganz schön beeindruckt. Da kam ich mit dieser verrückten Idee, auf einer Bierbank zu surfen, und du hast tatsächlich mitgemacht. Dabei hast du von Anfang an nicht daran geglaubt, dass es klappen könnte. Und nicht nur das: Du hast es tatsächlich gewagt, als Erster zu surfen. Das war schon ziemlich mutig von dir! Immerhin fällt das Ufer ziemlich schnell steil ab ... Dass dein Surf-Erlebnis schnell vorbei war, ändert überhaupt nichts daran. Ich fand es übrigens auch gut von dir, dass du mir hinterher keine Vorwürfe gemacht hast, nachdem die Bank abgesackt war.

Nachdenken über letzte Nacht:
ist von Achims Verhalten beeindruckt

Bestimmt hast du immer geglaubt, ich wäre tatkräftig und mutig und würde alles schaffen, was ich mir vorgenommen habe. In Wirklichkeit bin ich gar nicht so mutig. Das hast du gestern sicher gemerkt. Sonst hätte ich selber den ersten Versuch mit dem Surfen gemacht. Insgeheim hatte ich natürlich schon befürchtet, dass ich das nicht schaffen würde. Aber ich wollte mir eben keine Blöße geben. Eigentlich war es feige von mir, dir dieses Experiment zuzumuten. Zumindest hätte ich als Erster surfen müssen.

Nachdenken über sich selbst:
ist nicht so mutig, wie er vorgibt

findet eigenes Verhalten im Rückblick feige

Training Grundwissen ✒ 77

Morgen fliege ich nun also nach Australien – mit gemischten Gefühlen. Das geht schon damit los, dass der Flug so
lange dauert. Kein Wunder: Australien liegt ja praktisch am
anderen Ende der Welt. Und ich werde ganz allein sein,
nicht nur auf dem Flug, sondern auch später. Sicher lerne
ich dort auch nette Leute kennen. Das dauert bloß eine
Weile. Und dann weiß ich auch nicht, ob mein Englisch
ausreichen wird. Wie schön es wäre, wenn du mitkommen
könntest! Dann würde ich mich nicht so allein fühlen.
Du brauchst in den nächsten Monaten ja keine Angst zu
haben, denn du bleibst zu Hause. Dort kennst du alles und
musst dich nicht auf eine völlig neue Situation einstellen.
Das ist schon ein großer Vorteil. Wahrscheinlich würdest
du auch gerne etwas Neues erleben; das kann ich mir
jedenfalls gut vorstellen. Aber du solltest nicht vergessen,
dass man überall schöne Dinge erfahren kann. Jedenfalls
wünsche ich dir, dass die nächsten Wochen und Monate
für dich gut laufen und du auch interessante Erfahrungen
machen kannst. Glaube mir: Dafür muss man keine weite
Reise antreten. Etwas Schönes kann man auch zu Hause
erleben. Du musst dafür nur die Augen offenhalten, dann
klappt das schon.
Mach's gut! Wenn ich zurück bin, werde ich mich sofort
bei dir melden.

Herzliche Grüße
Dein Freund Hübi

Vorstellungen von der Reise:
fährt mit gemischten Gefühlen

fürchtet, sein Englisch könnte nicht ausreichen
hätte Achim gerne dabei

Wünsche für Achim:

neue und interessante Erfahrungen; trotz gewohnter Umgebung

meldet sich nach seiner Rückkehr

Grußformel
Unterschrift

Übung 72

Fortsetzung des Hauptteils
- Bahnhof: Manuel läuft an den Bahnsteigen entlang
- Anzeige auf Tafel: Rückfahrt nach Hause in 30 Minuten
- Problem: Er hat kein Geld für ein Rückfahrticket

Schluss
- Manuels Entschluss: Er erzählt dem Fahrkartenverkäufer seine Geschichte

78 ✦ Training Grundwissen

Fortsetzung des Textes

Zögernd geht Manuel an den einzelnen Bahnsteigen vorbei. An der Fahrplan-übersicht bleibt er stehen. Um 13:30 Uhr fährt der nächste Zug zurück, das wäre in einer halben Stunde. Aber so einfach ist die Sache doch nicht. Schließ-lich hat er wieder kein Geld für die Fahrkarte, und wenn der Fahrkartenkon-trolleur kommt, würde er aus dem Zug fliegen. Jedenfalls müsste er an der nächsten Station aussteigen. Was dann? Gibt es keinen anderen Weg?
Manuel ist allmählich überzeugt davon, wieder nach Hause zurückzukehren. Er ist sich nur nicht sicher, wie er vorgehen sollte.
„Wahrscheinlich ist es am besten, wenn ich ehrlich bin", sagt er sich schließ-lich. Er gibt sich einen Ruck und geht zum Fahrkartenschalter. Dort erzählt er dem Fahrkartenverkäufer etwas kleinlaut seine Geschichte. Er hat Glück: Der freundliche Mann ruft Manuels Eltern an, die ihren Sohn überglücklich vom Bahnhof abholen.

Übung 73

✎ **Hinweis:** *Der Grundlagentext bietet dir wichtige Anregungen für deine Kurzgeschichte. Aber Achtung: Du sollst nicht das wiedergeben, was du darin gelesen hast. Du musst dir eine neue Geschichte ausdenken, die zum Thema passt.*
Das Thema lautet „Ermutigung". Was stellst du dir darunter vor? Im Text „Waschen, schneiden, Weltmeister" geht es um einen jungen Mann, der eine Ausbildung zum Friseur macht, nach einer Weile merkt, dass er eigentlich gar keine Lust dazu hat, und schon aufgeben will. Ein Gespräch mit seinem Ausbilder ermutigt ihn dann aber, doch weiterzumachen. Er entwickelt Ehrgeiz – und am Ende ist er sogar sehr erfolgreich.
Denke dir eine ähnliche Geschichte aus, natürlich nicht über jemanden, der Friseur werden will, sondern über eine Person, die andere Ziele hat. Entscheidend ist, dass der Ablauf ähnlich ist: 1. Am Anfang setzt sich deine Hauptfigur ein Ziel. 2. Sie ist enttäuscht und will schon aufgeben. 3. Jemand macht ihr Mut. 4. Die Ermutigung weckt ihren Ehrgeiz. 5. Am Ende schafft die Person das, was sie sich vorgenommen hat, sogar sehr gut.
Berücksichtige beim Schreiben die typischen Merkmale der Kurzgeschichte. Zur Erinnerung: Es gibt bei dieser Textsorte keine richtige Einleitung – die Geschichte fängt einfach an! Danach folgt die Entwicklung der Handlung – bis hin zu einem Konflikt, der schließlich zu einem Wendepunkt führt. An dieser Stelle gewinnt die Hauptfigur eine Einsicht, die bei ihr eine Verhaltensänderung erzeugt. Versuche, den Schluss offen zu gestalten, also so, dass man noch nicht genau weiß, wie die Geschichte ausgehen wird.
Verwende möglichst durchgängig die Standardsprache. Deine Darstellung sollte aber auch sprach-lich zum Stil einer Kurzgeschichte passen. Das bedeutet: Du brauchst keine komplizierten Satz-gefüge zu formulieren, sondern kannst kurze Sätze schreiben. Füge zwischendurch ruhig ab und zu wörtliche Rede ein; das macht deine Kurzgeschichte lebendig.

Training Grundwissen

Aufgeben gilt nicht ...

Demnächst ging das Schuljahr zu Ende. Langsam wurde es Zeit, sich einen Ferienjob zu suchen. Noch hatte Tim keine Idee, was er da machen könnte.

Dann entdeckte er eine Anzeige in der Zeitung. Ab August wurden für einen Spielfilm noch Statisten gesucht – Jugendliche im Alter zwischen 14 und 16 Jahren. Ohne zu wissen, was ihn da erwarten würde, bewarb er sich. Das Casting lief erfolgreich für Tim: Er bekam eine der Stellen. Das fand er prima. So ein Job war doch besser, als im Supermarkt Kisten zu stapeln.

Der erste Tag bei den Filmaufnahmen war dann aber eine einzige Enttäuschung für ihn. Er hatte das Gefühl, dass er nur hinbestellt worden war, um dort zu warten. Nichts passierte: Endlich, nach vier Stunden, sollte seine Szene gedreht werden. Aber auch das lief ganz anders, als er gedacht hatte: Bestimmt zwanzig Mal musste er zusammen mit anderen Jugendlichen eine Straße entlang gehen. „Ich glaub', morgen komme ich nicht wieder", murmelte er irgendwann.

„Das würde ich mir aber sehr überlegen", erwiderte das Mädchen neben ihm. „Wenn du gleich aufgibst, schaffst du nie was!"

Später trafen sich Tim und das Mädchen noch auf eine Cola in der Cafeteria. Daria – so hieß sie – machte ihm Mut. „Ich habe hier schon öfter mitgemacht. Am Anfang ist es immer langweilig. Und es dauert ewig, ehe endlich mal eine Szene im Kasten ist. Aber wenn du Glück hast und weitermachst, kriegst du irgendwann vielleicht eine kleine Sprechrolle. Das wäre doch toll, oder?"

Also machte Tim weiter, auch wenn ihn das ständige Warten und die dauernden Wiederholungen langweilten. Er wollte doch nicht gleich aufgeben.

Zwei Wochen später wurde er von einer Frau angesprochen, die er bisher noch nicht gesehen hatte. „Sag mal, traust du dir auch zu, zwischendurch ein paar Sätze zu sprechen?", fragte sie ihn. Da musste Tim nicht lange über-

---

passende Überschrift

offener Anfang
direkter Einstieg in die Handlung

Hauptfigur (Tim) setzt sich ein Ziel

Tim ist enttäuscht und will schon aufgeben

wörtliche Rede

ein Mädchen macht ihm Mut

Tim lernt das Mädchen (Daria) kennen

Darias Ermutigung weckt seinen Ehrgeiz

Tim bekommt eine kleine Sprechrolle angeboten
wörtliche Rede

legen: „Na klar!", erwiderte er. Und dann bekam er ein Blatt mit einem Dialog. Er sollte die Rolle eines Jungen übernehmen, der Karl hieß.

Das waren wunderbare Aussichten! Tim war wie ausgewechselt. Fleißig lernte er die Sätze, die er in der Szene übernehmen sollte. Und es machte ihm rein gar nichts aus, seine kleine Rolle so oft zu spielen, bis der Regisseur zufrieden war. Und irgendwann war der Film tatsächlich fertig.

Wendepunkt: Tims Ehrgeiz ist beflügelt

Als er in die Kinos kam, besuchte er gleich eine der ersten Vorstellungen. Neben ihm saß ein Mädchen, das ihm bekannt vorkam. Wo hatte er sie bloß schon mal gesehen? Da war die Szene, in der er ein paar Sätze gesagt hatte! „Das hast du toll gemacht!", sagte seine Nachbarin. An ihrer Stimme erkannte er sie: Das war Daria. Sie hatte auch als Statistin in dem Film mitgewirkt, und er hatte sich nach dem ersten Drehtag noch mit ihr unterhalten.

Lob für seine Szene

trifft Daria zufällig im Kino wieder

Nach der Vorstellung wollte sie von ihm wissen, ob er als Statist weitermachen würde. „Natürlich!", meinte er. „Ich auch", sagte sie. „Man sammelt tolle Erfahrungen und lernt interessante Leute kennen." Dann tauschten sie ihre Handy-Nummern aus und verabschiedeten sich.

beide möchten weiterhin als Statisten jobben

tauschen Handy-Nummern aus

Tim freute sich jetzt schon auf die nächste Statisten-Rolle. Eigentlich machte das schon Spaß. Und man lernte dabei auch interessante Leute kennen, z. B. Mädchen wie Daria.

offenes Ende
Wird Tim eine neue Rolle bekommen? Wird er Daria näher kennenlernen?

► Lösungen
Übungsaufgaben im Stil
des neuen Quali

Übungsaufgabe 1 – Literarischer Text

Teil A: Zuhören

Aufgabe zu Hörtext 1

Hörtext:

Jamal	Hey, Alex. Cool, dass wir uns treffen. Ich habe so viel um die Ohren und bin nur noch beim Training ...
Alexander	Aha. Warum freust du dich so? Ich habe ewig nichts von dir gehört.
Jamal	Häh? Was soll das? Du weißt doch genau, dass ich mich auf den Wettkampf vorbereite! Ich habe meine Zeit jetzt nochmal um 3 Sekunden verbessern können! Mein Trainer meint, ich hätte vor allem bei den längeren Distanzen, also 200 und 400 Meter, echte Chancen zu gewinnen!
Alexander	Ach, und wie es deinen Freunden geht, interessiert dich dann natürlich überhaupt nicht mehr, was?
Jamal	Mann, Alex, was ist denn los? Freust du dich denn nicht, wenn ich meinen Zielen näherkomme? Echte Freunde unterstützen sich doch und sind nicht eingeschnappt, wenn sie ein paar Wochen mal nicht die erste Geige spielen!
Alexander	Sag mal, spinnst du? Die letzten Jahre war ich beim Training immer zum Zeitmessen dabei, hab Hausaufgaben zur Not mitgemacht und war bei den Wettkämpfen sowohl zum Feiern als auch zum Auffangen bei Enttäuschungen da. Weißt du nicht mehr, wie du letztes Jahr auf die 400 Meter nur Vorletzter wurdest und dann auf die 200 Meter gar nicht mehr starten wolltest? Ich hab dich so lange bequatscht, bis du es doch geschwommen bist – und dann hast du in 4:50 Minuten gewonnen!
Jamal	Ja, aber machen Freunde doch auch so.
Alexander	Stimmt schon. Aber ist dir klar, wie schwierig das für mich war? Ich habe dafür meine Schicht beim Bäcker geschwänzt, kein Geld verdient und konnte deshalb nicht mitmachen, als wir mit der

	Klasse in den Kletterpark gefahren sind. Der Eintritt war billig, aber das Klettern hätte über 30 Euro gekostet. Meine Mutter hat gesagt, wenn ich lieber zum Schwimmen gehe, als zu arbeiten, ist mir das Klettern wohl nicht so wichtig.
Jamal	Oh, das habe ich gar nicht gewusst.
Alexander	Aber klar doch. Ich habe es dir erzählt und wir haben noch darüber geschimpft, dass meine Mutter voll unfair ist. Für sie sind 30 Euro nicht so viel Geld. Ich muss dafür 3 Stunden arbeiten. Erinnerst du dich?
Jamal	Daran schon. Aber ich hatte nicht kapiert, dass du mich zum Wettkampf begleitet hast, statt zu arbeiten.

Hinweis: Hier geht es darum, ganz bestimmte im Hörtext genannte Informationen zu erfassen und zu nennen. Es genügt, wenn du die Fragen mit wenigen Worten oder auch Zahlen stichpunktartig beantwortest.

Lösung:

(1) 3/drei
(2) Hausaufgaben/die Hausaufgaben
(3) Kletterpark/ in den Kletterpark
(4) 3 Stunden/drei Stunden

Aufgabe zu Hörtext 2

Hörtext:

Sandra	Ich habe ewig nichts von Ella gehört.
Mina	Kein Wunder, oder? Sie war total sauer, als sie mitbekommen hat, dass wir ohne sie im Kino waren.
Sandra	Was? Du denkst, daran liegt das? Das wäre ja total kindisch. Nur weil sie bei einem Treffen nicht dabei war, kündigt sie die Freundschaft.
Mina	Du weißt doch, wie Ella ist. Sie ist schnell eingeschnappt und schon ein bisschen zickig. Erinnerst du dich daran, wie beleidigt sie war, als sie gemerkt hat, dass wir die selben Turnschuhe gekauft haben und sie nichts davon wusste?

Übungsaufgaben im Stil des neuen Quali ⟋ 83

Sandra	Ja, aber das war auch unnötig. Ich hatte den gleichen Rucksack wie Ella und du hattest die gleiche Sonnenbrille wie sie. So konnte jeder sehen, dass wir drei zusammengehören.
Mina	Ich glaube, das war für Ella nicht genug. Sie wollte die beste Freundin von uns beiden sein und nicht eine unter uns dreien.
Sandra	Jetzt verstehe ich. Du meinst, sie fühlt sich ausgeschlossen, weil sie nicht die Beliebteste war. Sie will wohl die Anführerin sein. Das kann ich gar nicht leiden, es geht doch um Freundschaft und Vertrauen und nicht um Konkurrenz.
Mina	Genau. Ziemlich komisch, oder? Wenn man zwei Freundinnen haben kann, ist das doch super. Wir sind ja alle ein bisschen verschieden und ich bin froh, dass ich dich habe zum Schwimmen und Sport machen und Ella halt zum Schminken und Stylen.
Sandra	Da hast du recht. Dieses ewige Stylen nervt mich wirklich.
Mina	Ich finde, wir sollten sie anrufen.
Sandra	Nein, auf keinen Fall. Wer sich so blöd verhält und unbedingt der Boss sein will, der ist bei mir durchgefallen. So eine Freundin brauche ich nicht.
Mina	Ach Sandra, komm schon! Eigentlich sind wir drei doch ein Superteam! Los, wir rufen sie an und verabreden uns in der Eisdiele ...
Sandra	Jaaaaa, du hast recht! Wir drei sind schon ein tolles Gespann – eigentlich ... Über dieses Boss-Gehabe müssen wir aber mit Ella reden!
Mina	Das machen wir ...

⟋ **Hinweis:** Nimm einen Stift zur Hand und versuche, schon während des ersten Zuhörens die Kreuze zu setzen. Beim zweiten Zuhören verbesserst bzw. vervollständigst du dann die Lösungen.

Lösung:

	Sandra	Mina	keine von beiden
(0) ... hat lange nichts von Ella gehört.	**X**	☐	☐
(1) ... findet Ella zickig.	☐	**X**	☐
(2) ... hat den gleichen Badeanzug wie Ella.	☐	☐	**X**
(3) ... schminkt und stylt sich gern.	☐	**X**	☐
(4) ... hält nichts von Konkurrenz unter Freunden.	**X**	☐	☐

Aufgabe zu Hörtext 3

Hörtext:

Moderatorin	Hallo und herzlich willkommen, liebe Zuhörerinnen und Zuhörer, zu einer neuen Folge unseres Podcasts. Heute, am Tag der Freundschaft, soll sich auch bei uns alles um dieses wichtige Thema drehen. Bei mir ist heute Frau Dr. Winter. Sie ist Psychologin und Expertin auf dem Gebiet „Freundschaft". „Liebe Frau Winter, ich freue mich, dass Sie heute bei uns zu Gast sind."
Frau Dr. Winter	Ich freue mich auch hier zu sein und die Zuhörer*innen heute begrüßen zu dürfen.
Moderatorin	Frau Dr. Winter, heute am Tag der Freundschaft ist das unser Thema. Was verstehen Sie überhaupt unter einer guten Freundschaft und weshalb sind Freundschaften so wichtig für uns Menschen?
Frau Dr. Winter	Als Freundschaft bezeichnet man eine Beziehung zwischen Menschen, die auf Gegenseitigkeit beruht. Befreundete Menschen verbringen gerne Zeit miteinander und empfinden Zuneigung füreinander. In einer Freundschaft nimmt man Rücksicht aufeinander und geht auch mal einen Kompromiss ein. Freundschaften und Familie sind uns wichtig im Leben, denn ohne diese Beziehungen zu anderen wird es für uns schwierig. Wir brauchen andere Menschen, um uns gut und sicher zu fühlen.
Moderatorin	Das stimmt. Was wäre ein Freitagabend ohne meine besten Freundinnen. Ganz schön langweilig. Ich kenne meine drei besten Freundinnen ja schon ewig!
Frau Dr. Winter	Ja, viele Freundschaften beginnen tatsächlich schon im Kleinkindalter! Bereits in der Kita lernen Kinder im Spiel mit ihren Freunden den Umgang miteinander; sie lernen, mit schwierigen Situationen umzugehen, Konflikte selbstständig zu lösen und Kompromisse einzugehen. Oft entwickeln Freunde bzw. Freundinnen ganz eigene Regeln für das Miteinander.
Moderatorin	Eine meiner Freundinnen mochte ich zuerst gar nicht, aber im Laufe der Zeit haben wir uns immer besser verstanden.

Frau Dr. Winter	Es kann schon vorkommen, dass man erst nach einiger Zeit merkt, was man am anderen hat. Meist beginnt eine Freundschaft allerdings mit gegenseitiger Sympathie. Die beiden Menschen mögen sich also einfach. Oft wissen sie nicht einmal, weshalb. Wenn sie miteinander reden oder irgendwelche Dinge tun, kann daraus gegenseitiges Vertrauen wachsen. Sie helfen dann einander und behalten Geheimnisse für sich, wenn das so abgemacht ist. Aber, es gibt eben auch Ausnahmen, wie in Ihrem Fall.
Moderatorin	Unsere Zuhörerin Susi schreibt gerade im Chat: „Was ist das Geheimnis einer langen Freundschaft?"
Frau Dr. Winter	Für eine Freundschaft ist es sehr wichtig, dass sie auf Gegenseitigkeit beruht. Beiden Freunden muss die Freundschaft etwas bedeuten. Dann dauern gute Freundschaften manchmal sehr lange an, vielleicht sogar ein ganzes Leben lang. Aber, auch gute Freundschaften können enden. Ein Grund dafür kann sein, dass einer der Freunde wegzieht oder dass man einfach andere Interessen entwickelt. Das unterscheidet die Freundschaft von der Verwandtschaft, denn verwandt bleiben die Menschen bis an ihr Lebensende. Manche Freundschaften gehen aber auch im Streit auseinander. Das ist meist für die eine oder für beide Seiten sehr hart. Dann ist es gut, mehrere Freunde zu haben. Meistens hat man aber nur einen „besten Freund" oder eine „beste Freundin".
Moderatorin	Von außen sind die meisten Freundschaften für andere Menschen kaum erkennbar. Bei berühmten Persönlichkeiten aber wissen die Menschen davon. Kennen Sie da auch Beispiele?
Frau Dr. Winter	Die beiden berühmten Dichter Goethe und Schiller zum Beispiel pflegten eine enge Freundschaft. Aus den Karl-May-Filmen kennt man natürlich die Freundschaft zwischen Winnetou und Old Shatterhand [...]. Und den meisten Zuhörern und Zuhörerinnen sind sicherlich auch Ernie und Bert bekannt ...

86 / Übungsaufgaben im Stil des neuen Quali

Moderatorin	Ja, meine Lieblingsfiguren aus der Sesamstraße ... Frau Dr. Winter, vielen Dank für Ihre Informationen heute am Tag der Freundschaft. Im Chat sind noch viele Fragen offen. Ich würde mich freuen, wenn Sie noch Zeit hätten, einige zu beantworten.
Frau Dr. Winter	Natürlich, sehr gerne.

Hinweis: Den Behauptungen in der linken Spalte musst du die Schlussfolgerungen in der rechten Spalte zuordnen. Nimm einen Stift zur Hand und versuche bereits beim ersten Lesen der Aufgabe eine mögliche Zuordnung vorzunehmen. Überlege, aus welcher Behauptung sich welche Schlussfolgerung ziehen lässt. Lies zunächst die Behauptung, ergänze dann gedanklich „daraus folgt, ...“ und füge die verschiedenen Schlussfolgerungen an. Entscheide, welche Schlussfolgerung zur Behauptung passt. Den jeweiligen Buchstaben trägst du unten in die Tabelle ein. Konzentriere dich beim Anhören des Textes und mache dir Notizen. Nach dem zweiten Anhören des Textes hast du noch einmal wenige Minuten Zeit, die Buchstaben endgültig in die Tabelle einzutragen.

Lösung:

(0)	(1)	(2)	(3)	(4)
G	D	F	B	E

Übungsaufgaben im Stil des neuen Quali

Teil B: Sprachgebrauch – Sprachbetrachtung

1. ✐ **Hinweis:** *Die Wortarten, die du bestimmen sollst, kannst du mithilfe ihrer charakteristischen Merkmale identifizieren:* **Verben** *beschreiben Vorgänge. Du erfragst sie so: Was tut jemand? Was geschieht?* **Artikel** *(unbestimmte und bestimmte) begleiten Nomen; hier handelt es sich um den bestimmten Artikel „die".* **Nomen** *bezeichnen Lebewesen und Dinge. Dazu gehören auch Dinge, die man sich nur denken kann, da man sie weder sehen noch anfassen kann.* **Präpositionen** *zeigen, in welchem Verhältnis Dinge oder Lebewesen zueinander stehen.*

verbringen	Verb/Zeitwort
die	bestimmter Artikel/Begleiter
Sommerferien	Nomen/Hauptwort
an	Präposition/Verhältniswort

2. ✐ **Hinweis:** *Satzglieder kannst du durch Erfragen bestimmen, z. B. das Subjekt mit der Frage „Wer oder was?", Prädikat: „Was tut/tun?", Dativobjekt: „Wem?", Akkusativobjekt: „Wen oder was?". Wer oder was verbringt die Sommerferien an der italienischen Küste? Antwort: Mein Freund Samuel und ich (= Subjekt). Adverbiale Bestimmungen geben Auskunft über die genaueren Umstände, unter denen eine Handlung stattfindet, z. B. über die Zeit („Wann?", „Seit wann?", „Wie lange?") oder den Ort („Wo?", „Wohin?", „Woher?").*

   Mögliche Lösungen:
   - Dieses Jahr: **Temporaladverbiale**
   - verbringen: **Prädikat**
   - mein bester Freund Samuel und ich: **Subjekt**
   - die Sommerferien: **Akkusativobjekt**
   - an der italienischen Küste: **Lokaladverbiale**

3. ✐ **Hinweis:** *Konjunktionen verbinden Wörter, Wortgruppen oder Sätze miteinander. In der deutschen Sprache gibt es sehr viele Konjunktionen. Achte bei dieser Aufgabe darauf, dass mithilfe der eingesetzten Konjunktion ein sinnvoller Satz entsteht.*

   Eine Freundschaft kann nur mit viel Arbeit wieder aufgebaut werden, **nachdem/wenn** sie zerstört worden ist.

88 / Übungsaufgaben im Stil des neuen Quali

4. / **Hinweis:** *Bei der ersten Lücke handelt es sich um eine Genitivkonstruktion. Du kannst die Lösung so erfragen: „In wessen Verantwortung liegt das Aufrechterhalten einer Freundschaft?" Antwort: „In der Verantwortung aller Beteiligten." Bei der zweiten Lücke handelt es sich um einen Infinitiv mit zu; da es sich um ein trennbares Verb handelt, also ein Verb mit einer Vorsilbe, rutscht das „zu" in das Wort „nachfragen" hinein.*

Eine Freundschaft aufrechtzuerhalten liegt in der Verantwortung **aller Beteiligten** (alle Beteiligten). Dabei hilft es, immer wieder **nachzufragen** (nachfragen), was dem anderen wichtig ist.

5. / **Hinweis: Wer tut was?** *Diese Frage beantwortet man mit dem* **Aktiv. Was wird getan?** *Auf diese Frage antwortet man mit dem* **Passiv.** *Im Passiv liegt das Augenmerk auf dem Geschehen und demjenigen, mit dem etwas getan wird. Um das Passiv zu bilden, benötigt man das Hilfsverb „werden" und das Partizip Perfekt (hier: gegeben). Im Passivsatz wird das Objekt (hier: Ratschläge) zum Subjekt.*

Ratschläge werden von einem guten Freund auch ungefragt gegeben.

Teil B: Sprachgebrauch – Rechtschreiben

1. / **Hinweis:** *Trenne bei dieser Aufgabe zunächst die einzelnen Wörter durch Striche ab. Überlege danach, welche Wörter großgeschrieben werden müssen, und schreibe den Satz dann sauber ab.*

Wenn meine beste Freundin und ich uns streiten, vertragen wir uns meistens ziemlich schnell wieder.

2. / **Hinweis:** *Achte auf die Vokallänge. Nach kurzem Vokal folgen in der Regel zwei Konsonanten, das können zwei unterschiedliche Konsonanten sein (z. B. we***rk***en) oder, wenn du nur einen Konsonanten hörst, zweimal der gleiche (z. B. re***nn***en). Der Buchstabe k wird nach kurzem Vokal zu ck, da es in der deutschen Sprache kein „kk" gibt.*

Normalerweise schreien wir uns erst fu**r**chtbar an und hören einander kaum zu. Doch nach wenigen Minuten erke**nn**en wir, dass der Grund unseres Streits das ganze Gezi**ck**e gar nicht wert ist.

3. / **Hinweis:** *Trenne die Wörter nach Silben. Dabei muss jede Silbe einen Vokal oder Umlaut enthalten.*

Vertrauensgerüst: Ver – trau – ens – ge – rüst
Geheimnisse: Ge – heim – nis – se

Übungsaufgaben im Stil des neuen Quali

4. **Hinweis:** Sieh dir die Wörter genau an und sprich sie für dich selbst auch einige Male deutlich aus. Greife dann auf die bekannten Rechtschreibstrategien zurück. Um die richtige Schreibweise des s-Lauts herauszufinden, musst du zum einen darauf achten, ob der s-Laut scharf oder weich gesprochen ist, und zum anderen, ob er auf einen kurzen oder langen Vokal folgt. Ein scharfer s-Laut nach langem Vokal wird ß geschrieben (z. B. Fuß, Ruß, Maße). Aber Achtung: Am Wort-/oder Silbenende wird der s-Laut immer scharf gesprochen (z. B. Maus, Haustür). Hier musst du zunächst über das Verlängern des Wortes herausfinden, ob es sich um ein s oder ß handelt (Maus → Mäuse; Haus → Häuser; aber: Fuß → Füße).
Um zu entscheiden, ob du eu oder äu schreiben musst, bildest du bei einem Nomen die Einzahl. Schreibt sich das Wort mit au, dann schreibt es sich in der Mehrzahl mit äu.

Ich treffe mich jeden Tag mit meinem besten Freund zum Fu**ß**ballspielen.

Hilfreiche Rechtschreibstrategie:

Ich achte auf den Vokal: Ein scharfer s-Laut wird nach langem Vokal zu ß
→ Fußball.

Dabei sprechen wir über unsere Zukunftsträ**äu**me.

Hilfreiche Rechtschreibstrategie:

Ich bilde die Einzahl: Tr**au**m wird zu
→ Träume.

90 / Übungsaufgaben im Stil des neuen Quali

Teil C: Lesen

1. / **Hinweis:** Du musst nur **zwei Merkmale** nennen, um die volle Punktzahl zu erreichen. Die typischen Merkmale einer Kurzgeschichte musst du kennen. Wichtig ist, dass du die Merkmale **am Text belegst.** Sage also, woran man das genannte Merkmal im Text „Vertrauensgerüst" erkennt.

Mögliche Lösungen:

Merkmal der Textsorte	Textbeleg
wenige handelnde Figuren	im Text gibt es nur zwei handelnde Figuren, das Mädchen und ihre Großmutter
überschaubare Textlänge	Die Geschichte ist zwei Seiten lang.
unvermittelter Einstieg in die Handlung	Der Text beginnt ohne Einleitung, ohne Darstellung der Situation oder der Vorstellung der Ich-Erzählerin.
Alltags–/Umgangssprache	Die Ich-Erzählerin und deren Oma verwenden normale, schlichte Alltagssprache.
Charaktere werden wenig beschrieben	Man erfährt nichts Genaueres über die Ich-Erzählerin (kein Alter, keinen Namen etc.) oder ihre Lebenssituation, nur dass sie traurig ist, weil eine Freundschaft zerbrochen ist.
alltägliche Handlung, in der es zu einer Konfliktsituation kommt	Die Ich-Erzählerin ist traurig über das Ende einer guten Freundschaft, sie weiß nicht, wie sie sich in dieser Situation verhalten soll.
klar abgegrenzte Handlung	Es geht um das Zerbrechen einer Freundschaft.
chronologische (in der richtigen zeitlichen Reihenfolge) und lineare Erzählung	Es gibt keine Zeitsprünge, Rückblenden etc.
offener Schluss	Es bleibt offen, ob eine neue Freundschaft zu einem anderen Mädchen entsteht oder ob sich die alte Freundschaft retten lässt.

Übungsaufgaben im Stil des neuen Quali

2. ✏ **Hinweis:** *Hier ist eine typische Inhaltsangabe gefordert. Beginne diese mit einem Satz, der die allgemeinen Informationen wie Titel, Autor und Textart enthält. Fasse dann den wesentlichen Inhalt in einem Basissatz zusammen. Gehe den Text noch einmal abschnittsweise durch und notiere dir die Hauptaussage eines jeden Abschnitts. Fasse diese dann in wenigen Sätzen zusammen. Schreibe im Präsens.*

Die Kurzgeschichte „Vertrauensgerüst", verfasst von Johanna Templer, ist in dem Buch „Krise – Gesammelte Kurzgeschichten junger Autoren" erschienen. In der Geschichte geht es um die Freundschaft zweier Mädchen, die sich entfremdet haben.

Die Ich-Erzählerin macht sich Gedanken und gleichzeitig auch Vorwürfe, weil die Freundschaft zu ihrer ehemals besten Freundin gescheitert ist. Selbstkritisch erkennt sie, dass sie die Freundschaft als allzu selbstverständlich betrachtet und wohl auch vernachlässigt hat. Als die Großmutter ins Zimmer kommt, um nach ihrer Enkelin zu sehen, erfährt sie im Gespräch den Grund für deren Traurigkeit. Mithilfe einer Metapher – dem Vertrauensgerüst – versucht sie, ihr zu helfen. Sie erklärt ihrer Enkelin, dass diese Freundschaft wieder neu wachsen könne, aber auch die Möglichkeit bestehe, dass sie für immer vorbei sei. Als die Protagonistin eine SMS bekommt, hat sie zunächst die Hoffnung, dass sie von ihrer ehemaligen Freundin ist. Die SMS ist jedoch von einer Klassenkameradin, die sie zu einem Treffen einlädt. Nach kurzem Zögern erkennt sie, dass daraus auch eine neue Freundschaft entstehen könnte.

3. ✏ **Hinweis:** *Sprachliche Bilder sollen bestimmte Aussagen für den Leser/die Leserin besonders anschaulich machen. Sprachbilder sind nicht wörtlich zu verstehen, du musst ihren übertragenen Sinn erklären, also das, was damit ausgedrückt werden soll. Versetze dich gedanklich in die im Text beschriebene Situation der Ich-Erzählerin und versuche nachzuempfinden, wie sie sich fühlt. Das hilft dir dabei, das Sprachbild zu erklären.*

Wenn das Leben auf dem Kopf steht, bedeutet das, dass das Leben sich komplett verändert hat, dass plötzlich alles anders ist, als man es gewohnt war. Wenn das Leben auf dem Kopf steht, ändert sich zwangsläufig die Perspektive, alles ist verdreht. Im Text ist das so, weil die Ich-Erzählerin ihre beste Freundin verloren hat. Vermutlich haben die Mädchen vorher viel Zeit miteinander verbracht und auch alle Sorgen und Geheimnisse miteinander geteilt. Da diese Beziehung jetzt zerbrochen ist, stellt der Verlust eine große Veränderung für die Ich-Erzählerin dar.

92 ✦ Übungsaufgaben im Stil des neuen Quali

4. ✦ **Hinweis:** *Zu Beginn des Textes beschreibt die Ich-Erzählerin ihre Stimmung. Sie vergleicht diese zum Beispiel mit grauem, kaltem Regenwetter und trauriger Klaviermusik. Suche Sätze, in denen sie ihre traurigen Gefühle schildert. Achte auf eine korrekte Zitierweise: Setze das Zitat in Anführungs- und Abführungszeichen und vergiss nicht, dahinter auch die Zeilennummern in Klammern anzugeben.*

Mögliche Lösungen:

- „Zu meiner Stimmung hätte ein graues, kaltes und absolut klischeehaftes Regenwetter gepasst." (Z. 15–17)

- „Wäre mein Leben ein Spielfilm, würde außerdem leise, traurige Klaviermusik im Hintergrund spielen und ich würde still weinen [...]. Ich wäre die Heldin der Geschichte. [...] Stattdessen lag ich hier und dachte nach." (Z. 17–22)

- „Die schönen Erinnerungen waren schmerzlich geworden und mir schossen jedes Mal Tränen in die Augen, wenn ich an sie dachte." (Z. 38–41)

- „Ich musste einmal tief Luft holen, um die Tränen zu unterdrücken [...]" (Z. 59–61)

5. ✦ **Hinweis:** *Der Text enthält mehrere Hinweise, weshalb die Freundschaft gescheitert ist. Gehe den Text Abschnitt für Abschnitt durch und markiere zunächst Textstellen, die einen Hinweis auf die Gründe für das Ende der Freundschaft geben. Achte darauf, in Stichpunkten und nicht in ganzen Sätzen zu antworten.*

- Ich-Erzählerin hat ihre Freundin vernachlässigt
- Freundin zeigt Ich-Erzählerin die kalte Schulter
- Freundin reagiert eventuell über
- Freundin ignoriert die Ich-Erzählerin, reagiert nicht auf deren SMS
- Vertrauen wurde verletzt – auf beiden Seiten
- keiner macht den nächsten Schritt

6. ✦ **Hinweis:** *Du kennst bereits den gesamten Text und weißt, weshalb die Großmutter diesen Satz sagt. Erkläre in eigenen Worten, was du über den Hintergrund der Aussage weißt.*

In diesem Text geht es nicht um körperliche Schäden, die man zum Beispiel bei einer Prügelei davonträgt. Solch eine Verletzung wäre medizinisch gut zu behandeln und die Heilung sichtbar. Hier geht es aber um das Verletzen von Gefühlen. Diese Verletzungen sind unsichtbar, aber deshalb nicht weniger schmerzhaft oder gar weniger schlimm. Auslöser der verletzten Gefühle ist im Text das Ende einer Freundschaft. Die Ich-Erzählerin hat ihre Freundin über eine gewisse Zeit vernachlässigt und wird jetzt im Gegenzug dafür von dieser ignoriert, auch noch, nachdem die Ich-Erzählerin versucht hat, mit ihrer Freundin darüber zu sprechen. Dieses Verhalten enttäuscht und schmerzt die Ich-Erzählerin. Von einem Freund oder einer Freundin enttäuscht zu werden, ist zwar nicht als „äußere Verletzung" sichtbar, aber sie tut der Seele weh.

7. *Hinweis:*
   a) *Setze dich zunächst mit dem Diagramm auseinander. Befasse dich mit den dargestellten Informationen und überlege genau, was hier dargestellt wird. Bei der Beantwortung der Frage musst du zunächst beschreiben, was du durch das Diagramm erfahren hast. Überlege im nächsten Schritt, inwiefern sich die Informationen aus dem Diagramm auf den Text beziehen lassen.*
   b) *Das Schaubild gibt Auskunft darüber, was in einer Freundschaft als besonders wichtig angesehen wird. Suche nach Aussagen, die zur Problematik im Text passen. Schreibe zwei davon heraus und begründe deine Auswahl.*

   a) Die Grafik aus dem Unicef-Kinderwertemonitor zeigt, welche Werte Kindern wichtig sind. An erster Stelle steht dabei „Freundschaft", gefolgt von „Familie" an zweiter und „Vertrauen/Zuverlässigkeit" an dritter Stelle.
   Der Text „Vertrauensgerüst" spiegelt die Aussagen der Statistik gut wider: Die Geschichte handelt von einem Mädchen, dessen Freundschaft zur besten Freundin zerbrochen ist und das über diesen Verlust sehr traurig ist. Die Freundschaft zu ihrer besten Freundin ist der Ich-Erzählerin überaus wichtig, auch wenn sie diese in der letzten Zeit wohl etwas vernachlässigt hat. Dieser Mangel an Zuverlässigkeit hat dazu geführt, dass die Freundin sie nun ihrerseits links liegen lässt und auf Nachrichten nicht reagiert. Das Vertrauen ist anscheinend auf beiden Seiten verletzt worden.
   Laut Diagramm ist die Familie für Kinder annähernd genauso wichtig wie Freundschaft. Im Text wird die Erzählerin von einem Familienmitglied getröstet und mithilfe der Metapher vom „Vertrauensgerüst" auf die wichtigen Kennzeichen einer Freundschaft hingewiesen.

   b) Die Protagonistin vermutet, dass die Freundschaft gescheitert ist, weil sie ihre Freundin in letzter Zeit vernachlässigt hat und die Freundschaft als selbstverständlich betrachtete. Sie erkennt, dass sie sich wohl zu selten bei ihrer Freundin gemeldet hat und diese deshalb nun verärgert ist.

Passend dazu erscheint die Aussage in M 2, wonach 44 % der Befragten die Aussage „Man ist in regelmäßigem Kontakt" als wichtig in einer Freundschaft angeben. Hätte das Mädchen sich öfter gemeldet, wäre die Freundschaft eventuell noch intakt.

Womöglich war die Ich-Erzählerin auch in einer Notsituation nicht für ihre Freundin da und diese ist deshalb verärgert. Laut Statistik ist es für 70 % der Befragten nämlich wichtig, dass der befreundete Mensch für einen da ist, wenn man ihn braucht.

Übungsaufgaben im Stil des neuen Quali 95

Teil D: Schreiben

Aufgabengruppe I

1. *✐ Hinweis: Beginne deine Ausarbeitung mit einem Schreibplan. Möglich ist eine Gliederung, du kannst aber auch ein Cluster oder eine Mindmap anlegen, worin du Gedanken, Ideen oder Fragen notierst. Du bist hier aufgefordert, einen argumentativen Text zu schreiben. Darin muss deutlich werden, ob du dem Zitat zustimmst oder nicht. Sage deine Meinung und begründe sie anschließend. Achte darauf, vollständige Argumente zu formulieren. Zur Erinnerung: Ein vollständiges Argument besteht aus einer Behauptung, einer ausführlichen Begründung und einem oder mehreren anschaulichen Beispielen. Runde deinen Text mit einem kurzen Fazit ab. Bedenke auch die formalen Merkmale eines Zeitungsartikels: Adressiere den Text an deine Mitschüler*innen und wähle eine altersgerechte Sprache.*

Schreibplan: Gliederung

Einleitung:
Zitat des Philosophen Voltaire

Hauptteil:
- *Argument 1:* Pflege einer Freundschaft wichtig → der andere fühlt sich sonst nicht gewürdigt
- *Argument 2:* Freundschaftspflege auch in schwierigen Zeiten wichtig
- *Argument 3:* gepflegte Freundschaften halten Meinungsverschiedenheiten aus

Schluss:
Fazit: lohnenswert, für eine Freundschaft zu arbeiten

Brainstorming – Zeitungsartikel in der Schülerzeitung
- Überschrift
- adressatengerechte Sprache

Die Gesetze der Freundschaft

Liebe Mitschülerinnen und Mitschüler,
was wäre das Leben ohne unsere Freunde? Ohne sie hätten wir keinen Zufluchtsort vor unseren nervigen Eltern und niemanden, bei dem wir uns ausweinen können, wenn es in der Schule einmal nicht so läuft. Aber einfach ist so eine Freundschaft trotzdem nicht immer. Der Philosoph Voltaire sagte einmal: *„Das erste Gesetz der Freundschaft lautet, dass sie gepflegt werden muss. Das zweite lautet: Sei nachsichtig, wenn das erste*

Einleitung
Hinführung zum Thema: Zitat des Philosophen Voltaire

verletzt wurde." Meine Gedanken zu diesem Zitat erfahrt ihr im Folgenden.

Ich stimme Voltaire voll und ganz zu. Freundschaften müssen gepflegt werden, weil der andere sonst denkt, er sei einem nicht wichtig. Dieser Eindruck entsteht leicht, wenn die Kontaktaufnahme immer nur einseitig ist und auch nur einseitig Kontakt gehalten wird. In einer früheren Freundschaft war immer ich es, der angerufen und versucht hat, ein Treffen zu organisieren. Von meinem Kumpel kam nie etwas. Irgendwann kam ich mir blöd vor und habe nicht mehr angerufen. Seitdem haben wir uns auch nicht mehr getroffen.

Aber manchmal gibt es auch wirklich gute Gründe, weshalb der andere sich vorübergehend nicht meldet. Eventuell befindet sich einer der Freunde gerade im Prüfungsstress und hat wenig Zeit, weil er oder sie unentwegt lernen muss. Wird die Freundschaft trotzdem gepflegt, beweist sie sich als echte und wahre Freundschaft. Gute Freunde haben Verständnis für schwierige oder stressige Situationen des anderen und reagieren richtig, wenn sie dem anderen Raum und Zeit geben und trotzdem den Kontakt halten.

Eine gut gepflegte Freundschaft übersteht auch Herausforderungen. Auch unter Freunden gibt es Meinungsverschiedenheiten und Konflikte. Es ist eine besondere Leistung, sich gegenseitig zu verzeihen, wenn man einmal Mist gebaut hat. Gelingt es aber, eine Meinungsverschiedenheit zu klären und sich so noch besser kennenzulernen, dann festigt das auch die Freundschaft. Im letzten Frühjahr fühlte sich mein Freund vernachlässigt, weil ich intensiv für ein Sportevent trainierte. Während ich mich wunderte, dass mein Kumpel offenbar nicht verstand, wie wichtig dieser Wettkampf für mich war, wäre er mir gerne eine Stütze bei der Vorbereitung gewesen. Mein Freund war aber am Ende „nachsichtig":

Hauptteil
eigene Meinung formulieren

1. Argument
Pflege der Freundschaft notwendig, da sonst schnell der Eindruck entsteht, die Freundschaft sei nicht wichtig

2. Argument
Freundschaftspflege auch in schwierigen Zeiten wichtig
Verständnis für Stresssituationen des anderen

3. Argument
gut gepflegte Freundschaften überstehen Herausforderungen

Übungsaufgaben im Stil des neuen Quali

Bei einer Aussprache einigten wir uns darauf, in Zukunft offen miteinander zu reden und solche Missverständnisse schnell zu klären.

Der Unicef-Kinderwertemonitor von 2014 hat gezeigt, dass Kindern und Jugendlichen Freundschaften fast so wichtig sind wie ihre Familie. Dabei wurde deutlich, dass es um Geborgenheit, Vertrauen und Ehrlichkeit geht. Es scheint also zu stimmen, dass ein Leben ohne Freundschaften kaum vorstellbar ist.

Bezugnahme auf M1

Eine Freundschaft besteht aus Arbeit und Kompromissen. Aber, die harte Arbeit lohnt sich! Oder kannst Du dir dein Leben ohne Freunde vorstellen?

Schluss
kurzes Fazit

2. ✏ **Hinweis:** *Deiner Fantasie sind bei dieser Aufgabe keine Grenzen gesetzt. Überlege dir, was nach dieser Nachricht alles passieren könnte. Es könnte der Anfang einer neuen Freundschaft sein, es könnte aber auch ganz anders weitergehen. Die Fortsetzung der Geschichte muss inhaltlich an das Ende anknüpfen und sowohl Gedanken als auch Gefühle der Erzählerin widerspiegeln. Verfasse ein glaubwürdiges Ende. Sprachlich musst du im Stil des Textes weiterarbeiten und auch aus der Perspektive des Mädchens weiterschreiben. Versuche, sprachliche Mittel einzusetzen, z. B. indem du ein sprachliches Bild verwendest, eine rhetorische Frage stellst oder gezielt Wiederholungen einsetzt. Schreibe mindestens 120 Wörter.*

Ich entschied mich für einen Neuanfang und schrieb sofort zurück. Wir trafen uns an diesem Abend zu Hause bei Susanne. Anfangs war ich etwas unsicher, weil wir uns noch nicht gut kannten und ich immer etwas Zeit brauche, bis ich mich entspannen kann. Nach und nach kamen auch die anderen Mädchen an. Gemeinsam schauten wir erst einen Film, tratschten über die Jungs unserer Schule – herrje, habe ich da vielleicht zu viel erzählt? Ach was, wir hatten einfach nur Spaß! Die anderen treffen sich schon länger und haben mich gleich aufgenommen. Alle wollten was über mich erfahren und haben mich tausend Sachen gefragt. Jeder hat etwas von sich erzählt und ich fühlte mich schnell wohl. Wir waren sofort auf der gleichen Wellenlänge und unterhielten uns die ganze Nacht. Ich habe mir fest vorgenommen, diesmal aufmerksamer zu sein und diese neue Freundschaft gut zu pflegen.

Anknüpfung an den Ausgangstext

Perspektive der Protagonistin aus dem Ausgangstext

Ich-Form

Zeitform Präteritum

rhetorische Frage

Gedanken und Gefühle

sprachliches Bild

98 / Übungsaufgaben im Stil des neuen Quali

3. / **Hinweis:** *In einem Internetblog kann man seine Gedanken und Gefühle, aber auch Ratschläge veröffentlichen. Hier sollst du deinen Leserinnen und Lesern informative Tipps zum Thema Freundschaft geben. Beachte beim Schreiben deines Beitrags, dass du Jugendliche in deinem Alter ansprechen sollst. Wähle eine interessante Überschrift und beziehe unbedingt Inhalte aus den Schaubildern mit ein. Strukturiere deinen Text und versuche, auch eigene Erfahrungen und Beispiele mit einzubringen. Achte auf eine angemessene Sprache. Da sich dein Beitrag an Gleichaltrige wendet, kannst du natürlich auch hin und wieder Jugend- bzw. Umgangssprache verwenden. Schreibe mindestens 120 Wörter.*

Freunde finden – und auch behalten

Hey Leute,

vor Kurzem ist mir die Freundschaft unerwartet gekündigt worden. Ich war geschockt und habe angefangen zu recherchieren. Aus einer Umfrage des Unicef-Kinderwertemonitors geht hervor, dass Kindern und Jugendlichen Freundschaft fast genauso wichtig ist wie Familie. Die Untersuchung von sinus YouGov hat mir aufgezeigt, dass ich Einiges falsch gemacht habe und es nicht verwunderlich ist, dass meine Freundschaft zerbrochen ist. Damit euch das nicht passiert, habe ich die wichtigsten Verhaltensweisen für euch in praktischen Tipps zusammengefasst:

- **Kümmert euch!** Das Wichtigste in einer Freundschaft ist füreinander da zu sein. Geht ans Telefon, wenn euer Best Buddy anruft und hört euch die Sorgen auch mitten in der Nacht an.

- **Zeigt Akzeptanz!** Jeder ist anders. Akzeptiert auch die Schwächen eurer Freunde. Genauso solltet auch ihr euch in einer Freundschaft nicht verstellen müssen und authentisch bleiben dürfen.

- **Seid zuverlässig!** Wenn ihr etwas ausmacht, muss sich der andere darauf verlassen können. Nichts ist schlimmer, als immer wieder versetzt zu werden. Auf diese Weise geht Vertrauen in die Freundschaft verloren.

Ich hoffe, ihr beherzigt meine Vorschläge!

Euer Beni

passende Überschrift

Anrede

Bezug auf M 1

Bezug auf M 2

- füreinander da sein;
- mitten in der Nacht anrufen können (M 2)

Vertrauen und Zuverlässigkeit (M 1)

Übungsaufgaben im Stil des neuen Quali | **99**

Aufgabengruppe II

1. ✏ **Hinweis:** *Entwirf zunächst einen Schreibplan. Mach dir Gedanken über das Ziel deines Tagebucheintrages. Halte deine Ideen in einer Mindmap, einer Gliederung oder in Form eines Clusters fest. Ein Tagebucheintrag ist etwas sehr Persönliches, da er auch geheimste Gedanken und Gefühle zum Ausdruck bringt. Versetze dich in das Mädchen aus der Geschichte und überlege, was sie nach dem Gespräch mit ihrer Oma denken und fühlen könnte. Beginne deinen Eintrag mit einer kurzen Einleitung, in der du zum Thema hinführst und die Ausgangssituation kurz zusammenfasst. Im Hauptteil schilderst du ausführlich Gedanken, Gefühle, Fragen etc. Am Ende deines Textes solltest du eine Schlussfolgerung ziehen oder ein Ziel formulieren. Überlege z. B., wie du die Situation wieder in Ordnung bringen könntest.*
Achte auf die äußere Struktur eines Tagebucheintrages. Notiere das Datum und – wenn du magst – eine Anrede wie „Liebes Tagebuch". Gliedere den Eintrag übersichtlich in Abschnitte. Du kannst normale Alltagssprache verwenden, auch umgangssprachliche Ausdrücke sind in einem Tagebucheintrag erlaubt – diese solltest du aber sparsam einsetzen. Versuche weitere sprachliche Mittel (z. B. rhetorische Fragen, gezielte Wiederholungen, sprachliche Bilder) einzusetzen, um den Eintrag spannender zu gestalten.

Schreibplan:

- Anrede
- kurze Einführung, worum es geht
- Einblick in die Gedanken- und Gefühlswelt
- Bericht über Gespräch mit der Oma
- Fazit zu Omas Meinung
- Planung für weiteres Vorgehen
- Grußformel

Liebes Tagebuch, 23. 7. 2021	*Anrede und Datum*
ich bin die letzten Tage sehr durcheinander. Dass ich keine beste Freundin mehr habe, sondern nur noch ignoriert werde, tut sehr weh.	*kurze Darstellung der Ausgangssituation*
Jetzt hat auch noch Oma mit mir darüber geredet. Sie hat mir erklärt, dass Vertrauen in einer Freundschaft das Wichtigste sei. Vertrauen sei etwas Besonderes, sagt sie. Sie stellt sich Vertrauen wie ein großes, wackliges Gerüst vor, bei dem manchmal schon ein kleiner Schups genügen kann, um es zum Einstürzen zu bringen. Das Vertrauen, das zwischen Freunden besteht, ist also sehr zerbrechlich. Wenn es einmal zerbrochen ist und dann wieder aufgebaut werden muss, ist das sehr mühsam und braucht	*Bericht über Gespräch mit der Oma* *Vertrauen:* *– das Wichtigste in einer Freundschaft* *– zerbrechlich* *– schwer wieder aufzubauen* *Metapher des Vertrauensgerüsts*

viel Kraft. Denn einmal verletztes Vertrauen lässt sich nur sehr langsam wiederherstellen.

Eigentlich hat Oma ja recht. Aber dann denke ich mir, dass, wenn es so wäre, wie sie sagt, es ja auch schon das erste Mal, wenn man ein solches Gerüst miteinander aufbaut, mühsam und anstrengend sein müsste. Das war unsere Freundschaft aber nie! Wir hatten immer viel Spaß zusammen und konnten uns alles erzählen. Es war eben nie anstrengend. Hatten wir also gar keine echte Freundschaft? Oder gar kein Vertrauen zueinander? ... Ich glaube, Oma hat das nicht bedacht. Für mich war unsere Freundschaft genau deshalb so wichtig, weil es immer leicht und unkompliziert war. Ich verstehe einfach nicht, warum wir jetzt plötzlich gar nicht mehr miteinander sprechen können.

Gedanken und Gefühle der Hauptperson

rhetorische Fragen, die sich die Hauptfigur stellt

Vielleicht sollte ich noch einmal versuchen, sie zu erreichen, einfach bei ihr zu Hause vorbeigehen und ihr sagen, dass ich mich schrecklich fühle. Ihr sagen, dass es sich anfühlt, als sei ein schweres Gerüst auf mich eingestürzt. Ihr sagen, dass es mir sehr leidtut, dass ich mich in letzter Zeit so wenig um sie gekümmert habe. Bestimmt kann sie mir einen klugen Rat geben oder mich auf andere Gedanken bringen. Bisher hat sie mich immer aufgeheitert.

sprachliches Mittel der Wiederholung: Ihr sagen ... Ihr sagen ... Ihr sagen ...

→ Betonung der Verzweiflung der Hauptfigur

Ich verstehe einfach nicht, warum sie überhaupt nicht auf meine Anrufe reagiert. Mir ist klar, dass sie echt sauer ist, aber dass sie mich so vollkommen abblitzen lässt? Du meine Güte, ich muss sie wirklich sehr verletzt haben ... Ich fühle mich schrecklich! ... Ich könnte schon wieder anfangen zu heulen ... Ich will meine beste Freundin zurückhaben! Also gut, jetzt ist Schluss mit dem Gejammer. Wenn ich sie zurückgewinnen will, muss ich etwas dafür tun! Vielleicht sollte ich ihr ein kleines Geschenk besorgen, damit sie weiß, wie gut ich sie kenne, dass sie mir wichtig ist ...?! Wenn ich eine Karte mit einem Elefanten finde und ihr schicke, freut

sprachliches Bild

Gedanken und Gefühle

Protagonistin fasst Entschluss
→ will Situation in Ordnung bringen

Übungsaufgaben im Stil des neuen Quali 101

sie sich bestimmt. Sie liebt Elefanten. Dazu schreibe ich:
„Törö, bitte entschuldige!"
So, liebes Tagebuch, ich muss jetzt los, eine Karte kau-   *Schlusssatz*
fen ...
Bis bald, deine Lilo   *Grußformel*

2. ✒ **Hinweis:** *Beginne deinen Brief mit einem einleitenden Satz, in dem du euer Anliegen vor-*
bringst. Führe dann in zwei vollständigen Argumenten eure Forderung bzw. euren Wunsch
aus. Zur Erinnerung: Ein vollständiges Argument besteht aus einer Behauptung, einer ausführ-
lichen Begründung und einem passenden Beispiel. In einem Fazit oder Schlusssatz fasst du dein
wichtigstes Argument noch einmal zusammen. Beachte auch die äußere Form eines Briefes:
Beginne und beende den Brief mit einer angemessenen Gruß- bzw. Abschiedsformel. Trage Ort
und Datum ein und evtl. auch eine Betreffzeile, so weiß die Schulleiterin bzw. der Schulleiter
gleich, worum es in deinem Schreiben geht. Formuliere in einer angemessenen Sprache, denn
du adressierst ja die Schulleitung. Schreibe mindestens 180 Wörter.

An die Schulleitung   *Briefkopf*
Frau Rektorin Schneider

Einrichtung einer Pausenkiste auf dem Schulhof   *Betreff*

München, 20. 06. 2021   *Ort und Datum*

Sehr geehrte Frau Schneider,   *formale Anrede*

wir Schüler*innen aus der SMV haben in unserer letz-   ***Einleitung***
ten Sitzung besprochen, dass es schön wäre, wenn es an   *kurze Darstellung des*
unserer Schule eine Pausenkiste mit Spielgeräten gäbe.   *Anliegens*
Wir wünschen uns eine solche Kiste, damit die Schüle-
rinnen und Schüler in den großen Pausen endlich ihrem
Bewegungsdrang nachkommen können und – was uns
noch viel wichtiger erscheint – auf diese Weise neue
Freunde finden oder auch bestehende Freundschaften
vertiefen können.
Gerade die Schüler*innen, die in der eigenen Klasse kei-   ***Hauptteil***
ne guten Freunde haben, sind in der Pause oft allein un-   **1. Argument**
terwegs. Mithilfe verschiedener Bälle und Frisbees wür-   *Möglichkeit für*
den Kinder zusammenfinden, die sich sonst höchst-   *Kinder, Freunde zu*
wahrscheinlich nicht kennengelernt hätten. Je nach   *finden*
Vorlieben könnten sie zusammen Fußball, Basketball

oder Frisbee spielen. Dabei kommt es nicht darauf an, in welcher Klasse man ist, sondern darauf, was einem Spaß macht und worin man gut ist.

Außerdem könnten die Schüler*innen auf diese Weise ihr Können unter Beweis stellen und zeigen, dass sie richtig gut in etwas sind, was im normalen Unterricht vielleicht nicht möglich ist. Die wenigsten Mitschüler*innen wissen vielleicht, dass ich sehr gut im Bumerangwerfen bin. Gerne würde ich die Technik auch anderen Kindern erklären, damit sie erkennen, dass jeder etwas gut beherrschen kann – und dass es nicht nur um Schulerfolg gehen muss. So bekommen diese Kinder vielleicht mehr Selbstbewusstsein und lernen nebenbei noch ganz andere Schüler kennen.

2. Argument
Möglichkeit, eigene Fähigkeiten zu demonstrieren, dadurch Stärkung des Selbstbewusstseins

Mit einer Pausenkiste würden Sie den Kindern ermöglichen, sich anders zu zeigen, neue Erfahrungen zu machen und neue Freunde zu finden. Wir bitten Sie, über unseren Vorschlag nachzudenken und würden uns freuen, wenn wir bald solche Spielgeräte in den Pausen zur Verfügung hätten.

Schluss
kurze Zusammenfassung und Bitte um positiven Bescheid

Mit freundlichen Grüßen
(dein Name), SMV

Grußformel

Übungsaufgaben im Stil des neuen Quali

103

3. ✒ **Hinweis:** In einem Lexikonartikel informierst du die Leser*innen über einen bestimmten Begriff oder Sachverhalt. Ein Lexikonartikel beginnt mit einer allgemeinen Definition (Begriffsbestimmung) und liefert dann weitere wichtige Zusatz- bzw. Hintergrundinformationen. Versuche, auf zwei bis drei Aspekte von Freundschaft einzugehen bzw. diese beispielhaft zu skizzieren (z. B. Wichtigkeit, Formen, Ausprägungen, Dauer von Freundschaften). Gestalte den Lexikonartikel übersichtlich, formuliere sachlich, knapp und verständlich. Schreibe mindestens 60 Wörter.

Freundschaft

Als Freundschaft bezeichnet man eine Beziehung zwischen Menschen, die sich mögen, sich vertrauen und sich miteinander verbunden fühlen.

Überschrift

allgemeine Definition

Freundschaft hat für Menschen eine sehr wichtige Bedeutung, mit manchen Menschen bleibt man ein ganzes Leben lang befreundet. Sie kann aber auch zerbrechen, z. B. wenn einer der Freunde wegzieht oder weil man sich zerstreitet. Wichtig ist vor allem, dass Freundschaft auf Gegenseitigkeit beruht und nicht nur von einer Seite ausgeht.

hohe Bedeutung von Freundschaft

zerbrechlich

muss auf Gegenseitigkeit beruhen

Es gibt verschiedene Formen von Freundschaft, z. B. Freundschaften zwischen zwei Menschen oder solche, in denen Menschen einer Gruppe befreundet sind (Cliquen), und auch verschiedene Ausprägungsformen, was die Häufigkeit gemeinsamer Aktionen anbelangt. So gibt es z. B. Brieffreundschaften, die nur durch Schriftverkehr gepflegt werden, ebenso wie Freundschaften, die über ein gemeinsames Hobby entstehen, oder auch Freundschaften, die in Kita oder Schule geschlossen werden.

verschiedene Formen von Freundschaft

Übungsaufgabe 2 – Sachtext

Teil A: Zuhören

Aufgabe zu Hörtext 1

Hörtext:

Daria	Hallo und herzlich willkommen zu unserem Podcast „der neue Trend". Wie immer berichten wir euch von neuen Ideen und frischen Gedanken, die uns und euch beschäftigen. Heute freue ich mich sehr auf Tobi, der uns mitnimmt in die Welt der Bienen. Hallo Tobi!
Tobi	Hallo, ich freue mich hier zu sein.
Daria	Wir freuen uns auf dich! Wie immer gebe ich euch vorab einen kurzen Überblick: Seit dem großen Volksbegehren zur Rettung der Artenvielfalt im Februar 2019 ist das Bienenretten in Bayern fast zum Volkssport geworden. Mittlerweile wissen wir alle: Ohne die Biene ginge es der Landwirtschaft schlecht, denn es gäbe kaum noch Erträge. Aber warum genau ist das so? Und was macht eigentlich ein Imker? Warum gibt es plötzlich so viele Hobbyimker*innen? All diese Fragen wollen wir in diesem Beitrag klären und euch darüber hinaus noch reichlich mit Informationen rund um das Thema versorgen. Also legen wir los. Tobi, erzähl uns doch mal etwas zum Imkern.
Tobi	Ich schlage vor, wir fangen mit ein bisschen Theorie an: Ein Imker, Bienenzüchter oder auch Zeidler genannt, kennt sich sehr gut mit Bienen aus. „Imker" ist eine Wortzusammensetzung aus dem niederdeutschen Begriff *Imme* für „Biene" und dem mittelniederdeutschen Wort *kar* für „Korb, Gefäß". Der Imker bzw. die Imkerin beschäftigt sich mit der Haltung und Züchtung von Honigbienen. Er oder sie kontrolliert regelmäßig, ob die Völker alles haben, was sie für eine erfolgreiche Vermehrung brauchen. Außerdem erntet und verarbeitet ein Imker das wichtigste Bienenprodukt: den Honig. Anfang 2019 fand im Freistaat das Volksbegehren „Artenvielfalt & Naturschönheit in Bayern" statt. Bekannt geworden ist es unter dem Motto: Rettet die Bienen. Das Ergebnis war überwäl-

Übungsaufgaben im Stil des neuen Quali

105

	tigend und überstieg die Erwartungen bei Weitem: 1,8 Millionen Bürgerinnen und Bürger hatten mit ihrer Unterschrift das Volksbegehren unterstützt und forderten somit ein Gesetz, das Insekten – und vor allem die Bienen – schützen sollte. Dabei stand im Vordergrund, das größte Artensterben seit dem Verschwinden der Dinosaurier zu stoppen. Denn eines ist ganz klar: Ohne Bienen, Hummeln, Schmetterlinge und andere Insekten wäre Landwirtschaft kaum möglich. Die allermeisten unserer Wild- und Nutzpflanzen werden von Insekten bestäubt – ohne Insekten keine Bestäubung, ohne Bestäubung keine Erträge. Konkret heißt das, dass unsere Bauern zwar Obst und Gemüse anbauen könnten, ohne das Bestäuben der Pflanzen durch die fliegenden Insekten aber in den meisten Fällen nichts zum Ernten wachsen würde. Zahlreiche wichtige Lebensmittel gingen uns dadurch verloren: Kirschen, Äpfel, Pflaumen, Gurken, Karotten, Erbsen, Bohnen, Kürbisse und vieles, vieles mehr.
Daria	Danke Tobi, davon haben wir alle schon mal was gehört. Jetzt wissen wir genauer Bescheid. Kannst du uns bitte mal erklären, warum es den Insekten so schlecht geht bzw. warum es immer weniger werden?
Tobi	Klar, gerne. Insbesondere der sogenannte Flächenfraß spielt im Zusammenhang mit dem Insektensterben eine große Rolle. Täglich werden mehr Flächen zubetoniert. Das führt dazu, dass unsere heimischen Tiere und Pflanzen immer weniger Lebens- und Schutzraum finden. Nicht nur die Anzahl an Insekten verringert sich dramatisch – auch viele Vögel haben zu leiden.
Daria	Das hört sich ja schlimm an. Aber heute bist du aus gutem Grund hier: Du möchtest dazu beitragen, diesen Trend zu stoppen.
Tobi	Genau. Ein Weg, dem Insektensterben entgegenzuwirken, ist das Imkern. Den Bienenvölkern wird dabei ein sicherer Lebensraum gestellt, zum Beispiel in Nisthöhlen oder extra gebauten Bienenstöcken. Regelmäßige Gesundheitschecks der Bienen sollen dazu führen, dass die Tiere gesund durch den Sommer kommen und somit auch im nächsten Jahr eine gesunde neue Generation heranwachsen kann. Einige Imker*innen betreiben auch gezielte Königinnenvermehrung, um so zur Arterhaltung beizutragen. Und: Nebenbei können die Imker*innen aus den Stöcken Honig abzweigen. Wenn er geschleudert und richtig abgefüllt wird,

	können wir alle den süßen Aufstrich genießen. Eigentlich produzieren die fleißigen Arbeiterbienen ihn als Nahrung für die Nachkommen.
Daria	So wie Tobi geht es vielen. Seit dem Volksbegehren haben sich immer mehr Menschen für die Idee begeistert, die Natur und Artenvielfalt auf diese Weise aktiv zu unterstützen.
Tobi	Noch kurz dazu: Es gibt ein paar Regeln, die man beachten sollte, wenn man Bienen halten möchte. Generell gilt aber, dass Imker*innen keine spezielle Ausbildung brauchen; d. h. jeder, der möchte, darf Bienen züchten.
Daria	Wir sind gespannt, ob wir euch mit der Lust am Imkern angesteckt haben, schreibt uns doch einfach eure Meinung dazu. Tschüss und bis zum nächsten Mal!

Hinweis: Höre gut zu und mache dir während des Zuhörens Notizen. Beim zweiten Anhören kennst du den Text schon und kannst ganz gezielt auf Informationen achten, die dir in deiner Lösung noch fehlen. Du musst jeweils **zwei** weitere Informationen auf dem Notizblatt ergänzen.

Mögliche Lösungen:

Thema Bienen

(1) Der Imker
- beschäftigt sich mit der Haltung und Züchtung von Bienen
- erntet und verarbeitet Honig
- Imker = Wortzusammensetzung aus Imme „Biene" und kar „Korb"

(2) Imkern gegen Insektensterben
- Bereitstellung von sicherem Lebensraum für Bienen
- regelmäßige Gesundheitschecks
- Königinnenvermehrung zur Arterhaltung

(3) Bedeutung der Biene für die Landwirtschaft
- kaum landwirtschaftliche Erträge ohne Bienen und andere Insekten
- Bestäubung der meisten Nutzpflanzen durch Insekten
- wichtige Nahrungsmittel gingen verloren (Obst und Gemüse)

(4) Volksbegehren zur Rettung der Artenvielfalt
- 1,8 Millionen Bürger*innen unterstützten das Volksbegehren
- Bürger*innen fordern damit Gesetz zur Rettung der Bienen
- Artensterben soll gestoppt werden

Aufgabe zu Hörtext 2

Hörtext:

Sam	Hey, Andi, warum kommst du denn aus den Büschen?
Andi	Oh Mann, Sam, du hast mich erschreckt!
Sam	Warum denn erschreckt? Womit hast du denn gerechnet, hier im Wald?
Andi	Ich war so in Gedanken und hab mit gar nichts gerechnet. Hier draußen sehe ich sonst eigentlich niemanden. Was machst du denn hier?
Sam	Wir müssen für die Schule Fotos von heimischen Insekten machen und ich dachte, ich finde vielleicht ein paar im Wald.
Andi	Voll cool. Da kann ich dir helfen. Ich habe da hinten, gut versteckt, meine Stöcke stehen. Rund herum habe ich viele Blumensamen ausgestreut und es sind ganz viele gewachsen und blühen auch schon. Wir finden sicher Schmetterlinge, Hummeln, Bienen und vielleicht auch ein paar Käfer.
Sam	Andi, wovon sprichst du bitte? Du hast Stöcke und Blumen ausgesät? Wachsen Stöcke jetzt allein und nicht mehr am Baum?
Andi	Oh Mann, Sam. Ich rede von Bienenstöcken. Da hinten ist doch das alte Grundstück von meinem Opa. Er hatte da eine Jagdhütte. Mittlerweile haben wir ein Paradies für Insekten geschaffen und sind Imker geworden. Wir haben 2 Bienenstöcke und versuchen, einer neuen Generation von Jungtieren ein gutes Zuhause zu bieten. Deshalb die vielen Blumen – so haben die fleißigen Arbeiterinnen ihre Nahrung gleich vor der Haustür.
Sam	Ach echt? Das hätte ich nie gedacht, dass du dich um Bienen kümmerst! Und dann auch noch im Wald. Warum machst du es nicht im Garten daheim?
Andi	Naja, es gibt leider immer noch genug Menschen, die Bienen als gefährlich ansehen. Ich habe keine Lust auf Ärger mit den Nachbarn und den ganzen hysterischen Eltern. Wir haben doch gegenüber einen Spielplatz.
Sam	Naja, ich wäre auch nicht begeistert, wenn mein Nachbar Bienen im Garten hätte. Aber ich finde es echt toll, dass du dich um Bienen kümmerst!

108 · Übungsaufgaben im Stil des neuen Quali

Hinweis: Nimm einen Stift zur Hand und versuche, schon während des ersten Zuhörens die Kreuze zu setzen. Beim zweiten Zuhören verbesserst bzw. vervollständigst du dann die Lösungen.

Lösung:

	Sam	Andi	keiner von beiden
(0) ... imkert im Wald.	☐	☒	☐
(1) ... muss für die Schule Insekten fotografieren.	☒	☐	☐
(2) ... hat eine Allergie gegen Bienengift.	☐	☐	☒
(3) ... findet das Imkern langweilig.	☐	☐	☒
(4) ... sähe es nicht gerne, wenn sein Nachbar Bienen im Garten hätte.	☒	☐	☐

Aufgabe zu Hörtext 3

Hörtext:

Sam	Ich bin beeindruckt. Das ist ja hier wirklich ein Blütenparadies. So viele Blumen und so viele Farben!
Andi	Ja, richtig schön, nicht wahr? Komm, wir legen unsere Sachen hier ab.
Sam	Aber sag mal, ist die Arbeit mit den Bienen denn nicht gefährlich?
Andi	Ich würde sagen, nein. Es ist schon wichtig, dass du dich auskennst und die Bienen nicht nervös machst. Wenn sie denken, ihr Nest wird angegriffen, werden sie unruhig, schwärmen aus und es gibt immer wieder Fälle, in denen Imker gestochen werden. Wie in manchen Comics dargestellt wird, dass ganze Völker auf einen Menschen losgehen, das gibt es aber nicht.
Sam	Ok, und was machen wir jetzt? Ich würde deine Bienen gerne fotografieren. Hast du solche Schutzanzüge?
Andi	Ja, klar. Ich habe mir für den Anfang einen Hut, eine Jacke und natürlich Handschuhe gekauft. Ich mach das ja erst kurze Zeit und habe keine Lust, so oft gestochen zu werden. Schau, hier in der Hütte haben wir das Equipment. Du kannst Opas Sachen anziehen.
Sam	Was ist das für eine Kanne da? Und was sind das für Kräuter und wofür brauchst du den Kohleanzünder?
Andi	Das ist keine Kanne. Das ist das Rauchgerät. Wir können mit den Kräutern und den Pellets Rauch erzeugen. Wenn wir an die Stöcke gehen und sie öffnen, hilft der Rauch die Bienen zu beruhigen. Komm ich zeig es dir. Nimm deine Kamera mit und achte auch auf die Umgebung. Du findest sicher noch ein paar andere Insekten.

110 🖊 Übungsaufgaben im Stil des neuen Quali

🖊 **Hinweis:** Höre konzentriert zu. Am besten nimmst du einen Bleistift zur Hand und streichst schon beim ersten Anhören Angaben, die du als falsch erkennst, in den vorgegebenen Sätzen durch. Beim zweiten Durchlauf verbesserst bzw. vervollständigst du dann deine Streichungen. Achte darauf, dass du deine endgültige Lösung mit einem Tinten- oder Kugelschreiber festhältst.

Lösung:

(1) Die Jugendlichen legen ihre Sachen an der Jagdhütte ab. ~~Leider können sie nicht in die Hütte hinein, weil Andi den Schlüssel vergessen hat.~~

(2) Sam erfährt, dass die Arbeit mit Bienen nicht generell gefährlich ist. Nur muss man wissen, ~~wann die Bienen hungrig sind, denn dann sind sie sehr aggressiv.~~

(3) Falls die Bienen aber doch einmal aggressiv reagieren, macht das nichts, denn viele Imker*innen sind ~~starke Raucher~~. Bei ~~Zigarettenrauch~~ beruhigen sich die Insekten schnell.

(4) Bienen verteidigen ihren Stock bei Gefahr und ~~leider auch ihr Gebiet gegenüber anderen Insekten. Wo Bienenstöcke sind, findet man deshalb keine Schmetterlinge und Hummeln.~~

Teil B: Sprachgebrauch – Sprachbetrachtung

1. ✎ **Hinweis:** Die Frageprobe hilft dir, die Satzglieder richtig zu bestimmen. Die Antwort auf die Frage „Wer oder was?" liefert das Subjekt, die Antwort auf die Frage „Wen oder was?" das Akkusativobjekt.

   a) Knapp 1,8 Millionen Bürgerinnen und Bürger/unterschrieben/im Februar 2019/das Volksbegehren zur Änderung des Bayerischen Naturschutzgesetzes.

   b)

Satzglied	Bezeichnung
Knapp 1,8 Millionen Bürgerinnen und Bürger	**Subjekt**
das Volksbegehren zur Änderung des Bayerischen Naturschutzgesetzes	**Akkusativobjekt**

2. ✎ **Hinweis:** Präpositionen bezeichnen das Verhältnis, in dem Personen, Dinge etc. zueinander stehen. Man unterscheidet lokale (Ort), temporale (Zeit), modale (Art und Weise) und kausale (Grund) Präpositionen. Hier muss ein Wort gefunden werden, das beschreibt, in welchem Verhältnis die Bienen zu den Wiesen stehen. Die Bienen können durch oder über Wiesen fliegen. Es handelt sich hier also um örtliche (lokale) Präpositionen.
   Nomen sind Namenwörter, die Dinge, Sachverhalte oder Lebewesen bezeichnen. Überlege, welches Nomen inhaltlich sinnvoll ist.
   Adjektive (Wiewörter/Eigenschaftswörter) geben Auskunft über Eigenschaften. Sie sagen etwas darüber aus, wie jemand/etwas ist.
   Verben (Tätigkeitswörter) bezeichnen eine Handlung/Tätigkeit. Achte darauf, das Verb in der richtigen Personalform einzusetzen.

Präposition	Bienen fliegen **z. B. über/durch** Wiesen und suchen sich vielfältige Nahrungsquellen.
Nomen	Auf ihrem täglichen Rundflug steuern Bienen **z. B. Blütenpflanzen/Blumen/Pflanzen** an und saugen mit ihrem Rüssel unter anderem Nektar oder auch Honigtau aus der Blüte heraus.
Adjektiv	Auch wenn Bienen stechen können: Grundsätzlich ist die Arbeit mit Bienen **z. B. ungefährlich/harmlos/gefahrlos/ sicher/unbedenklich**.
Verb	Bienen **z. B. verteidigen/beschützen/sichern** ihren Stock nur bei drohender Gefahr.

112 ✦ Übungsaufgaben im Stil des neuen Quali

3. ✦ **Hinweis:** *Adjektive können gesteigert werden. Dabei gibt es zwei Steigerungsstufen, den Komparativ und den Superlativ. Bei der zweiten Steigerungsform, dem Superlativ, wird bei regelmäßigen Adjektiven und einem vorausgehenden bestimmten Artikel die Nachsilbe „-(e)ste" angehängt. Es gibt allerdings auch unregelmäßige Adjektive wie das Wort „viel" mit den Steigerungsformen „mehr", „am meisten".*

Der **erfolgreichste** Imker kann im nächsten Jahr die **meisten** gesunden jungen Bienen begrüßen.

4. ✦ **Hinweis:** *Überlege, mit welchem der drei vorgegebenen Begriffe du das unterstrichene Fremdwort ersetzen kannst, ohne dass sich der Sinn des Satzes verändert. Wenn du eines der Wörter nicht kennst, schlage es im Wörterbuch nach.*

a) ☐ Obst   ☐ Fruchtsaft   ☒ **Blütensaft**

a) ☒ **verkleinert**   ☐ vergrößert   ☐ verändert

5. ✦ **Hinweis:** *Entscheide, ob es sich bei „das/dass" um ein Relativpronomen, ein Demonstrativpronomen oder um eine Konjunktion handelt. Das Relativpronomen „das" leitet einen Relativsatz ein; es bezieht sich auf ein Nomen aus dem vorherigen Hauptsatz und kann durch „welches" ersetzt werden. Demonstrativpronomen bezeichnet man auch als hinweisende Fürwörter. Mit ihnen kann der Sprecher auf etwas zeigen oder hinweisen; man kann sie durch „dies/dieses" oder „jenes" ersetzen. Die Konjunktion „dass" leitet einen Nebensatz ein und kann nicht ersetzt werden. Führe am besten die Ersatzprobe durch: Wenn du „das/dass" durch „dies/dieses"," jenes" oder „welches" ersetzen kannst, dann schreibst du es mit einfachem -s. Wenn sich das/dass nicht durch „dies/dieses", „jenes" oder „welches" ersetzen lässt, handelt es sich um die Konjunktion „dass".*

Viele Menschen bemängeln, **dass** bestäubende Insekten trotz ihrer wichtigen Funktion für die Natur nicht besser geschützt werden.

Teil B: Sprachgebrauch – Rechtschreiben

1. **✏ Hinweis:** *Beginne damit, die Wörter durch Striche voneinander abzutrennen. Entscheide beim Abschreiben, welche Wörter großgeschrieben (Satzanfang, Nomen, Namen, nominalisierte Verben oder Adjektive) bzw. kleingeschrieben (Verben, Adjektive, Artikel, Konjunktionen) werden.*

   Der Insektenschwund hat nicht nur Auswirkungen auf den Menschen, sondern auch auf andere Tiere. Vögel beispielsweise finden weniger zum Fressen.

2. **✏ Hinweis:** *Einige Wörter enthalten ein sogenanntes Dehnungs-h, um einen langgesprochenen Vokal zu kennzeichnen. Wenn es ein Dehnungs-h im Wort gibt, dann steht es nur vor einem der folgenden Konsonanten: l, m, n, r. Aber Achtung: Ein nachfolgendes l, m, n oder r ist keine Garantie dafür, dass ein Dehnungs-h folgt. Wörter mit Dehnungs-h musst du als Merkwörter lernen. Wenn du unsicher bist, schau im Wörterbuch nach.*
   Wörter, die mit den Buchstaben t, sch, sp, kl, kr, p, gr oder qu beginnen, enthalten in der Regel kein Dehnungs-h.

   Im Jahr 2019 starteten der BUND **Naturschutz** und seine Partner das **Volksbegehren** „Rettet die **Artenvielfalt**". Das Ergebnis war **sehr** erfreulich und überstieg die Erwartungen bei Weitem.

3. **✏ Hinweis:** *Nominalisierte Wörter sind „unechte" Nomen. Verben und Adjektive können z. B. zu Nomen werden, wenn sie in einem Satz als Nomen verwendet werden. Nominalisierungen erkennst du daran, dass sie von einem typischen Signalwort (z. B. Artikel, Pronomen, Mengenangaben) für Nomen begleitet werden bzw. begleitet werden können. „Seit dem Verschwinden …" (Artikel). Bei „längere" handelt es sich um ein Adjektiv, das sich auf das Nomen „Wärmeperioden" bezieht.*

   In den vergangenen Jahren hat das Bienensterben extrem zugenommen. Es gilt als das größte Artensterben, seit dem (a) *verschwinden/Verschwinden* der Dinosaurier. Mehrere Ursachen spielen eine dabei eine Rolle, wie zum Beispiel der Klimawandel, der (b) *längere/Längere* Wärmeperioden im Winter mit sich bringt.

   Begründung für (a): Es handelt sich um ein nominalisiertes Verb/oder: Artikelprobe: dem Verschwinden = Nomen

   Begründung für (b): Es handelt sich um ein Adjektiv, deshalb wird es kleingeschrieben.

114 / Übungsaufgaben im Stil des neuen Quali

4. / **Hinweis:** a) und b): *Wende die gelernten Rechtschreibstrategien an. Zu „gibt": Der Infinitiv (Grundform) des Verbs lautet „geben", deshalb wird es in allen Formen mit „b" geschrieben. Doppel-s schreibst du, wenn der s-Laut stimmlos (scharf) ist und nach einem kurzen Vokal steht. Ein „ß" schreibt man, wenn der s-Laut stimmlos (scharf) ist und nach einem langen Vokal steht (z. B. Straße).*

Den *einen* Grund für das Insektensterben **gipt/gibt** es nicht. Es sind viele Faktoren, die alle gleichzeitig auf die Tiere einwirken. Dazu gehören z. B. Insektenvernichtungsmittel, monotone Agrarlandschaften und der Klimawandel. Unter diesem **Streß/Stress** brechen die Insekten immer öfter zusammen.

Hilfreiche Rechtschreibstrategie:

☒	Ich bilde die Grundform.
☐	Ich achte auf das Signalwort.
☐	Ich trenne das Wort nach Silben.

Hilfreiche Rechtschreibstrategie:

☐	Ich suche ein verwandtes Wort.
☒	Ich achte auf die Länge des Vokals.
☐	Ich mache die Artikelprobe.

Teil C: Lesen

1. *Hinweis: Ein bildhafter Vergleich soll ausdrücken, dass eine bestimmte Sache so ähnlich ist wie eine andere. Um ein sprachliches Bild richtig zu deuten, musst du überlegen, welche besonderen Merkmale und Eigenschaften mit dem sprachlichen Bild verbunden werden. Bei der Erklärung dieses bildhaften Ausdrucks hier kommt es darauf an, den Vergleich zwischen dem Erscheinungsbild der Astronauten und dem der Imker zu ziehen. Gehe außerdem auf das Wort „verirrt" ein und erkläre, weshalb es ungewöhnlich ist, einen Imker mitten in einer Großstadt anzutreffen.*

   Das sprachliche Bild beschreibt das Aussehen der zwei Imker: Astronauten tragen einen speziellen Anzug und Helm, um sich vor der menschenfeindlichen Umgebung im Weltall zu schützen. Die Imker tragen ebenfalls einen besonderen Anzug und Helm, um sich vor den Bienenstichen zu schützen. Das Bild vom Astronauten wird verwendet, um dem Leser/der Leserin deutlich zu machen, dass sich die Imker, gleichermaßen wie Astronauten, mithilfe ihrer Anzüge schützen. Die Imker wirken wie „verirrte Astronauten", weil sie mitten im Olympiapark in der Großstadt München stehen. Sicherlich würde man dort nicht unbedingt Imker erwarten, sondern eher in einem Garten außerhalb der Stadt.

2. *Hinweis: Lies den Text genau durch und markiere alle Fremdwörter. Sollte dir ein Wort unbekannt vorkommen, schlage es im Wörterbuch nach. Ordne die Fremdwörter anschließend den deutschen Begriffen zu.*

   Folgende Begriffe kommen im Text als Fremdwörter vor:

   a) verkleinert, verringert – **minimiert** (Z. 64)

   b) Schädlingsbekämpfungsmittel – **Pestizide** (Z. 73 f.)

3. *Hinweis: In dem Zeitungsartikel werden der Verein und einige seiner Mitglieder vorgestellt. Markiere zunächst alle passenden Informationen im Text. Schreibe keine ganzen Sätze ab, sondern formuliere die Stichpunkte selbst.*

   - Ziel: gemeinsames Gärtnern in der Stadt
   - Gründung des Vereins 2011
   - Garten liegt am Fuß des Olympiabergs im Münchner Norden
   - Hochbeete mit Gemüse (Tomaten/Mangold)
   - geben Bienen in einem kleinen Waldstück ein Zuhause
   - bei erfahrenem Imker Rat zur Bienenhaltung gesucht
   - ein Bienenvolk verloren, wurde von Varroamilbe befallen

116 ✦ Übungsaufgaben im Stil des neuen Quali

4. ✦ **Hinweis:**
   a) Lies den Text aufmerksam und markiere die Stellen, an denen die Gründe für das Bienen-sterben genannt werden. Notiere sie dann in einem kurzen zusammenhängenden Text.
   b) Hier ist es wichtig, die Gründe für das Bienensterben aus dem Text zu sammeln und an-schließend mit eigenen Worten zu erklären, warum wir Menschen die Insekten und ins-besondere die Bienen dringend brauchen.

a) Andrea Erhard erzählt im Text, dass die Bienen in ihrem Stadtgarten der Varroamilbe zum Opfer gefallen sind. Diese Parasiten schwächen die Bienen und die Nachkommen leiden an Entwicklungsstörungen. Land-bienen dagegen leiden meist unter den Pestiziden auf den Äckern und zu wenig Futter. Durch eintönige Landwirtschaft finden die Bienen auf dem Land häufig nicht genug Nahrung bis zum Ende des Sommers und verhungern oft.

b) Im Text geht es um das Bienensterben. Es werden mehrere Gründe für den Rückgang der Bienenpopulationen genannt. Problematisch ist das Aussterben der Bienen deshalb, weil Bienen neben Rindern und Schweinen die drittwichtigsten Nutztiere sind. Ohne sie wür-den 80 Prozent aller Pflanzen, die auf Fremdbestäubung angewiesen sind, keinen Ertrag bringen. Auf den Feldern und an den Bäumen würde nichts wachsen, da die Blüten nicht befruchtet würden. Ohne Bienen hätten wir Menschen, aber auch viele Tiere demzufolge keine Nahrung und würden auch sterben. Wenn wir Menschen nicht für den Erhalt der Bienen sorgen, ist auch unser Leben in Gefahr.

5. ✦ **Hinweis:** Bevor du diese Aufgabe bearbeitest, solltest du den Text noch einmal gut lesen und überlegen, welche Aufgabe die Drohnen, also die männlichen Bienen, erfüllen und wie ihr Leben verläuft. Lies dazu auch die Anmerkungen am Textrand. Erkläre, wie die beiden Begriffe „Game of Drohnes" und „Drohnenschlacht" verwendet werden und was sie ausdrücken sollen.

Übersetzt heißt die Überschrift: „Spiel der Drohnen". Gemeint ist aber hier die sich jährlich wiederholende „Drohnenschlacht". Männliche Bienen haben nur eine einzige Aufgabe in ihrem Leben, nämlich eine Bienenköni-gin zu befruchten. Ist die Paarungszeit vorbei, haben die Drohnen keinen Nutzen mehr. Sie werden aus dem Bienenstock geworfen und so dem sicheren Tod überlassen. Das nennt man „Drohnenschlacht". Eine männ-liche Biene hat ein kurzes und hartes Leben, *(ähnlich wie viele Protagonisten in der bekannten Fernsehserie „Game of Thrones")*.
Die Begriffe sind Furcht einflößend gewählt und sollen den brutalen Umgang mit den männlichen Tieren zur Schau stellen. In der Natur sind

die Dinge oft sehr effizient geregelt: Die Männchen sind nutzlos geworden und werden deshalb beseitigt.

6. ✒ *Hinweis:*
   a) *In dem Cluster werden die Punkte der Aktion „Blühwiese" dargestellt. Du musst sie mit den Argumenten der Initiative „Artenvielfalt" abgleichen und die Gemeinsamkeiten und Unterschiede herausstellen.*
   b) *Sieh dir die Diagramme genau an und stelle einen Zusammenhang her. In der Aufgabenstellung ist von einer „Trendwende" die Rede, die in den Diagrammen abgelesen werden muss. Diese Informationen müssen dann mit den Aktionen und Initiativen sinnvoll verknüpft werden.*

a) Das Aktionsbündnis zur Rettung der Artenvielfalt verlangt mehr ökologische Landwirtschaft, den Ausbau von Biotopen und das Schaffen von Blühwiesen, um die Artenvielfalt zu erhalten und dem Bienensterben entgegenzuwirken. Die Abbildung M 1 zeigt die konkrete Umsetzung und Vorteile einer Blühwiese auf. Mittels einer Patenschaft kann jede*r zur Rettung der Bienen und Insekten beitragen. Auf einem solchen Acker erhalten Bienen pestizidfreie Nahrung aus heimischen Pflanzen. Andere Insekten finden dort einen Rückzugsort und Lebensraum.

b) Bei Betrachtung der beiden Diagramme fällt auf, dass zum einen seit 2012 die Anzahl der Imker*innen stetig steigt. Zum anderen wird deutlich, dass mit ein paar Jahren Verspätung der deutschlandweite Anstieg der Bienenvölker folgt. In derselben Zeit wurde die Initiative zur Rettung der Artenvielfalt gestartet und fand breite Unterstützung in der Gesellschaft. Es zeigt sich also, dass das Interesse an und die Achtung vor den Bienen bzw. Insekten bei den Menschen gestiegen sind. Immer mehr Menschen verfolgen das Hobby der Imkerei. Infolgedessen steigt auch die Anzahl der Bienenvölker.

Teil D: Schreiben

Aufgabengruppe I

1. ✏ **Hinweis:** *Erstelle als Erstes einen Schreibplan. Du kannst deine Ideen auch in einer Mindmap oder Gliederung festhalten. Du sollst deine Mitschüler*innen über Ursachen und Folgen des Bienensterbens informieren. Gehe auch darauf ein, wie sich deine Mitschüler*innen für den Erhalt der Bienen einsetzen können; informiere darüber, welche Möglichkeiten es dazu gibt. Da es sich um eine Rede handelt, muss ganz klar erkennbar sein, dass du deine Mitschüler*innen damit ansprichst und welches Ziel du erreichen möchtest. Nutze das Mittel der direkten Ansprache. Gliedere deine Rede in einzelne Absätze, durch die dein Gedankengang gut erkenn- und nachvollziehbar wird.*

Schreibplan:

Ursachen des Bienensterbens	Folgen des Bienensterbens	Einfache Möglichkeiten zu helfen
• Varroamilbe (Parasit) → schwächt erwachsene Bienen und sorgt bei Brut für Entwicklungsstörungen • eintönige Landwirtschaft → keine Nahrung, Bienen verhungern • Pestizide = Gift	• ohne Bienen keine Nahrung für Menschen und Tiere → Biene ist Nutztier → befruchtet 80 % aller Pflanzen • sterben die Bienen, stirbt am Ende auch der Mensch	• Blühwiesenpatenschaft übernehmen • auf dem Balkon/im Garten Bienenfutter anpflanzen • auf Pestizide im Garten oder auf dem Balkon verzichten • selbst zum/zur Hobbyimker/in werden

Liebe Mitschülerinnen und Mitschüler,

heute ist Schulversammlung und ich möchte mit euch über ein wichtiges Thema sprechen: das Bienensterben! Es ist ein Thema, das uns alle angeht und Auswirkungen auf uns hat, auch wenn ihr das vielleicht noch nie wahrgenommen habt.

Es gibt viele Ursachen für das Insekten- und insbesondere das Bienensterben. Ein Übeltäter ist ein winziges kleines Tierchen, die Varroamilbe. Dabei handelt es sich um einen aus Asien eingeschleppten Parasiten, der die

Anrede

Einleitung
Hinführung zum Thema

Hauptteil
Ursachen für das Bienensterben
– Varroamilbe

erwachsenen Bienen schwächt und beim Bienennachwuchs Entwicklungsstörungen verursacht. Ein Befall kann das Absterben des kompletten Bienenvolkes nach sich ziehen. Eine weitere wichtige Ursache für das Bienensterben liegt in der „eintönigen" Landwirtschaft, wie sie inzwischen überall auf der Welt praktiziert wird, unter der die Bienen sehr leiden. Viele Landwirte bauen nur noch wenige Sorten an und bestellen damit riesige Ackerflächen, z. B. mit Mais und Raps. Fährt man im Sommer übers Land, sieht man häufig über weite Strecken diese riesigen Monokulturen. Die Bienen finden hier aber nur für kurze Zeit Nahrung, denn dann werden die Felder schon wieder abgemäht. Da aber nur Mais und Raps angepflanzt wurde, finden die Bienen anschließend keine Nahrung mehr, viele verhungern in der Folgezeit. Und natürlich sind die Pestizide, die in großen Mengen auf die Felder ausgebracht werden, eine weitere Ursache für das Bienensterben. Zwangsläufig nehmen die Tiere bei der Nahrungsaufnahme und Bestäubung auch diese Gifte auf.

Aber warum sollte euch das überhaupt interessieren? Das kann ich euch sagen: Ohne Bienen sähe unser Speiseplan wirklich sehr dürftig aus. Es gäbe nicht nur keinen Honig, sondern auch auf Obst, Gemüse, Saft, Marmelade und vieles mehr müsstet ihr verzichten. Bienen bestäuben 80 Prozent aller Wild- und Nutzpflanzen, darunter Äpfel, Erdbeeren, Tomaten, Nüsse, Brokkoli, Gurken, Kürbisse, Äpfel, Birnen etc. und sorgen so dafür, dass die Pflanzen am Ende Früchte tragen. Das bedeutet, dass es ohne die Bestäubung durch die Bienen viele landwirtschaftliche Erträge gar nicht gäbe. Bienen sind also sehr wichtige Nutztiere für uns!

Aber keine Sorge! Jede*r von uns kann mit ganz kleinen Dingen zur Bienenrettung beitragen! Viele Bauern bieten inzwischen z. B. Patenschaften für eine Blühwiese an. Hier wird den ganzen Sommer über Bienen- und Insektenfutter aus heimischen Samen angepflanzt.

– monotone Landwirtschaft

– Pestizide

Folgen des Bienensterbens
viele Obst- und Gemüsesorten sind auf Insektenbestäubung angewiesen

*Was jede*r tun kann:*

– Patenschaft Blühwiese übernehmen

120 ✦ Übungsaufgaben im Stil des neuen Quali

Diese Äcker werden außerdem ohne giftige Pestizide bewirtschaftet. So finden die Bienen Futter und müssen nicht verhungern. Solltet ihr keinen Bauern in der Nähe haben, der solche Patenschaften anbietet, könnt ihr auch auf eurem Balkon eine kleine Bienenwiese anpflanzen. Verzichtet aber unbedingt auf Pestizide und unnötige Pflanzenschutzmittel – die sind Gift für die Bienen!

– Bienenfutter auf eigenem Balkon anpflanzen

– auf Pestizide verzichten

Ich persönlich gehe jetzt noch einen Schritt weiter und werde ab diesem Sommer Hobbyimkerin! Das ist ganz einfach in einem Verein möglich. Dort kann ich alles über Bienen lernen, über das Züchten, den richtigen Umgang mit den Bienen und auch, wie der leckere Honig hergestellt wird. Auf diese Weise möchte ich noch mehr zur Rettung der Bienen beitragen.

– Hobbyimker*in werden

Ich hoffe, ich habe euch viel Interessantes zum Thema Bienen erzählen können! Bitte denkt über meine Ausführungen nach und überlegt, ob ihr nicht auch etwas zum Erhalt der Artenvielfalt beitragen wollt.

Schluss
Dank und Bitte, über Bienensterben nachzudenken

Und denkt daran: Sterben die Bienen, sterben auch wir Menschen!

abschließender Appell

2. ✦ **Hinweis:** *Bei dieser Aufgabe musst du dich zunächst entscheiden, ob du die genannten Forderungen für sinnvoll hältst oder nicht. Formuliere deine Zustimmung oder Ablehnung im ersten Satz. Anschließend begründest du deine Meinung mithilfe von Argumenten. Denke daran, dass nur ein vollständiges Argument überzeugen kann; es besteht aus einer Behauptung, einer ausführlichen Begründung und einem anschaulichen Beispiel. Nutze die Informationen aus dem Text. Ziehe am Schluss nochmals ein Fazit. Der Umfang deines Textes sollte mindestens 120 Wörter betragen, ansonsten kann es zu Punktabzug kommen.*

Die Forderungen nach mehr Lebensraum und weniger Umweltgiften für Bienen halte ich für sehr sinnvoll.

eigene Meinung

Ohne Bienen würden auch wir Menschen nicht lange überleben. Denn Bienen befruchten 80 Prozent der Pflanzen und sorgen so für einen Großteil unserer Nahrung.

Mensch ist auf Biene angewiesen, nicht umgekehrt

Besonders in Großstädten wird es für Bienen immer schwieriger, geeigneten Lebensraum zu finden. Viele

Flächenfraß nimmt Insekten den Lebensraum

Übungsaufgaben im Stil des neuen Quali 121

Flächen sind bebaut und damit versiegelt. Der soge-
nannte Flächenfraß greift immer mehr um sich. In den
Parks und auf anderen vorhandenen Grünflächen fehlt
es häufig an bienenfreundlichen Pflanzen und somit an
Futter für die kleinen Tierchen.

Pestizide werden in der Landwirtschaft zur Schädlings-
und Unkrautbekämpfung eingesetzt. Leider sind diese
Umweltgifte sehr schlecht für Bienen und andere Insekten. Über die Pollen nehmen sie diese Gifte direkt auf,
was dazu führt, dass ihr Immunsystem geschwächt wird
und sie schließlich sterben.

giftige Pestizide schaden den Bienen

Ohne Bienen gäbe es bald kein Obst, Gemüse und andere wichtige Nahrungsmittel mehr. Die Forderung
nach mehr pestizidfreiem Lebensraum ist also sinnvoll
und dringend notwendig. Einige Gemeinden und Bauern bieten inzwischen Blühwiesen an. Hier wachsen
pestizidfreie Pflanzen heran, die den Bienen den ganzen
Sommer über als Nahrung zur Verfügung stehen.

Fazit

3. ✎ **Hinweis:** *Versetze dich in die Biene und versuche dir vorzustellen, wie die Dinge für sie aussehen. Schreibe, was die Biene an diesem Tag erlebt hat, und gehe dabei insbesondere auch auf
ihre Gedanken und Gefühle ein. Versuche, deinen Text mithilfe sprachlicher Mittel anschaulich
zu gestalten. Verwende z. B. ein sprachliches Bild oder setze die Wiederholung von Wörtern
gezielt ein. Schreibe in der Ich-Form. In einem Tagebucheintrag formuliert der Schreiber seine
Gedanken, wie sie ihm gerade einfallen, aus diesem Grund sind in einem Tagebucheintrag auch
umgangssprachliche Wendungen und Gedankensprünge erlaubt. Einen abgebrochenen Gedanken kennzeichnest du mit drei Auslassungspunkten. Du kannst bei dem Tagebucheintrag
eine Anrede- und Grußformel verwenden, das ist dir selbst überlassen. Setze aber ein Datum
über den Eintrag. Schreibe mindestens 120 Wörter, liegst du deutlich darunter, erhältst du
einen Punktabzug.*

Liebes Tagebuch,   25. 7. 2021

heute war wieder ein richtig schlechter, anstrengender
Tag! Ich musste weit fliegen, um ein paar Blüten zu
finden ... Mein Opa erzählt immer Geschichten, dass er
früher riesige Ballen Pollen nach Hause geschafft hätte,
so schwer, dass er sie fast nicht mehr fliegen konnte. Ich

Anrede und Datum

*Darstellung von
Gedanken und
Gefühlen*

Ich-Form

finde nur noch sehr wenige Blüten. Oft bin ich lange unterwegs und schon ganz müde, bis ich die erste sehe.

Manchmal muss ich mich nach den ersten Blüten schon auf einem Ast ausruhen. Mein Opa behauptet, er habe auf den Wiesen unendlich viele Blüten gefunden und zwar ganz verschiedene. Die Blütenwiesen, die ich kenne, sind langweilige Flächen mit immer gleichen Pflanzen wie Mais oder Raps – die blühen sehr selten und schmecken mir auch nicht wirklich. Dafür, dass wir Bienen die Pflanzen bestäuben und damit auch die Nahrung der Menschen sichern, kümmern sich die Menschen wirklich schlecht um uns! Wir werden vertrieben, giftige Mittel werden verstreut und unsere liebsten Blütenwiesen abgemäht und zu langweiligen, leblosen grauen Bändern verpresst. Dann setzen sich die Menschen in laute, stinkende, rasende Blechkästen und rollen auf diesen Bändern in atemberaubender Geschwindigkeit dahin. Nur, warum machen die Menschen das? Nur ganz selten bringen sie Nahrung mit den Blechkästen nach Hause. Vielleicht geht es ihnen ja wie uns und sie finden kaum noch Nahrung und müssen deshalb mit den Blechkästen so weit herumfahren? Aber wieso ... ich verstehe es nicht ... Ach, ich lege mich jetzt hin und ruhe meine Flügel aus. Morgen wartet ein neuer anstrengender Tag auf mich.

sprachliche Bilder

Gedankensprung, abgebrochener Satz

Gute Nacht

Grußformel

Aufgabengruppe II

1. ✏ **Hinweis:** *Beim Erzählen geht es darum, ein Erlebnis, ein Ereignis oder eine Handlung anschaulich darzustellen. Hier soll deine Geschichte von einer Biene handeln, die im Jahr 2030 lebt und aus ihrem Leben erzählt, und zwar darüber, wie sich die Welt für die Bienen wieder verschlechtert hat. Du kannst in der Ich-Form schreiben oder die 3. Person (Er-Form) verwenden. Bleibe bei der einmal gewählten Perspektive. In der Regel schreibt man Geschichten im Präteritum (Vergangenheit), aber auch das Präsens (Gegenwart) ist möglich. Wichtig ist auch hier, dass du die einmal gewählte (Grund-)Zeitform beibehältst.*

   Überlege dir, welche positiven Entwicklungen zur Erhaltung der Arten wohl nicht weitergeführt oder zurückgenommen worden sind. Überlege dann, welche Konsequenzen das für die Bienen haben würde. Sammle und ordne deine Ideen in einem Schreibplan und formuliere sie dann nacheinander aus. Gliedere deine Geschichte in Einleitung, Hauptteil und Schluss. Setze erzählerische Mittel ein, wie beispielsweise Rückblenden, sprachliche Bilder oder auch gezielt eingesetzte Wortwiederholungen. Verwende treffende Verben und anschauliche Adjektive. Vergiss nicht, eine passende Überschrift für deine Geschichte zu finden.

Schreibplan:

Situation 2019	dann: Untätigkeit der Menschen	Folgen
Idee: Blühstreifen für Insekten schaffen	Idee der Blühstreifen nicht in Gesetz aufgenommen	Nahrungsmittelknappheit → Insekten verhungern
weniger Pestizide erlauben	neue Produkte aus China zugelassen	Kontaktgifte auf Blüten führen zu vielen toten Insekten
weniger Flächenversiegelung erlauben		mehr Straßen und Parkflächen nötig, mehr Flächenversiegelung

Die letzten Tage der Einsiedlerbiene

Ich möchte euch aus meinem Leben erzählen, weil ich merke, dass es mit mir zu Ende geht. Einsam, alt und gebrechlich möchte ich über vertane Chancen sprechen und darüber, wie es für kurze Zeit so aussah, als ob die Welt doch eine gute hätte werden können.

Als ich ganz jung war, ging es uns Bienen nicht besonders gut. Im ganzen Bienenstock erzählte man sich, dass,

passende Überschrift

Einleitung
Rahmenhandlung:
Erzählperspektive:
Ich-Erzähler
Zeitform: Präsens

Hauptteil
Binnenhandlung:
Zeitform: Präteritum

wenn es so weiterginge, ein Leben für uns Bienen bald nicht mehr möglich sein würde. Jahr für Jahr war es schwieriger für uns geworden, im Sommer ausreichend Nahrung zu finden, um uns und vor allem auch unseren Bienennachwuchs durchzubringen. Die Menschen versprühten zu viele giftige Insektenvernichtungsmittel und bauten riesige Flächen mit immer gleichen Pflanzen an. Für uns blieb kaum noch Nahrung übrig. Ein mageres Jahr folgte dem nächsten.

Ausgangssituation vor 2019

Dann plötzlich – ich glaube, es war das Jahr 2019 – veränderte sich etwas: Uns fiel auf, dass die Menschen ihre Wiesen anders zu mähen begannen. An den Rändern der Felder blühten auf einmal die herrlichsten Blumen und eine Vielzahl verschiedener Blumen und Pflanzen säumten die Wege entlang der Äcker. Diese herrlichen Blüten waren frei von Giftstoffen. Auch auf den großen Feldern, so schien es, wurden weniger Gifte eingesetzt. Ich war jetzt eine ausgewachsene Honigbiene und flog im Sommer den ganzen Tag umher, um Nektar und Pollen zu sammeln. Es war das reinste Paradies. Einige Jahre konnte ich so viel Pollen sammeln und in den Stock bringen, dass wir gar nicht alles brauchen konnten. Alle Insekten, nicht nur wir Bienen, konnten uns wieder sattfressen und unsere Nachkommen sorgenfrei großziehen.

großes Volksbegehren zur Rettung der Bienen 2019 Verbesserung der Lage

Gedanken und Gefühle

Leider trübte sich das Bild wenige Jahre später wieder. Die Bauern begannen erneut, ihre Felder bis zum letzten Halm zu mähen und die immer gleichen, kurz blühenden Pflanzen anzusäen. Dann kam es noch schlimmer. Wir hörten, dass es neue Pestizide gebe, die tödlich seien, sobald man sie nur berühre. Das Fürchterliche daran: Diese Gifte waren für uns nicht zu erkennen. Wir wussten nicht, welche Pflanzen damit behandelt waren. Wir lebten in Angst und Schrecken. An dem neuen Gift starben und sterben jeden Tag zahllose Insekten – nicht nur Bienen und Wespen, auch Falter und Schmetterlinge und viele mehr.

wenige Jahre später: erneuter Einsatz von Giften und Anbau von Monokulturen

Übungsaufgaben im Stil des neuen Quali | 125

Verheerend wurde es, als die Menschen wieder damit begannen, Wiesen und Felder zu grauen Bändern und grauen Flächen zu verpressen. Ununterbrochen lärmten große Maschinen über den Boden. Diese toten Flächen gab es schon immer, nun aber wurden es unzählige. Die Menschen sind unablässig in ihren Blechkästen darauf unterwegs. *sprachliches Bild*

Heute schreiben wir das Jahr 2030. Und letzten Endes muss ich feststellen, dass die Menschen ihre Chance nicht genutzt haben. Die guten Ideen zum Wohle von uns Bienen sind nicht weiterverfolgt worden. Stattdessen sind noch schlimmere Gifte auf die wenigen Felder ausgebracht, noch weniger Blütenpflanzen für uns Bienen gesät und noch mehr lebendige in tote Flächen verwandelt worden. *Rahmenhandlung*

Jetzt bin ich eine alte Biene, ich werde sehr bald sterben. Das war meine Geschichte. Ich würde mir wünschen, dass die Menschen das Ruder doch noch einmal herumreißen – wenn nicht, dann wird es bald keine Bienen mehr geben ... und keine anderen Insekten ... und – vielleicht auch bald keine Menschen mehr! *Schluss*

2. ✎ **Hinweis:** *Bei einem Aufruf geht es darum, Menschen zu mobilisieren und zum Mitmachen zu bewegen. Informiere über das Projekt und seine Vorteile und zeige deine eigene Motivation. Versuche dann, die Leser*innen zum Mitmachen zu bewegen, indem du ihnen erklärst, wie genau sie deine Aktion unterstützen können. Sprich deine Leser*innen direkt an und appelliere an sie mitzumachen. Verwende anschauliche Adjektive und treffende Verben. Beende deinen Aufruf mit einer zuversichtlichen Schlussformel. Dein Aufruf sollte einen Umfang von mindestens 180 Wörtern haben. Wenn du darunterliegst, kann das zu Punktabzug führen.*

Liebe Mitschülerinnen und Mitschüler, *Anrede*

ich möchte euch heute über das neue Projekt der Gemeinde informieren. Ihr wisst alle, dass unsere Felder nicht umweltschonend oder gar bienenfreundlich sind. Das soll sich, dank einer neuen Idee, bald ändern. *Einleitung*

Hier in der Gemeinde kann jeder etwas dazu beitragen – auch du! Und das ist auch noch ganz einfach: nämlich mit einer Bienenpatenschaft! *Hauptteil* / *Appell an Leser*innen*

Übernimm eine Bienenpatenschaft! Keine Angst, dazu musst du dir keine teure Imker-Ausrüstung kaufen oder gar selbst Bienen halten. Es reicht völlig aus, wenn du eine kleine Spende auf das Konto der Gemeinde überweist. Für dieses Geld wird dann ein Teil eines Ackers nicht mit Nutzpflanzen, sondern pestizidfrei mit Blühpflanzen bepflanzt, die dann als Bienenfutter dienen.

erneuter Appell an Leser*innen

Vorstellung des Projekts „Bienenpatenschaft"

Konkret heißt das, dass du nicht einmal mitackern musst! Dank deiner finanziellen Unterstützung kann der Bauer einen Teil seines Ackers unwirtschaftlich, aber blütenreich gestalten und so für unsere kleinen Insekten ein Paradies schaffen. Je mehr Menschen mitmachen, desto größer wird die Blütenpracht in unserer Umgebung.

Vorteile des Projekts:
– Aufwand gering
– nur kleine Geldspende nötig
– eigenes Mitarbeiten nicht notwendig
– Finanzierung von Blühstreifen am Acker

Ich bin mir sicher, dass viele von euch mit mir dieses Projekt unterstützen wollen. Und denkt daran: Es ist nur ein kleiner Betrag, mit dem wir zusammen Großes schaffen können!

Darstellung der eigenen Motivation → Wirkung auf Motivation der Leser*innen

Neben deiner Spende kannst du uns auch unterstützen, indem du so vielen Menschen wie möglich von dem neuen Bienenfutter-Projekt erzählst. Je bekannter das Projekt wird, desto mehr Unterstützer wird es bekommen.

Werbung für Unterstützer*innen

Ich freue mich auf viele Blüten im nächsten Sommer!

Schlusssatz

Übungsaufgaben im Stil des neuen Quali

127

3. ✏ **Hinweis:** *Achte darauf, neue Ideen zu formulieren und nicht das Beispiel des Imkerns zu wiederholen. Es ist wichtig, dass du jeweils klar herausarbeitest und erklärst, warum die von dir genannten Beispiele dabei helfen können, dem Bienensterben entgegenzuwirken. Schreibe mindestens 60 Wörter.*

Es gibt viele Möglichkeiten, den gefährdeten Bienen zu helfen. So kann man inzwischen beispielsweise viele Produkte kaufen, die bienenfreundlich erzeugt werden. Welche das sind, kann der Verbraucher an verschiedenen Siegeln ablesen, die auf die Lebensmittelverpackungen aufgedruckt sind. Es gibt z. B. Mehl von regionalen Pflanzen, die von Äckern stammen, die ohne Pestizide bestellt worden sind. Beim Einkaufen auf regionale und insektenfreundliche Produktion zu achten, hilft, dem Bienensterben entgegenzuwirken.

erstes Beispiel
bienenfreundlich produzierte Produkte kaufen

Eine weitere Möglichkeit, den Bienen zu helfen, besteht darin, auf dem Balkon, im Garten oder im Fensterkasten bienenfreundliche Blumen anzupflanzen. Im Gartencenter und in Blumenläden gibt es dafür besonders geeignete Blumen und Beratung, worauf dabei zu achten ist. Wichtig ist, dass die eigenen Blumen nur mit umweltschonendem Dünger behandelt werden und Umweltgifte absolut vermieden werden.

zweites Beispiel
auf Balkon oder im Garten bienenfreundliche Blumen anpflanzen

► **Lösungen
Offizielle Muster-
prüfungen für den
neuen Quali**

Musterprüfung 1 – Literarischer Text

Teil A: Zuhören

Aufgabe zu Hörtext 1

Hörtext:

Ling	Ist das hier etwa ein – das gibt's doch gar nicht! Hey, Victor, schau mal, was ich gefunden habe!
Victor	Gras? Löwenzahn? Salat?
Ling	Ein vierblättriges Kleeblatt! Das ist was ganz Besonderes! Das gibt es nur ganz selten! Und das hier auf dem Schulhof!
Victor	Na dann: herzlichen Glückwunsch, dass du eins gefunden hast!
Ling	Cool! Heute ist bestimmt mein Glückstag – ein vierblättriges Kleeblatt ist doch ein Glücksbringer!
Victor	Stimmt. Gibt's ja überall als Glückssymbol. Ich glaub aber eher an die Glückscents, die man auf der Straße findet. Da hat man wenigstens was davon.
Ling	Wenn du meinst. Jeder glaubt eben an was anderes. Meine Eltern kommen ja aus Asien, und meine Mutter stellt zu Hause immer solche Maneki-neko-Figuren auf. Das sind Katzenfiguren, die ständig mit einer Pfote winken und zum Beispiel Glück und Wohlstand bringen sollen. Aber nur, wenn sie mit der rechten Hand winken.
Victor	Glückskatzen gibt es bei meinen Verwandten in Russland auch, aber echte. Meine Oma meint, die müssen unbedingt dreifarbig sein, sonst bringen sie kein Glück. Und es gibt noch mehr Tiere, die man bei uns für Glückssymbole hält, z. B. Frösche, Kraniche oder Goldfische.
Ling	Und hier in Deutschland verschenkt man ja an Silvester immer rosa Marzipanschweinchen oder Marienkäfer aus Schokolade. Die sollen Glück fürs neue Jahr bringen.

Victor	Bei Tieren fällt mir ein: Erinnerst du dich noch an unseren Ausflug auf den Bauernhof? Da hingen doch an den Ställen überall Hufeisen. Früher glaubten die Menschen, dass von Hufeisen besondere Kräfte ausgehen, die die Tiere beschützen sollen. Das hat uns die Landwirtin erklärt.
Ling	Na klar, das weiß ich noch! Du wolltest gleich heimlich ein Hufeisen mitnehmen!
Victor	Der Landwirt hat es mir geschenkt, weil ich gesagt habe, dass ich sehr viel Glück für die nächste Matheprobe brauche.
Ling	Und, hat's was gebracht?
Victor	Na ja, geht so. Dabei hatte mir meine Mutter zur Sicherheit auch noch ein Nazar-Amulett gegeben.
Ling	Ein bitte was?
Victor	Das kennst du bestimmt. Das ist so ein blauer, augenförmiger Glasstein. Meine Mutter hat ihn von einer Freundin als Glücksbringer bekommen und glaubt fest daran.
Ling	Ach so, DAS meinst du! Das kommt doch aus dem Orient. Aber ich dachte, das heißt „Fatimas Auge".
Victor	Kann auch sein. Auf jeden Fall soll das Auge vor dem bösen Blick schützen … Sag mal, hast du eigentlich noch was von den leckeren Glückskeksen, die deine Schwester immer selber macht? Du weißt schon: die mit den Zetteln drin!
Ling	Ja, jede Menge. Auf deinem Zettel würde bestimmt stehen: „Nur wer fleißig lernt, wird gute Noten schreiben!"
Victor	(lacht) Okay, okay! Ich setz mich nachher hin und tu was!

✐ **Hinweis:** *Hier geht es darum, ganz bestimmte im Hörtext genannte Informationen zu erfassen und zu nennen. Es genügt, wenn du die Fragen mit wenigen Worten oder auch Zahlen stichpunktartig beantwortest.*

Lösung:

(1) an Glückscents

(2) mit der rechten Pfote

(3) müssen dreifarbig sein

(4) vor dem bösen Blick

Aufgabe zu Hörtext 2

Hörtext:

Moderatorin	Hallo und herzlich willkommen, liebe Zuhörerinnen und Zuhörer, bei „Das große Hörlexikon". In der neuen Folge unseres Podcasts heißt das Thema dieses Mal „G wie Glück".
	Seit jeher beschäftigt das Thema Glück die Menschheit. Forscherinnen und Forscher haben herausgefunden, dass Menschen, die viele Glücksmomente erleben, sich weniger gestresst fühlen. Mit weniger Stress lebt es sich leichter, vieles gelingt besser und der Mensch ist mit sich und seinem Leben zufrieden. Dann kann man auch Augenblicke aushalten, in denen nicht alles perfekt gelingt.
	Auf die großen Fragen rund um das Thema Glück antwortet uns heute der Glücksforscher Prof. Dr. Eisenhufner.
Glücksforscher	Das Thema Glück beschäftigte die Menschheit schon immer. Aber was ist Glück eigentlich? Glück ist etwas, das man nicht anfassen, nicht hören und auch nicht riechen kann. Glück kann man nur fühlen. Niemand weiß, wann es kommt. Plötzlich ist es da. Für jeden Menschen bedeutet Glück etwas anderes: eine Eins im Aufsatz, das Lieblingslied im Radio, ein Stück Schokolade, eine Umarmung.
	Zu der Frage, wo die glücklichsten Menschen leben, hat die UN in ihrem Glücksreport 156 Länder miteinander verglichen und festgestellt, dass nicht überall auf der Welt die Menschen gleichermaßen glücklich sind. Der aktuellen Studie nach leben die glücklichsten Menschen in Finnland, gefolgt von Dänemark und Norwegen. Möglicherweise liegt das daran, dass die Menschen in diesen Ländern ein gesichertes Einkommen haben und in einer Demokratie mit einer stabilen Regierung leben.
	Das Gefühl, das wir Glück nennen, entsteht in unserem Gehirn. Im mittleren Teil des Gehirns befindet sich das Belohnungszentrum, das aus einer großen Anzahl von Nervenzellen besteht. Wenn nun jemand zum Beispiel eine gute Note für eine Probe bekommt, werden im Belohnungszentrum Glückshormone ausgestoßen. Eines dieser Hormone heißt Dopamin. Dieses Dopamin bewirkt, dass unser Gehirn besser arbeitet, wir motivierter sind und wir uns gut konzentrieren können.

	Ein anderes Glückshormon ist das Endorphin. Es wird ausgestoßen, wenn der Mensch sich zum Beispiel beim Sport viel bewegt und anstrengt. Ein drittes Hormon, das sogenannte Oxytocin, wird hingegen abgegeben, wenn Menschen sich mögen.
	Unser Gehirn sorgt dafür, dass das Glücksgefühl nach einiger Zeit wieder abnimmt. Das heißt also, es ist kein Dauerzustand. Nur so kann man das Glücksgefühl jedes Mal wieder neu genießen und sich daran freuen. Weil dieses Gefühl so schön ist, strebt der Mensch danach, so oft wie möglich glücklich zu sein.
	Aber glücklich sein und Glück haben ist nicht dasselbe. Wenn jemand zum Beispiel beim Kartenspiel gute Karten bekommt, hat er Glück, und das ist genau genommen Zufall. Den Zufall kann man nämlich nicht beeinflussen. Das Glücklichsein aber kann man selbst in die Hand nehmen. Um eine gute Note in einer Probe zu bekommen, kann man sich vorbereiten und lernen. Man kann mit Freunden, die man wirklich mag, viel Zeit verbringen oder sich im Sport so richtig verausgaben. Für diese Glücksmomente kann man selbst sorgen.
Moderatorin	Sorgen also auch Sie immer wieder selbst dafür, dass Sie solche Glücksmomente erleben können. So gehen Sie leichter und stressfreier durchs Leben.
	Das war unsere Podcastfolge „Das große Hörlexikon" mit dem Thema „G wie Glück". Wenn sie Ihnen gefallen hat, dann schalten Sie auch das nächste Mal wieder ein, wenn es heißt „H wie Humor".

Hinweis: *Beim ersten Hören des Textes achtest du darauf, wann es um die jeweilige Frage geht, und notierst schon so gut es geht stichwortartig passende Antworten. Beim zweiten Hören des Textes weißt du dann schon genau, wann die einzelnen Punkte angesprochen werden und kannst dich an diesen Stellen nochmals aufs Zuhören konzentrieren. Verbessere bzw. vervollständige deine Lösungen jetzt. Nachdem der Hörtext das zweite Mal abgespielt wurde, hast du noch etwas Zeit, um die Aufgabe fertigzustellen.*

Offizielle Musterprüfungen für den neuen Quali

Lösung:

(1) Glück – was ist das?
mögliche Stichpunkte:
- Glück bedeutet für jeden etwas anderes
- Glück kann man nicht riechen, hören oder anfassen

(2) UN-Glücksreport: Gründe für das Glücklichsein
mögliche Stichpunkte:
- gesichertes Einkommen
- stabile Regierung

(3) Dopamin: ein Glückshormon und seine Wirkung
mögliche Stichpunkte:
- wir sind motivierter
- wir können uns gut konzentrieren

(4) Glück und Zufall – wo liegt der Unterschied?
mögliche Stichpunkte:
- Zufall ist nicht beeinflussbar
- für Glücksmomente kann man selbst sorgen

Aufgabe zu Hörtext 3

Hörtext:

Jasmin	Frau Maier, wie kamen Sie auf die Idee, in Ihrem Jugendzentrum den Workshop „Glücksschmiede" einzuführen?
Frau Maier	Ich habe an einer Fortbildung zum Thema „Glücklichsein lernen – Philosophieren mit Jugendlichen" teilgenommen und war sofort begeistert, welche positiven Auswirkungen das Philosophieren über das Glück auf jeden Einzelnen und die Gesellschaft haben kann. Deshalb biete ich den Workshop „Glücksschmiede" an, um unseren Jugendlichen zu zeigen, wie viel man durch die Auseinandersetzung mit sich selbst erreichen kann.
Ivan	Und weshalb heißt der Workshop „Glücksschmiede"?
Frau Maier	„Jeder ist seines Glückes Schmied" heißt ein Sprichwort. Das bedeutet, dass jeder von uns aktiv dazu beitragen kann, glücklich zu sein. Das ist mir ganz wichtig: Jede und jeder kann sein Leben so gestalten, dass er oder sie glücklich ist. Und dabei möchte ich die Jugendlichen mit meinem Workshop unterstützen.
Jasmin	Das klingt ja ganz gut, aber wollen Jugendliche in einem Jugendzentrum nicht einfach nur entspannen und ihre Freunde treffen? Philosophieren und Glücklichsein lernen klingt anstrengend und irgendwie uncool.
Frau Maier	Bis zu einem gewissen Grad ist es tatsächlich anstrengend, ja. Aber uncool ist es auf keinen Fall. Bei den meisten Jugendlichen sorgt das Philosophieren vielmehr für Glücksgefühle, die sich wiederum positiv zum Beispiel auf Motivation und Lebenseinstellung und sogar das Lernen auswirken.
Ivan	Worum geht es denn inhaltlich ganz konkret bei Ihrem Workshop „Glücksschmiede"?
Frau Maier	Also ... die Jugendlichen denken über sich selbst nach und philosophieren über das Leben allgemein. Dadurch soll ihre Persönlichkeit gestärkt werden.
Jasmin	Hmm ... Was genau meinen Sie?

| Offizielle Musterprüfungen für den neuen Quali | | 135 |

Frau Maier	Die Jugendlichen lernen zum Beispiel, stabile Beziehungen zu anderen Menschen aufzubauen und sich in andere hineinzuversetzen. Ziel ist es, sich selbst mit seinen eigenen Stärken und Schwächen zu akzeptieren, aber auch zu erkennen, an welchen Punkten man sich weiterentwickeln kann.
Ivan	Um welche Fragen geht es da speziell? Können Sie ein paar Beispiele nennen?
Frau Maier	Beispiele? Ja, klar! Zentral sind die Fragen „Wer bin ich? Was brauche ich? Was kann ich? Was macht mich zufrieden? Was will ich?". Sie stehen im Mittelpunkt des Workshops. Gerade die letzten beiden Fragen, „Was macht mich zufrieden?" und „Was will ich?", gehen davon aus, dass Menschen, die ihre Wünsche kennen, häufiger persönliche Ziele entwickeln ... Und ... wenn sie diese verwirklichen, sind sie glücklich – zumindest für eine Weile.
Jasmin	Ich verstehe ... Na ja, aber ich werde ja nicht all meine Ziele im Leben erreichen können, oder?
Frau Maier	Vermutlich nicht. Da sprichst du einen wichtigen Punkt an. Denn auch das ist ein Lernprozess: Die Jugendlichen lernen im Workshop auch zu akzeptieren, dass einem im Leben nicht immer alles gelingt. In unserer Gesellschaft werden Fehler oft als etwas Schlechtes angesehen. Dabei bieten Fehler uns oft die große Chance, daraus zu lernen und etwas zu verändern.
Ivan	Noch eine letzte Frage ... Wie viele Jugendliche besuchen denn die „Glücksschmiede"?
Frau Maier	Mehr als Plätze zur Verfügung stehen! Deshalb bieten wir hier im Jugendzentrum auch während der Ferien immer Workshops an, in denen wir über das Glücklichsein philosophieren. Und auch andere Jugendzentren machen mit!
Jasmin	Das klingt ja alles sehr interessant. Ich glaub', ich melde mich auch für einen Ferienworkshop bei Ihnen an! Vielen Dank, dass Sie sich die Zeit für das Interview genommen haben.
Frau Maier	Sehr gerne.

136 Offizielle Musterprüfungen für den neuen Quali

Hinweis: Den Behauptungen in der linken Spalte sollst du die Schlussfolgerungen in der rechten Spalte zuordnen. Am besten nimmst du einen Stift zur Hand und versuchst schon beim ersten Lesen der Aufgabe eine mögliche Zuordnung vorzunehmen. Überlege, aus welcher Behauptung sich welche Schlussfolgerung ziehen lässt. Lies zunächst die Behauptung, ergänze dann gedanklich „daraus folgt, ..." und füge die verschiedenen Schlussfolgerungen an. Entscheide, welche Schlussfolgerung zur Behauptung passt. Den jeweiligen Buchstaben trägst du unten in die Tabelle ein. Konzentriere dich beim Anhören des Textes und mache dir Notizen. Nach dem zweiten Anhören des Textes hast du noch einmal wenige Minuten Zeit, die Buchstaben endgültig in die Tabelle einzutragen.

Lösung:

(0)	(1)	(2)	(3)	(4)
C	D	G	E	A

Offizielle Musterprüfungen für den neuen Quali

Teil B: Sprachgebrauch –Sprachbetrachtung

1.   ✔ **Hinweis:**

a) *Satzglieder kannst du durch Erfragen bestimmen, z. B. das Subjekt mit der Frage „Wer oder was?", Prädikat: „Was tut/tun?", Dativobjekt: „Wem?", Akkusativobjekt: „Wen oder was?". Wer oder was verbringt die Sommerferien an der italienischen Küste? Antwort: Mein Freund Samuel und ich (= Subjekt). Adverbiale Bestimmungen geben Auskunft über die genaueren Umstände, unter denen eine Handlung stattfindet, z. B. über die Zeit („Wann?" „Seit wann?", „Wie lange?") oder den Ort („Wo?", „Wohin?", „Woher?"). Wenn du unsicher bist, welche Wörter zum jeweiligen Satzglied gehören, kannst du auch zunächst die Verschiebe- oder Umstellprobe anwenden. Indem du herausfindest, welche Teile des Satzes man gemeinsam umstellen kann, ohne dass sich der Sinn des Satzes verändert, erhältst du die einzelnen Satzglieder.*

b) *Achte bei Aufgabe b darauf, den lateinischen Fachbegriff zu nennen und nicht die deutsche Bezeichnung.*

a)   Dein neuester Glücksgriff / bereitet / allen Anwesenden / seit Tagen / große Freude.

b)   mögliche Lösungen:

Satzglied	Fachbegriff
Dein neuester Glücksgriff	Subjekt
bereitet	Prädikat
allen Anwesenden	Dativobjekt
seit Tagen	Temporaladverbiale
große Freude	Akkusativobjekt

2.   ✔ **Hinweis:** Überlege, durch welches Wort sich das jeweils unterstrichene Fremdwort am besten ersetzen lässt, ohne dass sich die Bedeutung des Satzes verändert. Manchmal hilft dir auch der Blick ins Wörterbuch, dort findest du die unterschiedlichen Bedeutungen der Wörter. Aber Achtung: Sind mehrere Bedeutungen angegeben, musst du genau auf den Textzusammenhang achten.

a) ☐ Überlegungen

   ☒ Untersuchungen

   ☐ Befragungen

b) ☐ sehr

   ☐ nicht

   ☒ ziemlich

138 ✦ Offizielle Musterprüfungen für den neuen Quali

3. ✦ **Hinweis:** *Bei der ersten Lücke handelt es sich um eine Dativkonstruktion. Du kannst die Lösung so erfragen: „Zu wem lernt man gute und stabile Beziehungen?" Antwort: zu anderen Menschen. Bei der zweiten Lücke handelt es sich um einen Infinitiv mit „zu"; da es sich um ein trennbares Verb handelt (d. h., in manchen Zeitformen wird das Verb getrennt: z. B. Er versetzt sich in ihre Lage hinein.), rutscht das „zu" in das Wort „hineinversetzen" hinein.*

In Kursen zum Thema „Glücklichsein" lernt man vor allem, gute und stabile Beziehungen zu **anderen Menschen** aufzubauen und sich in unterschiedlichen Lebenslagen in andere Personen **hineinzuversetzen**.

4. ✦ **Hinweis:** *Entscheide jeweils, um welche Wortart es sich handelt:*
   - **Demonstrativpronomen „das"** *(hinweisendes Fürwort) – Mit ihm kann der Sprecher/die Sprecherin auf etwas zeigen oder hinweisen. Es lässt sich durch „dies/dieses" oder auch durch „jenes" ersetzen.*
   - **Relativpronomen „das"** *– leitet einen Relativsatz ein, bezieht sich auf ein Nomen aus dem vorherigen Hauptsatz und kann durch „welches" ersetzt werden.*
   - **Konjunktion** *(Bindewort)* **„dass"** *– leitet einen Nebensatz ein, kann nicht durch „dieses", „jenes" oder „welches" ersetzt werden. Beachte: Ein Nebensatz kann auch vor dem Hauptsatz stehen, dann beginnt das Satzgefüge mit der Konjunktion „dass" (z. B. Dass es heute noch regnen würde, hätte ich nicht gedacht.)*

	Demonstrativpronomen das	Relativpronomen das	Konjunktion dass
a) Wenn man sich nicht abgehetzt vorkommt, bedeutet _____, ein Gefühl von Kontrolle über sein Leben zu haben.	☒	☐	☐
b) Ein Leben, _____ von Stress und Hektik begleitet ist, wird im Allgemeinen als sehr belastend empfunden.	☐	☒	☐

5. ✦ **Hinweis:** *Die indirekte Rede verwendet man, um Äußerungen anderer Personen wiederzugeben und dies damit kenntlich zu machen. Bei indirekter Rede entfallen die Anführungszeichen und das Verb des Satzes wird in den Konjunktiv I gesetzt. Indirekte Rede kann mit der Konjunktion „dass" oder auch ohne sie gebildet werden.*

<u>Erster Satz:</u> Die Verben des Satzes („macht" und „profitiert") stehen nicht im Konjunktiv, sondern im Indikativ.

<u>Zweiter Satz:</u> Die indirekte Rede ist mit der Konjunktion „dass" eingeleitet, das Verb „macht" ist richtig in den Konjunktiv I gesetzt („mache"), das zweite Verb („profitieren") aber steht im Konjunktiv II.

Offizielle Musterprüfungen für den neuen Quali | 139

<u>Dritter Satz</u>: Der Satz ist ohne einleitende Konjunktion gebildet, was auch richtig ist; beide Verben sind korrekt in den Konjunktiv I gesetzt worden.

☐	Glücksforscher sagen, ein wenig mehr Dankbarkeit macht nicht nur glücklicher, sondern auch tatkräftiger und sogar die Gesundheit profitiert davon.
☐	Glücksforscher sagen, dass ein wenig mehr Dankbarkeit nicht nur glücklicher, sondern auch tatkräftiger mache und sogar die Gesundheit davon profitierte.
☒	Glücksforscher sagen, ein wenig mehr Dankbarkeit mache nicht nur glücklicher, sondern auch tatkräftiger und sogar die Gesundheit profitiere davon.

Teil B: Sprachgebrauch – Rechtschreiben

1. ✏ **Hinweis:** *Der Text enthält zwei Rechtschreibfehler, die du finden musst. Vertraue beim ersten Lesen auf dein Rechtschreibgefühl; kennzeichne die Wörter, die dir fehlerhaft erscheinen, zunächst mit Bleistift. Wende dann bei jeder Kennzeichnung die bekannten Rechtschreibstrategien an. Wenn du unsicher bist, schlage die Wörter auch noch einmal im Wörterbuch nach.*

<u>geschieht</u>: Es handelt sich um das Partizip des Verbs „geschehen". Das Stammprinzip besagt, dass alle Wörter eines Wortstamms gleich geschrieben werden; das h bleibt also in allen Formen des Wortes erhalten (geschieht, geschah).

<u>beschäftigt</u>: Hier musst du im Zweifel im Wörterbuch nachschlagen. Es gibt kein verwandtes Wort mit a, von dem du die Schreibweise ableiten könntest.

Achte darauf, dass du nicht mehr als zwei korrigierte Wörter als Lösung aufschreibst. Wenn du mehr Wörter notierst, werden nur die ersten beiden gewertet.

- geschie**ht**
- besch**ä**ftigt

140 ✦ Offizielle Musterprüfungen für den neuen Quali

2. ✦ **Hinweis:** Lies die einzelnen Sätze aufmerksam. Du musst sowohl auf die Rechtschreibung als auch auf die Zeichensetzung achten. Sobald du einen Fehler gefunden hast, fällt der entsprechende Satz als richtige Lösung weg. Vergegenwärtige dir die wichtigsten Zeichensetzungsregeln und wende bei Wörtern, die dir fehlerhaft geschrieben erscheinen, die Rechtschreibregeln an.

Erster Satz: Es fehlt ein Komma vor „sondern". Die Konjunktion „sondern" drückt einen Gegensatz aus und Gegensätze werden durch Komma getrennt.

Dritter Satz: Das Verb „wahrnehmen" wird mit h geschrieben. Richtig wäre also: „Glückliche Menschen nehmen den Sonnenuntergang wa**hr** ...".

☐	Glück kommt nicht immer mit einem gewaltigen Paukenschlag daher sondern man kann es in vielen kleinen Momenten finden.
☒	Glückliche Menschen empfinden im Alltag eine tiefe Zufriedenheit und große Dankbarkeit für das, was sie haben und erleben dürfen.
☐	Glückliche Menschen nehmen den Sonnenuntergang war, hören die Vögel zwitschern und suchen in der Wiese vierblättrige Kleeblätter.

3. ✦ **Hinweis:** Sieh dir die Sätze mit den Auswahlwörtern genau an. Überlege, welches der beiden Wörter das jeweils richtig geschriebene ist. Greife dabei auf die dir bekannten Rechtschreibregeln zurück. Kreise das jeweils korrekte Wort ein und formuliere deine Begründung.

Ein glücklicher Mensch lebt im Hier und Jetzt und genießt den Augenblick. Denn (a) bewusstes /Bewusstes Handeln ist ausschließlich in der Gegenwart möglich – die Vergangenheit lässt sich nicht mehr ändern oder rückgängig machen und die Zukunft liegt noch im (b) dunkeln/ Dunkeln.

Begründung für (a): Es handelt sich um ein Adjektiv, Adjektive schreibt man klein.

Begründung für (b): Es handelt sich um ein nominalisiertes Adjektiv, d. h., das Adjektiv wird im Satz wie ein Nomen verwendet, deshalb wird es großgeschrieben.

Auch möglich: Die Artikelprobe zeigt, dass es sich hier um eine Nominalisierung handelt (im = in dem)

4. **Hinweis:** *Sieh dir die Wörter genau an und sprich sie für dich selbst auch ein paar Mal deutlich aus. Wende dann die bekannten Rechtschreistrategien an.*
Bei „alltäglich" handelt es sich um eine Ableitung von „Alltag", deshalb wird es mit „ä" geschrieben.
Das Wort „Bedürfnis" endet auf die Nachsilbe „nis". Im Plural wird „nis" immer zu „nisse" (Bedürfnisse, Ereignisse, Befugnisse ...). Indem du das Wort in seine Silben zerlegst, machst du die beiden s-Laute hörbar.

Hilfreiche Rechtschreibstrategie:
Ich suche nach einem verwandten Wort; Alltag → alltäglich

Das **alltägliche** Glück zeigt sich dann, wenn man es schafft, seine **Bedürfnisse** zu reduzieren.

Hilfreiche Rechtschreibstrategie:
Ich trenne das Wort in Silben; Be - dürf - nis - se
Oder: Wörter, die im Singular auf die Nachsilbe „nis" enden, enden im Plural auf „**nisse**".

142 ✦ Offizielle Musterprüfungen für den neuen Quali

Teil C: Lesen

1. ✦ **Hinweis:**

   a) Wenn nur zwei Merkmale gefordert sind, entscheide dich für diejenigen, die du am besten am Text belegen kannst. Dazu musst du passende Stellen im Text finden. Schreibe sie heraus und erkläre, warum sie das Merkmal erfüllen. Diese Liste umfasst alle wichtigen Merkmale. Um die volle Punktzahl zu erreichen, musst du nur **zwei Merkmale** nennen und belegen.

   b) Du musst hier den Unterschied zwischen Märchen und Kurzgeschichte deutlich machen und erklären, dass die erzählte Geschichte des alten Mannes einem Märchen ähnelt. Diese märchen-ähnliche Erzählung ist aber in eine Kurzgeschichte eingebaut.

   a) *Mögliche Lösungen:*

Textsortenspezifisches Merkmal	Beleg anhand des Textes
geringer Umfang	Der Gesamttext ist nur ca. eineinhalb DIN-A4-Seiten lang.
unmittelbarer Einstieg	Die Geschichte beginnt ohne Einleitung mit den Wahrnehmungen des Ich-Erzählers in der Kneipe; der Ich-Erzähler wird nicht vorgestellt; man befindet sich direkt mitten im Geschehen.
keine Einzelheiten zu den handelnden Figuren	Man erfährt nichts Genaueres über die beiden Männer in der Kneipe. Lediglich der alte Mann wird kurz äußerlich beschrieben. Wir wissen aber nichts zu seiner Familiensituation, zu seinem Leben usw.
wenige handelnde Figuren	In der Geschichte gibt es drei handelnde Figuren. In der Rahmenhandlung zwei Männer in der Kneipe: der Ich-Erzähler und der alte Mann, der ihm seine Geschichte erzählt. In dieser Geschichte taucht die dritte Figur auf: ein alter Mann, der drei freie Wünsche zu vergeben hat.
klar abgegrenzte Handlung	Das Gespräch der beiden Männer in der Kneipe (Rahmenhandlung), die Geschichte des alten Mannes ist darin eingebettet.

knapper zeitlicher Hand-lungsrahmen; erzählte Zeit umfasst ca. ein bis zwei Stunden	(Rahmen-)Handlung der Geschichte, das Gespräch der beiden Männer in der Kneipe, dauert höchstens ein bis zwei Stunden.
Alltags-/Umgangs-sprache	Die Figuren verwenden normale Alltags-sprache.
Figuren sind Alltags-personen, keine Helden	Zwei der Figuren sind ganz normale Alltagsmenschen (für die dritte Figur gilt das allerdings nicht).
Ort und Zeit bleiben un-bekannt	Wir wissen nur, dass die Geschichte in einer Kneipe spielt, nicht aber zu welcher Zeit und in welchem Land.

b) Der Titel „Das Märchen vom Glück" ist deshalb passend, weil die Geschichte des alten Mannes märchenhafte Züge trägt. So kommen darin z. B. übermenschliche Wesen vor (Gott, Teufel) und es wird von Orten erzählt, die nicht irdisch sind (Hölle). Ein typisches Märchen-merkmal sind auch die drei freien Wünsche, die der alte Mann erhält. Mit seiner Geschichte erzählt der alte Mann also „das Märchen vom Glück", wenngleich er dabei auf die typische Formel „Es war einmal..." verzichtet.

2. ✏ **Hinweis:** *Erkläre ausführlich, welche Wirkung die genannten Wiederholungen haben. Dabei gibt es typischerweise folgende Möglichkeiten:*
   — *Das Gesagte soll unterstrichen werden, seine Wichtigkeit hervorgehoben werden.*
   — *Die Erzählzeit soll verlängert werden.*
   — *Spannung soll aufgebaut werden.*
   — *Die handelnden Personen sollen charakterisiert werden, meist als nachdenklich, vergesslich oder verwirrt.*
   — *In Dialogen wird durch wiederholte Fragen deutlich, dass der Zuhörer die Geschichte ge-spannt verfolgt und Anteil am Gesagten nimmt.*
   Um zu erkennen, welcher Grund hier vorliegt, musst du die Textstellen heraussuchen und be-trachten. Dann entscheide dich und erläutere diese Entscheidung.

Im Text läuft der Dialog an drei Stellen gleich ab. Der Ich-Erzähler fragt nach, der alte Mann versteht nicht gleich, der Ich-Erzähler konkretisiert seine Frage. Hier wird das große Interesse und die Ungeduld des Ich-Erzählers deutlich sowie die Versunkenheit des alten Mannes in seine vor vielen Jahren erlebte Geschichte. Der alte Mann ist so in Gedanken, dass er die unterbrechende Frage, die ihn zum Weitererzählen auffordert, erst

144 ／ **Offizielle Musterprüfungen für den neuen Quali**

nicht versteht. Die Wiederholung macht deutlich, dass der Ich-Erzähler bis zum Schluss gespannt ist. Auf diese Weise wird auch für die Leser*innen Spannung erzeugt.

3. ／ **Hinweis:** *Hier musst du dich in den alten Mann hineinversetzen und nachvollziehen, dass er ein schlechtes Gewissen hat, dass der den magischen alten Mann in die Hölle geschickt hat. Ihm wird klar, dass er mit seinem Wunsch jemandem Schaden zugefügt hat, der ihm nichts Böses angetan hat. Das kann er nicht so stehen lassen. Er fühlt sich gezwungen, das alte Männlein aus der Not zu befreien, in die er es gebracht hat. Anschließend kann er sich über sich selbst ärgern, denn auf diese Weise hat er zwei Wünsche vergeudet.*

Mögliche Lösungen:

Gedanke 1: Was bin ich nur für ein Idiot, zwei Wünsche so unachtsam zu verbrauchen! Da wünsche ich beim ersten Mal so schlecht, dass dadurch auch gleich der zweite Wunsch mit verloren geht!

Gedanke 2: Unglaublich, dass es wirklich eine Hölle gibt! Ich muss in Zukunft besser aufpassen, was ich so tue. Nicht dass ich irgendwann noch selbst dort ende.

4. ／ **Hinweis:** *Hier musst du ausführlich die Erkenntnis des alten Mannes erklären, warum Wünsche nur gut sind, solange sie noch nicht erfüllt sind.*

Der alte Mann empfindet es als Glück, seinen letzten Wunsch noch nicht eingelöst zu haben. Ihm erscheint es so, als sei er ein kostbarer Schatz, den er für einen besonderen Anlass aufheben will. Durch das sichere Gefühl, im Notfall den Wunsch zur Verfügung zu haben, erlebt er schwierige Situationen ganz bewusst und wägt stets ab, ob er aus eigenen Kräften gute Lösungen finden kann – oder ob er übernatürliche Hilfe benötigt. Vermutlich wäre seine Wahrnehmung ohne die Möglichkeit, den verbliebenen Wunsch einlösen zu können, in kritischen Situationen eine andere.

5. ／ **Hinweis:** *Fasse den Inhalt der Geschichte des alten Mannes kurz und prägnant zusammen. Markiere Schlüsselstellen und fasse die wichtigsten Handlungsschritte zusammen, ohne jedoch Textstellen direkt abzuschreiben oder zu zitieren. Gehe auf die drei Wünsche, die der alte Mann bekommen hat, ein: den ersten, unachtsam geäußerten, den zweiten, mit dem er den ersten zurückgenommen hat, und den dritten noch nicht eingelösten.*
Denke daran, dass eine inhaltliche Zusammenfassung immer im Präsens geschrieben wird.

Vierzig Jahre ist es her, dass der alte Mann, damals war er noch jung, auf einer Parkbank sitzt, als sich ein alter Mann, der ein bisschen so aussieht wie ein Weihnachtsmann in Zivil, neben ihn setzt. Weil der junge Mann so unzufrieden sei, würden sie ihm drei freie Wünsche anbieten, sagt der alte Mann zu ihm, und dass er diese Wünsche mit Vorsicht und nach guter Überlegung einsetzen solle. Das Angebot macht den jungen Mann so wütend, dass er den Weihnachtsmann in die Hölle wünscht. Als der Weihnachtsmann tatsächlich verschwindet, realisiert der junge Mann, dass das Angebot wahr und seine Macht mit den Wünschen sehr groß ist. Sein schlechtes Gewissen und seine Angst um den alten Mann führen dazu, dass er den Alten zurückwünscht. Im Bewusstsein jetzt nur noch einen Wunsch freizuhaben, bestreitet er sein Leben vierzig Jahre lang, ohne diesen einzusetzen. Obwohl er manchmal nahe dran gewesen ist, ist ihm klargeworden, dass Wünsche nur gut sind, solange man sie noch vor sich hat.

6. ✒ **Hinweis:**
   a) *Sieh dir die beiden Abbildungen M 1 und M 2 genau an und finde heraus, welche ähnlichen Erkenntnisse sie liefern. Daraus lässt sich die gemeinsame Hauptaussage ableiten. Zur besseren Verdeutlichung sind hier der Lösung einige gemeinsame Punkte aus den Abbildungen vorangestellt. Du musst **nur die Hauptaussage** formulieren.*
   b) *Hier musst du dir genau überlegen, welche Erkenntnisse der alte Mann gewonnen hat. Er sagt in der Erzählung, dass Wünsche nur gut sind, solange man sie noch vor sich hat, und meint, dass er wegen des einen offenen Wunsches in allen Lebenslagen einen Weg gefunden hat, sich selbst zu helfen. Er will sich die eine Chance auf übermenschliche Hilfe aufheben, bis es tatsächlich nicht ohne diese geht.*
   *Jetzt musst du dir überlegen, welche Punkte des Schaubilds dem entsprechen. Besonders wichtig ist, dass du deine Wahl begründest, also erklärst, was der Punkt mit der Erzählung des alten Mannes zu tun hat. Du musst dich für **zwei Punkte** entschieden. Wähle diejenigen, zu denen dir eine gute Begründung einfällt.*

   a) Ähnliche Erkenntnisse zu den Fragen „Was macht glücklich?" bzw. „Wodurch kann man sein Glück beeinflussen?":
   - Positiv denken (M 1) = durch eine positive Grundeinstellung (M 2)
   - Vergeben, großzügig sein (M 1) = durch gute Taten positive Energien sammeln (M 2)
   - Gesund leben, dem Leben einen Sinn geben, gute Beziehungen führen (M 1) = durch Bemühungen seine Ziele erreichen (M 2)

   <u>Hauptaussage</u>: Die beiden Schaubilder verdeutlichen, dass jeder Mensch sein eigenes Glücklichsein durch eine positive Grundeinstellung und positives Handeln selbst beeinflussen kann.

b) **Positiv denken:**
Der alte Mann geht immer mit der Einstellung an Probleme heran, dass er sie alleine bewältigen kann. Er sucht aktiv nach Lösungen und verlässt sich darauf, dass ihm etwas Gutes einfallen wird, auch ohne dass er den letzten Wunsch verbraucht.

Innere Stärke entwickeln:
Die innere Stärke hat der alte Mann entwickelt, weil er strebsam versucht, sein Leben eigenverantwortlich zu gestalten. Dabei zweifelt er nicht, denn er weiß, dass er zur Not seinen letzten Wunsch einsetzen könnte. Allerdings ist ihm dieser heilig und er setzt alles daran, seinen Weg zu gehen, ohne den Wunsch einzusetzen.

Zufrieden sein:
Der alte Mann hat einen Wunsch frei, den er 40 Jahre lang nicht einsetzt. Er reflektiert seine Lage und seine Bedürfnisse und ist zufrieden. Sicherlich hatte er im Laufe der Zeit Wünsche, die er sich aber entweder selbst erfüllen konnte – oder ohne deren Erfüllung er dennoch zufrieden sein konnte.

Offizielle Musterprüfungen für den neuen Quali

Teil D: Schreiben

Aufgabengruppe I

1. **Hinweis:** Hier ist wichtig, dass du dich für die Textart entscheidest, deren Merkmale du sicher kennst und umsetzen kannst.

Märchen:
- Es werden häufig die Anfangsformel „Es war einmal ... " sowie die Schlussformel „... und wenn sie nicht gestorben sind, dann leben sie noch heute" verwendet.
- Es werden reale Dinge mit Magie und Zauber verbunden.
- Oft kommen magische Reime, Verse, Sprüche oder Lieder vor.
- Die Erzählung spielt in einer fantastischen, erfundenen Welt ohne Orts- und Zeitangaben.

Kurzgeschichte:
- unvermittelter Anfang (ohne Einleitung mitten in die Handlung)
- offener Schluss
- wenig handelnde Personen, ganz normale Menschen
- aus dem Alltag der Figuren wird ein besonderes Erlebnis erzählt
- kurze erzählte Zeit

Entwirf dann einen Schreibplan mit konkreten Gliederungspunkten. Die Form darfst du frei wählen. Denkbar sind Stichpunkte, eine Tabelle, eine Mindmap usw.
Aus dem Schreibplan folgt dann der eigentliche Text. Achte darauf, alle Punkte deines Schreibplans einzuhalten, und formuliere vollständige, nachvollziehbare Sätze. Hier gibt es viele richtige Lösungen, im Folgenden findest du jeweils eine mögliche.

Schreibplan **Märchen:**

<u>Kennzeichen Märchen:</u>
- Anfangsformel „Es war einmal ...", Schlussformel „ ...und wenn sie nicht gestorben sind, dann leben sie noch heute."
- Verbindung von realen Dingen mit Magie und Zauber
- Reime, Verse, Sprüche, Lieder
- fantastische, erfundene Welt, keine Orts- und Zeitangaben

<u>Handelnde Personen:</u>
- kleiner Prinz; armes Kind; gute Fee, als hässliche Hexe getarnt

<u>Handlung:</u>
- kleiner Prinz, der wunschlos unglücklich ist
- armes Kind, das besitzlos glücklich ist
- hässliche Hexe, die das Spielzeug des kleinen Prinzen will
- kleiner Prinz gibt allen Besitz ab und wird glücklich

Der unglückliche Prinz

Es war einmal ein kleiner Prinz, der lebte im Überfluss, denn seine Eltern waren sehr darauf bedacht, dass es ihm an nichts mangelte. Er besaß alles, was er sich vorstellen konnte, und kein Wunsch blieb ihm je unerfüllt. Doch leider war der kleine Prinz trotzdem nicht zufrieden.

Jeden Morgen, wenn er in seinem riesigen Zimmer aufwachte und seinen Blick über die deckenhoch angeordneten Spielsachen wandern ließ, brüllte er aus vollem Hals: „Mich langweilt es so sehr, ich brauche mehr, mehr, mehr!"

Aufgeregt und fieberhaft suchend eilten dann die Bediensteten auseinander und schickten die Boten aus, damit sie in den entlegensten Winkeln des Reiches noch Neues, Unbekanntes für den kleinen Prinzen fänden.

Während die Angestellten emsig durcheinander liefen, schlüpfte der kleine Prinz in eines seiner unzähligen Gewänder. Er freute sich an keinem.

Anschließend nahm er sein Frühstück ein. Der Koch zauberte jeden Tag alles und der Tisch bog sich unter der Last von Eiern, Waffeln, Pfannkuchen, Beeren, Schinken, Käse, Müsli und Croissants. Doch wie jeden Tag freute der kleine Prinz sich nicht, sondern saß schlecht gelaunt und ohne Appetit auf seinem Thron.

Weil er nichts mit sich anzufangen wusste, ging er hinaus und blickte in die Sonne. Er bemerkte eine dicke, laut brummende Hummel, die sich im Anflug auf die satten Blüten im Hofgarten befand. Grinsend folgte ihr der kleine Prinz. Er befahl der Hummel, sich auf eine bestimmte Blüte zu setzen, doch die Hummel ignorierte ihn. Immer weiter flog sie, trank an einer Blüte, flog wieder ein Stück und setzte sich wieder auf eine andere Blüte. Bald waren der kleine Prinz und die Hummel weit vom Hof entfernt. Jetzt bemerkte der kleine Prinz, wie warm es heute war. Der lange Weg und die

---

passende Überschrift

Einleitung
Anfangsformel „Es war einmal ..."

Hauptfigur: kleiner Prinz → typische Märchenfigur

Hauptteil
Handlung spielt in Fantasiewelt

keine Zeit- und Ortsangaben

Reim

Zeitform: Präteritum

kleiner Prinz bekommt alles, was man sich wünschen kann, ist trotzdem unglücklich

Beginn des Ereignisses, das Veränderung bewirkt

Offizielle Musterprüfungen für den neuen Quali   149

Hitze machten ihn durstig. Er fand einen kleinen Bach.
Er beugte sich über das Wasser und stillte seinen Durst.
Als er sich aufrichtete, blickte er in dunkle Augen, die in
einem schmutzigen, kleinen Gesicht saßen und freundlich, aber unsicher auf ihn sahen. Das Kind war höchstens vier Jahre alt, hatte keine Schuhe, kein Gewand, nur
ein paar Lumpen an. Es hatte mit einem Stock im Dreck
am Bach gespielt und war neugierig auf den seltenen
Besuch. Der kleine Prinz sah sich um und erkannte, dass
das Kind in der schäbigen Bretterhütte wohnen musste,
die etwas abseits des Baches stand.

unerwartete Wendung:

begegnet einem in Lumpen gekleideten Kind ...

Das Kind zog den kleinen Prinzen ans Bachufer; dort
malte es eine Krone in den Matsch. Da musste der kleine
Prinz lachen. Hastig suchte er sich einen Stock und
malte einen Apfelbaum in den Boden. Das Kind freute
sich, zog den kleinen Prinzen einen Hügel hinauf und
rannte dann lachend auf einen Baum zu. Als der kleine
Prinz völlig außer Atem dort ankam, bemerkte er, dass
der Baum voller reifer Äpfel hing. Gierig rupfte er sich
einen Apfel und biss sofort hinein.

... Laune des kleinen Prinzen schlägt um

In diesem Moment erschien eine alte Hexe mit zerzaus-
tem Haar und großer Nase. Ihr Anblick erschreckte den
kleinen Prinzen. Die Hexe erkundigte sich beim kleinen
Prinzen: „Du hast schon lange nicht mehr geplärrt. Was
ist los?" Darauf antwortete der kleine Prinz: „Ich will
nicht mehr, ich langweile mich nicht sehr." Die Hexe
blickte dem kleinen Prinzen in die Augen und sprach:
„Was ist los, mein Kind? Du bist ja richtig glücklich!"

alte Hexe taucht auf → typische Märchenfigur

wörtliche Rede

Reim

Der kleine Prinz erkannte, dass die Hexe recht hatte. Er
sagte: „Ich wünschte, ich könnte jeden Tag das Schloss
verlassen und hier mit dem Kind spielen und den Hummeln folgen und frische Äpfel essen."

Die Hexe schlug dem kleinen Prinzen einen Handel vor:
„Gib mir dein ganzes Spielzeug, alle Fahrzeuge und alle
Kleider – bis auf eines. Dann sorge ich dafür, dass du
jeden Tag hierherkommen darfst."

Handel mit der Hexe: Verbindung von realen Dingen mit Magie und Zauber

Der kleine Prinz freute sich und erwiderte: „Darauf will ich gerne eingehen. Aber verteile meine Sachen auf alle Kinder im Reich, damit jedes Kind ein bisschen glücklich wird."

Einstellung des kleinen Prinzen hat sich geändert: will nicht immer mehr haben, sondern gibt Sachen ab

Sofort verschwand die Hexe. Das Kind spielte mit dem Prinzen bis zum Abend. Da tauchten die Bediensteten des Hofes auf und brachten den kleinen Prinzen zurück in sein leeres Zimmer. Zufrieden, glücklich und unendlich müde schlief der kleine Prinz sofort ein. Und wenn er nicht gestorben ist, dann spielt er auch noch heute.

magischer Vorgang

Schlussformel: „Und wenn er nicht gestorben ist, dann ..."

Schreibplan **Kurzgeschichte:**

Kennzeichen Kurzgeschichte:

- offener Anfang, offenes Ende, besonderes Erlebnis, wenige, normale Menschen

Handelnde Personen:

- Mutter, kleiner Junge, alter Mann, Erzieher

Handlung:

- Mutter sitzt morgens gestresst in voller Straßenbahn.
- Kleiner Sohn quengelt und plärrt die ganze Zeit.
- Alter Mann faltet aus seiner Zeitung Seite für Seite Papierflieger und schätzt ein, wie weit sie wohl fliegen.
- Den besten Flieger schenkt er dem Buben.
- In der Kita wird der Junge von seinem Erzieher begrüßt. Der Junge zeigt ihm den Flieger.
- Erzieher erkennt den Flieger wieder – Falttechnik ist die Erfindung von ihm und seinem Vater – zu dem er leider keinen Kontakt mehr hat.

Das Glück liegt oft ganz nah

„Jeden Morgen dieses fürchterliche Geschrei – das ist so anstrengend!", dachte sich die junge Mutter, die wie jeden Morgen mit ihrem kleinen Sohn in der übervollen Straßenbahn saß und mit Engelszungen auf den unglücklichen Dreijährigen einredete. Sie machte ihm ein paar Vorschläge, versuchte „Ich sehe was, was du nicht

passende Überschrift

unmittelbarer Einstieg in die Handlung

Figuren: wenige, „normale", namenlose Alltagsmenschen

Offizielle Musterprüfungen für den neuen Quali

siehst" und sang ihm leise sein Lieblingslied vor. Nichts half, der Junge hatte wie jeden Morgen schlechte Laune und füllte die verstopfte Bahn wie jeden Morgen mit ohrenbetäubendem Geplärr.

sprachliches Mittel der Wiederholung: „wie jeden Morgen"

Der alte Mann, der ihnen gegenüber saß, las in seiner Zeitung. Plötzlich grübelte er mit übertriebener Geste, kratzte sich am Kinn und begann eine riesige Zeitungsseite zu falten. Weil er dabei immer wieder laut stöhnte und den Kopf schüttelte, bemerkte ihn auch der unglückliche kleine Junge. Der alte Man bastelte immer weiter an der Zeitungsseite herum. Bald erkannte der Dreijährige, dass der Mann versuchte, einen Flieger zu bauen – ohne Erfolg. Mittlerweile war er beim dritten Versuch angekommen. Gelegentlich entwich dem alten Mann nun ein Lächeln und ein Freudenjuchzer. Der Bub weinte nicht mehr, beobachtete den alten Mann mit offenem Mund und freute sich über dessen Grimassen. Schließlich schaffte es der alte Mann: ein ungewöhnlicher, kleiner, fester Papierflieger war entstanden. Der Bub war begeistert und klatschte dem Mann Beifall. Mit großer Geste überreichte der Alte dem Kind den Flieger: „Hier mein Kleiner, dieser Spezialflieger ist für dich. Kein Papierflieger fliegt schneller oder weiter." Der Junge freute sich sehr und steckte den Flieger voller Stolz in seinen Rucksack. Gleich darauf verließen er und seine Mutter die Bahn und stürmten zum Kindergarten.

Darstellung eines besonderen Erlebnisses im Alltag

wörtliche Rede

Zur großen Verwunderung des Erziehers kam der Junge heute Morgen freudestrahlend und sehr aufgeregt in die Gruppe gesaust. Er kannte ihn eigentlich nur schlecht gelaunt. Der Kleine öffnete den Rucksack und zeigte seinen Schatz allen Kindern, und am Ende dem Erzieher. Dieser stand wie angewurzelt und blickte auf den Papierflieger. Sofort hatte er die ungewöhnliche Falttechnik, mit der der Flieger gebaut worden war, wiedererkannt. Er selbst hatte sie – zusammen mit seinem Vater – erfunden. Noch als Teenager konnte er mit diesem Spezialflieger angeben, denn kein anderer flog so

unerwarteter Wendepunkt: Erzieher erkennt Falttechnik des Fliegers wieder

schnell, so weit und so gut. Der Gedanke an seinen Vater versetzte dem Erzieher einen Stich. Vor zwei Jahren war es zu einem schlimmen Streit zwischen ihnen gekommen und seitdem sprachen sie nicht mehr miteinander – es herrschte absolute Funkstille. „Ach Vater, wie gerne würde ich dich wiedersehen. Wie gerne würde ich dich sprechen und dir erzählen, wie es mir seit unserem großen Streit ergangen ist", dachte er sich wehmütig. „Wie konnte es geschehen, dass wir uns so verkracht haben, dass anschließend keiner den ersten Schritt machen wollte?" Im Hintergrund hörte er das laute, fröhliche Auflachen des kleinen Jungen, der den Flieger immer und immer wieder in die Luft warf und den anderen Kindern zeigte, wie weit er flog.

sprachliches Bild
Gedanken und
Gefühle

Und plötzlich wusste er: Heute Abend würde er seinen Vater anrufen.

offener Schluss

2. ✏ **Hinweis:** *Du musst dich an die formalen Regeln des Briefs halten. Achte darauf, eine Anrede, eine Schlussformel, eine Unterschrift und einen geeigneten Text zu schreiben. Im Brief solltest du mindestens zwei schlüssige und vollständige Argumente (Behauptung – Begründung – Beispiel) ausformulieren und damit den alten Mann überzeugen, dir seinen dritten Wunsch abzutreten. Schreibe mindestens 120 Wörter.*

Lieber alter Mann,

Anrede

du hast ein aufregendes Leben hinter dir. Nun, im Alter, kannst du auf erfüllte und erfahrungsreiche Jahre zurückblicken.

Einleitung

Du hast alles schon erlebt und kannst dir sicher sein, jede Situation selbst meistern zu können. Mit deiner großen Lebenserfahrung kommst du gut zurecht. Deshalb brauchst du deinen letzten Wunsch doch eigentlich gar nicht mehr. Erinnerst du dich an den Tag, als dir auf hoher See der Bug einbrach und dein Segelschiff zu kentern drohte? Ich wäre ohne einen freien Wunsch mit Sicherheit in den Fluten ertrunken. Du aber konntest dich retten und hast uns alle sehr damit beeindruckt.

1. Argument
alter Mann kommt
aufgrund seiner
Lebenserfahrung auch
ohne Wunsch zurecht

Offizielle Musterprüfungen für den neuen Quali

Wie du mir schon häufig gesagt hast, fehlt dir rein gar nichts zum Glücklichsein. Oft hast du mir erzählt, wie sehr es einen Menschen stärkt, selbstständige Entscheidungen zu treffen, und wie sehr es dabei hilft, einen freien Wunsch im Rücken zu haben. Heute bin ich jung und theoretisch habe ich alle Möglichkeiten, praktisch aber ist es sehr schwierig, kleine Erfolge zu erreichen. Dein Wunsch würde es mir ermöglichen, genau so gestärkt durchs Leben zu gehen, wie du es konntest. Deshalb bitte ich dich: Tritt mir deinen letzten Wunsch ab. Ich werde versuchen, ein ebenso erfülltes und glückliches Leben darauf aufzubauen wie du, und hoffentlich eines Tages ebenso zufrieden darauf zurückblicken.

2. Argument
alter Mann ist wunschlos glücklich, braucht den Wunsch deshalb nicht mehr

Fazit

Viele Grüße
Dein XY

Grußformel
Unterschrift

3. ✏ **Hinweis:** *Hier sollst du einen Artikel für die Schülerzeitung schreiben, in dem du über das Glücklichsein informierst und dazu aufrufst, das Glück in die eigenen Hände zu nehmen. Inhaltlich helfen dir die Abbildungen (M1 bis M3) weiter. Achte darauf, klarzustellen, dass jede*r glücklich sein kann, wenn man selbstständig und eigenverantwortlich darüber nachdenkt, was einen glücklich macht, und dann zielgerichtet daraufhin wirkt, diesen Zustand zu erreichen. Adressiere deine Leser*innen direkt und verwende einen passende Sprache. Schreibe mindestens 120 Wörter.*

2022 – Dein Glücksjahr!

Liebe Mitschülerinnen und Mitschüler,

zum Geburtstag wünscht man viel Glück, ebenso vor Prüfungen oder wichtigen Entscheidungen. Dabei erscheint es so, als wäre Glück ein Gut, das man zufällig und unvorhersehbar erhält – oder eben nicht.

Ich möchte, dass ihr euch von dieser Vorstellung verabschiedet! Verschiedene Befragungen, wie die von Statista 2019 („Was es braucht zum Glück") haben gezeigt, dass Gesundheit für die Hälfte aller Befragten ein sehr wichtiger Faktor zum Glücklichsein ist. Um seine Gesundheit zu erhalten, kann jeder Einzelne viel tun. Neben Bewegung und gesunder Ernährung gehört zum

Überschrift
Anrede

Einleitung
Hinführung zum Thema

Hauptteil
Appell an Leser*innen

Bezug auf M3 – Gesundheit

Gesundbleiben auch dazu, auf die eigenen Bedürfnisse zu schauen und wahrzunehmen, wenn man sich selbst überfordert, zu sehr mit Stress belastet oder zu wenige Ruhepausen gönnt. Dies ist ein Bereich, den jeder Mensch selbstverantwortlich gestalten muss.

Laut Thomas Wenzlaff wurde deutlich, dass innere Stärke und gesund zu leben glücklich macht. Außerdem wurde guten Beziehungen, sowohl in der Familie als auch in der Partnerschaft, viel Wert beigemessen. Gute Beziehungen entstehen, wenn jeder sich aktiv darum bemüht, d. h. Zeit und Energie darauf verwendet. Dazu gehören Treffen, gemeinsame Erlebnisse, geteilte Sorgen und Momente ebenso wie Gespräche über Zukunftspläne und das Beraten in unsicheren Situationen. Das kann jeder schaffen, es ist kein zufälliger Gewinn, sondern bewusst selbst geschaffen.

Bezug auf M1
– innere Stärke entwickeln
– gesund leben
– gute Beziehungen führen

Wie wir bei der Recherche erfahren haben, ist eine positive Grundeinstellung Grundlage dafür, dass wir Situationen lösungsorientiert angehen und zu einem Ergebnis kommen, das uns glücklich macht. Dazu gehört auch, dass wir uns selbst anstrengen, also durch eigene Bemühungen unsere Ziele erreichen. Also, nehmt mich beim Wort und strengt euch an – für die Dinge, die euch glücklich machen können und sollen! Denn Glück fällt nicht vom Himmel, wir können es uns aber erarbeiten. Hierfür gibt es viele weitere Beispiele. Ich möchte euch aufzeigen, dass wir alle unser Glück selbst verwirklichen können – weil wir unsere Zeit selbst einteilen und bestimmen können, wofür wir sie nutzen.

Bezug auf M2:
– positive Grundeinstellung
– durch Bemühungen seine Ziele erreichen

erneuter Appell an Mitschüler*innen: Man soll sich für das eigene Glück anstrengen

Also wünscht euch nicht nur viel Glück, sondern schafft es euch!

Schluss
abschließender Appell

Aufgabengruppe II

1. ✒ **Hinweis:** *Du musst hier darauf achten, die formalen Regeln des Leserbriefs einzuhalten (Bezug zu einem bestimmten Thema, Bestärken oder Entkräften der dargestellten Meinung, persönliche Sichtweise in kurzer Form dargestellt) und die Aspekte der Schaubilder so einarbeiten, dass du mindestens drei verschiedene Lebensbereiche aufgreifst. Dazu vergleichst du die Schaubilder und gruppierst die Punkte unter passenden Überbegriffen wie Gesundheit, Beziehungen, Anstrengung, positive Grundeinstellung u. Ä. Den Schreibplan entwickelst du anschließend daraus, indem du überlegst, in welcher Reihenfolge die Punkte sinnvoll hintereinander dargestellt werden können. So könnte eine Gliederung aussehen:*

Schreibplan:

Einleitung:
Zustimmung und eigene Erfahrung

Hauptteil:

Überbegriff	Punkte aus Schaubildern	Reihenfolge
positive Grund-einstellung	<ul><li>positiv denken</li><li>positive Grundeinstellung</li><li>hoffen</li><li>Freude und Spaß am Leben</li></ul>	1
Gesundheit	<ul><li>gesund leben</li><li>Gesundheit</li></ul>	2
Anstrengung	<ul><li>ein guter Job</li><li>durch Anstrengung seine Ziele erreichen</li><li>dem Leben einen Sinn geben</li><li>innere Stärke entwickeln</li></ul>	4
gute Beziehungen	<ul><li>vergeben</li><li>gute Beziehungen führen</li><li>gute Partnerschaft</li><li>intakte Familie</li><li>Kinder, Freunde</li></ul>	3

Schluss:
Fazit: Interviews regen zum Nachdenken über eigenes Glück an

Sehr geehrte Damen und Herren,

mit großem Interesse habe ich Ihr Interview mit Herrn Müller, das am 20. März zum Welttag des Glücks in Ihrer Zeitung erschienen ist, gelesen.

Ich stimme Herrn Müller voll und ganz zu, wenn er sagt, dass jeder für sein Glück selbst verantwortlich ist, dass jeder seines Glückes Schmied ist, wie das Sprichwort so schön sagt. Ich habe festgestellt, dass wir heutzutage, wenn uns etwas misslingt, allzu leicht die Schuld bei den Umständen, der Schwere der Situation oder den Mitmenschen suchen.

Ganz konkret habe ich mir hierzu Gedanken gemacht. Für mich steht fest, dass der entscheidende Faktor, den es braucht, um glücklich zu sein, eine positive Grundeinstellung ist. Ich bin immer optimistisch und zuversichtlich, auch wenn die Lage im ersten Moment aussichtslos erscheint. Dadurch komme ich schnell auf Ideen und verharre nicht im Problem und in den Sorgen. Das positive Denken führt dazu, dass ich mit Leichtigkeit und der festen Überzeugung, dass alles gut wird, durchs Leben gehen kann. So habe ich viel Freude und Spaß und bestärke mich selbst.

Mit dieser Einstellung fällt es mir auch leicht, Dinge zur Erhaltung meiner Gesundheit ernst zu nehmen und kontinuierlich in meinen Alltag zu integrieren. Gesundheit ist ein Geschenk und zu einem gewissen Teil ganz klar Glück. Dieses Glück zu erhalten, liegt auch an jedem Einzelnen selbst. Ich sorge gut für mich und meinen Körper und achte auf gesunde Ernährung, ausreichend Bewegung ebenso wie auf regelmäßige Ruhephasen und Zeiten zum Nichtstun. So habe ich Gelegenheit, meine Gedanken zu sortieren und bewusste Entscheidungen zu treffen.

Genauso bewusst und gut, wie ich mich um mich selbst kümmere, versuche ich, mich um meine Liebsten zu kümmern. In einer guten Gemeinschaft, in der Platz für

Anrede

Einleitung
Bezugnahme auf Interview in Zeitung

Nennung der eigenen Meinung

Hauptteil
1. Beispiel positive Grundeinstellung

2. Beispiel Gesundheit

3. Beispiel gute Beziehungen

Schönes, aber auch für Sorgen und Ängste ist, kann ich mich beruhigt darauf verlassen, dass ich im Zweifel jemanden habe, dem ich mich anvertrauen kann oder der mir hilft. Umso wertvoller ist es, dass ich nicht nur ein gutes Verhältnis zu meiner Familie habe, sondern auch eine stabile und ehrliche Partnerschaft. Für meinen Partner und mich ist es sehr wichtig, dass wir uns gegenseitig Fehler oder ungünstiges Verhalten erzählen und natürlich auch vergeben.

Mitunter erkennen wir während unseres Austauschs, dass wir uns in einem Punkt oder bei einem Projekt nicht ausreichend Mühe gegeben haben. Gelegentlich versucht jeder, sich ein bisschen durchzumogeln in einem kraftraubenden oder zeitintensiven Projekt. Dann stellt man hinterher fest, dass das Ergebnis nicht zufriedenstellend ist und eben nicht glücklich macht. Deshalb sind uns Reflexionsphasen sehr wichtig, die es uns ermöglichen zu entscheiden, ob unser Zeit- und Energieaufwand ausreicht oder ob die eigenen Anstrengungen erhöht werden müssen, um zu einem Ergebnis zu gelangen, mit dem wir zufrieden sein können und das uns glücklich macht.

4. Beispiel
eigene Anstrengungen

Diese Gedanken und Überlegungen sollen beispielhaft aufzeigen, dass jeder selbst die Verantwortung dafür trägt, gut für sich zu sorgen und glücklich zu sein. Der erste Schritt zum Glücklichsein ist, denke ich, immer das ehrliche Nachdenken darüber, was einen denn persönlich glücklich macht. Anschließend sollte man daran gehen, einiges von dem, was man herausgefunden hat, dann auch nach und nach umzusetzen.

Zusammenfassung

Ich freue mich, dass Ihre Zeitung diese Interviews abgedruckt hat und so sicherlich viele Menschen zum Nachdenken über das eigene Glücklichsein angeregt werden.

Schluss
kurzes Fazit

Herzlichst, Ihre Samira

Grußformel und
Unterschrift

158 / Offizielle Musterprüfungen für den neuen Quali

2. / **Hinweis:** *Es ist wichtig, dass du dich an die formalen Regeln erinnerst. Flyer sprechen in kurzen, knappen Sätzen Menschen direkt an und sind als Aufforderung formuliert. Hier kannst du Fließtext und Stichpunkte mischen und Wichtiges wiederholen. Finde eine plakative Überschrift und wende dich ganz direkt an deine Leser*innen. Dein Text sollte einen Umfang von mindestens 120 Wörtern haben.*

Glück ist kein Zufall! – Kleine Anleitung zum Glücklichsein

plakative Überschrift

Liebe Mitschülerinnen und Mitschüler,

Anrede

jeder hat mal einen schlechten Tag, einige sogar eine richtige Pechsträhne. Doch sich deshalb unglücklich fühlen? Das muss nicht sein! Mit ein paar einfachen Tricks schafft es jeder glücklich zu sein. Hier meine Tipps für die tägliche Dosis Glück:

Hinführung zum Thema

1. Beginne den Tag mit einem Lächeln!

In vielen Befragungen wird deutlich, dass eine positive Grundeinstellung der wichtigste Faktor zum Glücklichsein ist. Man sollte also immer positiv an die Dinge herangehen. Ein Lächeln im Gesicht hilft. Versuche es doch einfach mal. Wenn du dich furchtbar ärgerst, zwinge dich zu einem Lächeln. Du wirst merken, dass der Ärger rasch verfliegt und der Grund deines Ärgers meist schnell und einfach ausgeräumt werden kann.

1. Tipp
positive Grundeinstellung einnehmen

2. Streng dich an!

Auf Dinge, die man selbst erreicht, und Schwierigkeiten, die man überwunden hat, kann man stolz sein. Wer sich stets bemüht, seine Ziele zu erreichen, wird handlungsfähiger und geübter darin, Herausforderungen zu bewältigen. So erlernt man den Umgang auch mit unangenehmen Situationen. Das ist sehr hilfreich und führt dazu, dass man entspannter und selbstbewusster wird. Ein Zustand, der viele Menschen glücklich macht!

2. Tipp
durch Bemühungen seine Ziele erreichen

Offizielle Musterprüfungen für den neuen Quali | 159

3. Sei spontan!

Bei allem Planen und Überlegen ist es schön, wenn sich unerwartete Situationen und Chancen bieten. Nimm alles mit, was sich ermöglichen lässt, und weite deinen Erfahrungsschatz! Wenn dir unerwartet ein Angebot gemacht wird, egal ob zum Spontanurlaub, Bergwandern oder Stadtbummelmachen, ergreife die Gelegenheit auch bei Dingen, die du bisher noch nie gemacht und auch gar nicht in Erwägung gezogen hast. Oft stellt man erst dann fest, dass man etwas mag, kann oder lernen will, wenn man es ausprobiert!

3. Tipp
spontan sein,
Chancen ergreifen

Wenn du diese drei einfachen Tipps beherzigst, bist du schon sehr bald ein glücklicher Mensch – dem sicher auch nicht langweilig wird!

3. ✎ **Hinweis** Du kannst die Geschichte genau an dem Punkt weiterschreiben, an dem der Ich-Erzähler die Frage stellt. Achte darauf, dass du Zeitform und Erzählperspektive des Ausgangstextes beibehältst. Versuche auch, die Sprache des Originaltextes zu treffen. Wie du das Ende gestaltest, bleibt dir überlassen. Wenn du magst, kannst du auch noch neue Figuren einführen. Schreibe mindestens 120 Wörter.

Verwundert blieb ich noch einen Moment sitzen. Auf dem Weg nach Hause dachte ich weiter darüber nach, was der alte Mann gesagt – und was er eben nicht gesagt hatte. War es vielleicht ein Glück zu wissen, dass man einen Wunsch noch erfüllt bekommen könnte? Oder war es Glück, auf ein Leben zurückzublicken, das man ganz allein gemeistert hatte – ohne göttliche oder sonst eine magische Hilfe? So in Gedanken versunken ging ich durch den Park nach Hause. Plötzlich riss mich eine unangenehme, nasse Kälte aus meinen Gedanken. Ich war in eine riesige Pfütze gestiegen. Meine Schuhe, meine Socken und sogar meine Hosenbeine waren innerhalb von Sekunden nass und kalt. Ich stand da und war so verdutzt, dass ich zunächst gar nicht wusste, was ich tun sollte. Dann zog ich Socken und Schuhe aus und tapste, schlotternd wie Espenlaub, durch die Kälte nach

Anknüpfung an den Ausgangstext

Zeitform: Präteritum → bei Vorvergangenheit: Plusquamperfekt

Erzählperspektive: Ich-Erzähler

bildhafter Vergleich

Hause. Dort zog ich mich um, machte mir einen heißen Tee und streifte die dicken Wollsocken meiner Oma über. So saß ich da und mir wurde langsam wieder warm.

Und plötzlich verstand ich den alten Mann. Es war ein winziger Moment, in dem ich nass geworden, und nur ein paar Minuten, die ich frierend nach Hause gelaufen war. Aber das Aufwärmen mit meinem Lieblingstee, der herrlich duftete, und die Socken, die meine Oma liebevoll mit ihren alten Fingern für mich gestrickt hatte, bereiteten mir jetzt eine riesengroße Freude. Ich erinnerte mich daran, wie schön es bei meinen Großeltern war, wie ich es immer geliebt hatte, in ihrem riesigen Bett mit selbst gestrickten Socken einzuschlafen und morgens ein selbst gebackenes Brot dick mit Butter und Marmelade bestrichen zu frühstücken. Und da dachte ich: „Wahres Glück spürt man nur in einem Moment. Die Erinnerung daran macht einen das ganze Leben glücklich."

Offizielle Musterprüfungen für den neuen Quali | 161

Musterprüfung 2 – Sachtext

Teil A: Zuhören

Aufgabe zu Hörtext 1

Hörtext:

Frau Steiner	Hör mal zu, was ich hier gefunden habe: Das Referat muss ausgedruckt werden und der Drucker streikt. Die Gäste kommen in ein paar Stunden und der Mixer funktioniert nicht mehr. Kennen Sie das auch? Und was nun? Ein neues Gerät anschaffen? Nicht so schnell! Viel zu viele Geräte landen vorschnell auf der Müllhalde, obwohl sie gar nicht kaputt sind. Bevor Ihr Elektrogerät sein Leben auf dem Müll beendet, hat es noch eine Chance bei uns verdient. Wir sind montags bis samstags von 9:00 bis 13:00 Uhr und dienstags bis freitags von 15:00 bis 19:00 Uhr in unserer Werkstatt. In dieser Zeit werden wir mit Ihnen zusammen versuchen, Ihr Gerät zu reparieren. Bei jedem zweiten Gerät gelingt das auch. Sie bezahlen pauschal nur 5,00 Euro pro Stunde. Ein ganzer Tag bei uns kostet Sie 25,00 Euro. Dafür können Sie ... • unsere Werkstatt benutzen. • das Werkzeug verwenden. • mit drei Elektrikern zusammenarbeiten. Sogar an Sonn- und Feiertagen bieten wir einen Notdienst-Service für 7,50 Euro pro Stunde an. Ersatzteile für Ihre Elektrogeräte erhalten Sie auch bei uns. Gängige Teile haben wir auf Lager, spezielle können wir rasch für Sie bestellen. Also erst mal zu uns, denn neu kaufen ist garantiert teurer.

✏ **Hinweis:** Höre genau zu und mache dir Notizen. Hier geht es darum, ganz bestimmte im Hörtext genannte Informationen zu erfassen und zu nennen. Es genügt, wenn du die Fragen mit wenigen Worten oder auch Zahlen stichpunktartig beantwortest. Deine Stichworte können natürlich auch etwas anders aussehen, als die hier aufgeführten (z. B.: „dienstags bis freitags").

Lösung:
(1) Dienstag bis Freitag
(2) Werkstatt benutzen *oder:* Werkzeug benutzen *oder:* mit drei Elektrikern zusammenarbeiten
(3) Notdienst
(4) gängige Ersatzteile

Aufgabe zu Hörtext 2

Hörtext:

Chiara	Papa, was machst du da? Deine Hände sind ja voller Farbe.
Herr Nowak	Ich versuche den Drucker zu reparieren, aber das ist nicht so einfach, wie ich dachte.
Chiara	Manchmal hilft es auch, ihn einfach aus- und wieder einzuschalten. Oder den Stecker zu ziehen.
Herr Nowak	Was soll das bringen, Chiara?
Chiara	Bei meinem Computer funktioniert das. Ich dachte ja nur ... Liegt es dann vielleicht an den Patronen?
Herr Nowak	Die Farbpatrone ist noch voll und die schwarze habe ich gerade gewechselt, wie man ja an meinen Händen sehen kann. Im Handbuch steht auch nichts, was mir weiterhilft.
Chiara	Hast du denn den Drucker schon gereinigt?
Herr Nowak	Ja, aber das hat auch nicht geholfen.
Chiara	Das Verbindungskabel hast du aber überprüft, oder?
Herr Nowak	Das war das Erste, was ich gemacht habe. Auch das Papierfach habe ich aufgefüllt.
Chiara	Es kann doch nicht sein, dass wir schon wieder einen neuen Drucker brauchen. Den hier haben wir erst seit 2 Jahren. Moment, da muss doch noch Garantie drauf sein.

Offizielle Musterprüfungen für den neuen Quali	

Herr Nowak	Leider nicht. Das habe ich eben nachgeschaut. Die zweijährige Garantie ist seit 3 Wochen abgelaufen. Wie kann es auch anders sein.
Chiara	Ist das ärgerlich. Dann landet dieser Drucker wahrscheinlich auch wieder auf dem Müll. So viel zum Thema Müllvermeidung.
Herr Nowak	Vielleicht lässt sich das ja doch verhindern. Mal sehen, was sich da noch machen lässt.

Hinweis: Nimm einen Stift zur Hand und versuche, schon während des ersten Zuhörens die Kreuze zu setzen. Beim zweiten Zuhören verbesserst bzw. vervollständigst du dann die Lösungen. Höre ganz genau hin und bedenke, dass die Wortwahl im Hörtext anders sein kann als in der Aufgabe (z. B. Bedienungsanleitung/Handbuch).

Lösung:

Vorschlag	Vater	Tochter	keinem
(0) Den Drucker ein- und ausschalten	☐	☒	☐
(1) Die Patrone wechseln	☐	☒	☐
(2) Den Papierstau entfernen	☐	☐	☒
(3) Die Bedienungsanleitung zu Rate ziehen	☒	☐	☐
(4) Die Stromzufuhr kontrollieren	☐	☒	☐

Aufgabe zu Hörtext 3

Hörtext:

Techniklehrerin Frau Berg	Wisst ihr, was eine durchschnittliche Familie pro Jahr an Edelmetallen wegwirft?
Schüler im Hintergrund	Es wirft doch niemand einfach Edelmetalle weg. Ja, genau.
Techniklehrerin Frau Berg	Ihr glaubt es vielleicht nicht, aber in einer Tonne alter Handys stecken eine ganze Menge wertvoller Metalle. Allein vom Kupfer, das ihr ja als hervorragenden Wärme- und Stromleiter kennt, sind circa 92 Kilogramm darin enthalten. Aber auch vom Silber sind es zweieinhalb Kilo. Außerdem befinden sich in einer Tonne alter Handys auch einige andere teure Rohstoffe und sogar 240 g Gold.
Schüler im Hintergrund	Was, echt? Gold?
Techniklehrerin Frau Berg	Wenn man das alles zusammenrechnet, kommt man auf einen Gesamtwert von ungefähr 10.000 Euro. Ihr merkt also, dass man mit diesem Elektroschrott richtig Geld verdienen könnte. Aber leider landen 95 % der Handys in Deutschland nicht im Recycling. Ich wette, bei euch zu Hause liegen auch noch ein paar alte Handys in irgendwelchen Schubladen.
Schüler im Hintergrund	Stimmt, wir haben sicher noch zwei zu Hause. Ja, kann gut sein.
Techniklehrerin Frau Berg	Bei unserer Sammelaktion für die Projektwoche wurden schon 32 defekte Elektrogeräte gesammelt. Das ist sehr erfreulich! Ich möchte nun während der Projektwoche eine Recycling-Werkstatt anbieten. Dort werde ich euch zeigen, wo sich die recycelbaren Bestandteile verstecken. Einige davon werden wir ausbauen. Am Ende der Projektwoche, nämlich nächsten Freitag, eröffnen wir dann unsere Recycling-Ausstellung, zu der wir auch eure Eltern einladen werden. Da demonstrieren wir dann, wie wichtig es ist, Rohstoffe wiederzuverwerten. Ziel ist es, dass danach weniger Geräte im Hausmüll landen und stattdessen recycelt werden. Der Anfang ist ja schon gemacht! Danke, dass einige von euch bereits alte Geräte mitgebracht haben. Dann können wir gleich loslegen! Auf geht's ...

Offizielle Musterprüfungen für den neuen Quali

Hinweis: Höre gut zu und mache dir während des Zuhörens Notizen. Beim zweiten Anhören kennst du den Text schon und kannst ganz gezielt auf Informationen achten, die dir in deiner Lösung noch fehlen. Du musst jeweils zwei weitere Informationen in der Tabelle ergänzen.

Lösung:

Anlass und Gründe

mögliche Stichpunkte:

- Im Elektroschrott stecken wertvolle Metalle: Kupfer, Silber und Gold
- Daneben sind auch noch weitere teure Rohstoffe in Elektroschrott enthalten
- Mit alten Handys/Elektroschrott könnte man Geld verdienen

Ablauf und Ziel

mögliche Stichpunkte:

- Am Ende der Projektwoche eine Ausstellung eröffnen
- Demonstrieren, wie wichtig es ist, Rohstoffe wiederzuverwerten
- Ziel: Mehr Geräte zu recyceln, statt sie in den Hausmüll zu werfen

166 / Offizielle Musterprüfungen für den neuen Quali

Teil B: Sprachgebrauch – Sprachbetrachtung

1. / **Hinweis:** *Suche zunächst Wörter der vorgegebenen Wortarten, die im jeweiligen Textzusammenhang einen Sinn ergeben. Mittels Einsetzprobe und genauem Lesen der vervollständigten Sätze prüfst du anschließend, ob das gewählte Wort auch wirklich in den entsprechenden Satz passt. Achte darauf, die Wörter in der korrekten grammatikalischen Form einzusetzen.*

Verb	San Francisco, Barcelona, Kiel – weltweit versuchen Städte, weniger Müll zu **z. B. produzieren/fabrizieren.**
Nomen	Die Initiative „Zero Waste Helden" verfolgt die Vision einer abfallfreien **z. B. Umwelt/ Umgebung/Welt/Stadt.**
unbestimmtes Zahlwort (Numerale)	**z. B. Einige/ Viele/ Mehrere/Etliche** Städte interessieren sich derzeit für dieses Projekt.
Adjektiv	Ziel ist ein **z. B. nachhaltiger/schonender/ umweltbewusster/ verantwortungs- bewusster/sorgsamer** Umgang mit den Ressourcen unserer Erde.

2. / **Hinweis:** *Beachte, dass du nur das Verb, also das Wort „informieren", ins Präteritum setzen musst. Bei schwachen Verben werden bei der Bildung des Präteritums ein t und die jeweilige Personalendung an den Verbstamm angehängt (informier-t-en): aus „informieren" wird „informier**ten**".*

In letzter Zeit informierten sich Städte und Gemeinden ausführlich über mögliche Umweltschutzprojekte.

3. / **Hinweis:** *Entscheide für jede Lücke, in welchen Fall du die Nomen und ihre Begleiter setzen musst, und trage sie dann mit der passenden Endung ein.*

Umweltschutz ist aber nicht nur Aufgabe der Politik, sondern liegt in der Verantwortung **jedes Einzelnen.**

Im Mittelpunkt steht das Ziel, möglichst viel **anfallenden Müll** im Mehrwegsystem wiederzuverwerten oder ihn gar nicht erst entstehen zu lassen.

	167

Offizielle Musterprüfungen für den neuen Quali

4. ✎ **Hinweis:** *Stelle die folgenden Fragen, um die Satzglieder zu bestimmen:*
    „Wann beteiligen sich auch Schulen am „Zero-Waste"-Programm?"→ aktuell (Temporaladverbiale)
    „Wen oder was leisten sie zum Beispiel durch einen reduzierten Papierverbrauch?" → ihren Beitrag (Akkusativobjekt)
    Sowohl das Adverbiale als auch das Objekt musst du näher bestimmen. Die Begriffe „Adverbiale" und „Objekt" allein genügen als Antwort nicht.

    a) aktuell: **Temporaladverbiale** *oder:* **Adverbiale der Zeit**
    b) ihren Beitrag: **Akkusativobjekt** *oder:* **Objekt im 4. Fall**

5. ✎ **Hinweis:** *Schlage die beiden Wörter im Wörterbuch nach, wenn du dir unsicher bist. Darin findest du alle Pluralformen.*

das Unternehmen	**die Unternehmen**
der Radius	**die Radien**

Teil B: Sprachgebrauch – Rechtschreiben

1. ✏ **Hinweis:** *Wenn du die Sätze langsam liest, erkennst du die einzelnen Wörter. Es hilft, nach jedem Wort einen Schrägstrich in die Buchstabenschlange zu setzen. Anschließend schreibst du die Sätze auf und wendest die dir bekannten Rechtschreibstrategien zur Groß- und Kleinschreibung an, um die Wörter korrekt zu schreiben. Die Satzzeichen sind bereits vorgegeben, du darfst sie nur nicht übersehen. Achte auch darauf, dass dir keine Fehler beim Abschreiben und Trennen der Wörter unterlaufen und du alle i-Punkte setzt. In all diesen Fällen wird dir ansonsten pro Fehler jeweils ein halber Punkt abgezogen.*

   Jeder Einzelne kann viel bewirken, denn auch als Privatperson kann man jede Menge Müll vermeiden.

2. ✏ **Hinweis:** *Bei der Schreibung der s-Laute musst du die folgenden Regeln beachten:*
   <u>verschweißte</u>: *Das Wort wird mit „ß" geschrieben, weil der s-Laut stimmlos ist und auf einen Doppellaut (= langer Vokal) folgt.*
   <u>bewusster</u>: *Das Wort wird mit „ss" geschrieben, weil davor ein kurzer, betonter Vokal steht.*
   <u>dass</u>: *In der ersten Lücke handelt es sich um die Konjunktion „dass", die den Nebensatz einleite; deshalb wird es mit „ss" geschrieben.*
   <u>das</u>: *In der zweiten Lücke handelt es sich um ein Demonstrativpronomen, das sich auf den vorangegangenen Satz bezieht; deshalb wird hier „das" mit einfachem „s" geschrieben.*
   Zur Unterscheidung von „dass" und „das" hilft dir auch die Ersatzprobe: Wenn sich „das" durch eines der Wörter „dies/dieses", „jenes" oder „welches" ersetzen lässt, schreibt man es immer mit einfachem „s".

   Wer auf seine Umwelt achten möchte, kann dies im Alltag relativ einfach tun: Müll vermeiden, indem man auf mehrfach abgepackte und verschwei**ß**te Waren verzichtet, insgesamt bewu**ss**ter konsumiert und darauf achtet, da**ss** man nur da**s** einkauft, was auch benötigt wird.

3. ✏ **Hinweis:** *Es handelt sich hier um mehrsilbige Wörter. Versuche, sie langsam zu lesen und dabei in ihre Silben zu zerlegen. Du kannst zur Kontrolle auch im Wörterbuch nachschlagen.*
   Zu a: Beachte die Regel, dass man ck nicht trennen darf. Hier rutscht es zusammen an den Anfang der letzten Silbe.
   Zu b: Denke daran, dass man nach einzelnen Buchstaben nicht trennen darf (ü-ber-flüs-sig).

   a) Einwegverpackung: Ein-weg-ver-pa-ckung
   b) überflüssig: über-flüs-sig

Offizielle Musterprüfungen für den neuen Quali

169

4. ✎ **Hinweis:** *Beim ersten Wort kann dir nur die Bedeutung des Wortes weiterhelfen. Dazu musst du auf den entsprechenden Textzusammenhang achten. Erst wenn du diesen kennst, kannst du entscheiden, ob es sich um einen „Wal", einen „Wall" oder um eine „Wahl" handelt. Im zweiten Fall hilft dir die Suche nach einem verwandten Wort, dessen Schreibung dir bekannt ist, wie z. B. „sauber" oder „Sauberkeit".*

Wal/Wall/(Wahl)

Hilfreiche Rechtschreibstrategie:
☒ Ich achte auf die Wortbedeutung.
☐ Ich bilde den Plural (Mehrzahl).
☐ Ich achte auf den Artikel (Begleiter).

seubern/(säubern)/soibern

Hilfreiche Rechtschreibstrategie:
☐ Ich trenne das Wort nach Silben.
☒ Ich suche nach einem verwandten Wort.
☐ Ich achte auf den kurz gesprochenen Vokal.

Teil C: Lesen

1. **✦ Hinweis:** *Sprachliche Bilder dienen dazu, bestimmte Aussagen für den Leser oder Zuhörer besonders anschaulich zu machen. Dabei steht der wörtlichen Bedeutung immer eine übertragene gegenüber, die du erklären sollst. Hier wird dieser bildhafte Ausdruck genutzt, um auf ein gravierendes Problem aufmerksam zu machen und die Menge an Plastikmüll in den Weltmeeren zu veranschaulichen. Es gibt auf unserer Erde nur sieben Kontinente. Erkläre hier genau, was mit dem achten Kontinent gemeint ist und woraus dieser besteht.*

   Auf unserer Erde gibt es nur sieben Kontinente. Mit dem „achten Kontinent" ist kein zusätzlicher Kontinent gemeint, sondern eine Fläche so groß wie Mitteleuropa, die nur aus Müll besteht. Diese Menge an gefährlichem Material schwimmt in den Weltmeeren und würde man allen Müll bündeln, hätte man die Fläche eines weiteren Kontinents.

2. **✦ Hinweis:** *Welche Wörter im Text haben die gleiche Bedeutung? Wenn du ein Wort nicht kennst, schlage es im Wörterbuch nach oder überlege, ob du den Sinn aus dem Text erschließen kannst. Ordne die Fremdwörter den Begriffen zu. Denke daran, dass manche Fremdwörter im Deutschen bereits so gebräuchlich sind, dass du sie vielleicht gar nicht mehr als solche wahrnimmst.*

   a) Müllabladeplätze – Deponien (Z. 33/34)

   b) vermindert, herabgesetzt – reduziert (Z. 97)

3. **✦ Hinweis:** *Markiere im Text die Textstellen, in denen auf die Probleme, die Plastikmüll im Meer verursacht, eingegangen wird. Schreibe anschließend <u>vier</u> der im Text genannten Probleme heraus. Formuliere deine Antwort in Stichpunkten und nicht in ganzen Sätzen.*

   mögliche Lösungen:

   - extreme Langlebigkeit des Plastiks *oder:* Abbau des Plastiks erst nach 500 Jahren
   - winzige Plastikkugeln (Mikroplastik) nicht filterbar
   - Giftstoffe und Weichmacher befinden sich in Kunststofferzeugnissen
   - durch Müll verletzte Meerestiere
   - durch Müll vergiftete Meerestiere (Verwechslung von Müll mit Nahrung)
   - Schädigung des Menschen durch Aufnahme von Giftstoffen bei Fischmahlzeiten
   - negative Auswirkungen auf Badetourismus
   - Gefahr für Wasserpflanzen

Offizielle Musterprüfungen für den neuen Quali | **171**

4. **Hinweis:** *Überlege, inwiefern sich der Mensch durch die Verschmutzung der Weltmeere selbst schadet und was dazu im Text geschrieben wird. Erkläre ausführlich und in eigenen Worten, welche Folgen die Meeresverschmutzungen zunächst auf die Tierwelt haben und im Folgenden auch auf den Menschen. Bei dieser Aufgabe ist eine Mindestanzahl von 60 Wörtern für die Lösung vorgegeben. Achte darauf, dass du diese Vorgabe erfüllst, da es ansonsten zu Punktabzug führt.*

Mit dieser Aussage ist gemeint, dass das Plastik im Meer nicht nur den Fischen, sondern auch den Menschen schadet. Der Mensch ist dafür verantwortlich, dass Unmengen an Plastikmüll in den Meeren landen und hier giftige Stoffe hinterlassen. Zwar sterben in erster Konsequenz die Meerestiere, da sie sich im Plastikmüll verfangen, verletzen oder ihn mit Nahrung verwechseln. In der Folge nehmen wir Menschen aber beim Verzehr von Fisch und anderen Meeresfrüchten das Plastik über die Nahrung wieder auf und somit auch die entsprechenden Giftstoffe. Einige meinen vielleicht, dass nur die Tiere und Pflanzen unter dem Plastikmüll leiden, aber er hat eben auch indirekte Folgen für uns Menschen.

5. **Hinweis:** *Im Text werden mehrere Beispiele genannt, wie der Müll in den Ozean gelangt. Markiere zunächst die Textstellen mit den entsprechenden Schlüsselwörtern. Schreibe die Informationen dann heraus. Um die volle Punktzahl zu erhalten, musst du zwei Wege notieren, wie der Müll ins Meer gelangt.*

- Der meiste Müll vom Festland stammt aus der Industrie und Landwirtschaft. Einige Betriebe leiten ihren Müll einfach direkt ins Meer hinein.
- Teilweise wird Müll auch durch Winde in das Meer transportiert. In Großbritannien und den Niederlanden zum Beispiel wird Müll auf offenen Deponien gelagert. Bei starkem Wind wird der Müll ins Meer geblasen.

auch möglich:

- Während Überschwemmungen und Hochwasserkatastrophen kann es auch dazu kommen, dass Müll vom Land in die Ozeane gelangt.
- Zudem gelangt der Müll von Touristen in die Meere, da er häufig nicht fachgerecht entsorgt wird.

6. **Hinweis:** *Suche im Text die entsprechende Textstelle und markiere die wichtigsten Informationen über „Fishing for Litter". Überlege, welches Ziel die Initiative verfolgt.*

Die Initiative „Fishing for Litter" ist eine Vereinigung von deutschen Fischern an Nord- und Ostsee. Anstatt den Müllbeifang wieder ins Meer zurückzuwerfen, sammeln sie diesen und entsorgen ihn in den Häfen. Mit dieser Arbeit sammeln sie pro Jahr ca. 2 000 Tonnen Müll. Man möchte auch andere an Nord- und Ostsee gelegene Länder für diese Initiative gewinnen, um so das Ziel zu erreichen, Nord- und Ostsee so gut es geht vom Plastikmüll zu befreien.

7. ✏ **Hinweis:** *Hier ist eine klassische Inhaltsangabe gefordert. Beginnen solltest du mit einem Basissatz, der alle wichtigen Informationen wie Titel, Autor und Textsorte enthält. Verfasse danach einen Satz mit der Kernaussage des Textes. Außerdem musst du den Inhalt kurz und prägnant darstellen. Markiere in jedem Abschnitt Schlüsselwörter und fasse die wichtigsten Informationen zusammen, ohne jedoch Textstellen direkt abzuschreiben oder zu zitieren. Eine Inhaltsangabe muss immer im Präsens geschrieben sein.*

Der Zeitungsartikel „Müll – der achte Kontinent" von Jochen Clemens macht die Leser*innen auf das weltweite Problem der Verschmutzung der Ozeane aufmerksam und zeigt Ursachen und Lösungsmöglichkeiten für dieses Problem auf.

Der Artikel geht zunächst darauf ein, was mit dem „achten Kontinent" gemeint ist. Durch die Meeresströmungen begünstigt gelangen riesige Mengen an Müll in den Pazifischen Ozean. So hat die Meeresfläche, die von Müll bedeckt ist, inzwischen die Größe eines ganzen Kontinents erreicht. Anhand einiger Beispiele wird des Weiteren erklärt, woher der Müll stammt. Schiffsverkehr, Landwirtschaft, Industrie und Tourismus sind für die riesigen Abfallmengen im Meer verantwortlich.

Im Folgenden geht der Autor auf die gesundheitsschädlichen Auswirkungen des Plastikmülls für Menschen, Tiere und Pflanzen ein. Der im Meer schwimmende Müll ist extrem langlebig und enthält zahlreiche für Mensch und Tier giftige Stoffe.

Vorgestellt wird die Initiative „Fishing for Litter", die versucht, zumindest in der Ost- und Nordsee einiges an Plastikmüll wieder einzusammeln und fachgerecht zu entsorgen. Der Text endet mit dem Hinweis, dass es illusorisch sei anzunehmen, man könne den gesamten Müll wieder herausfischen. Es sei aber ein erstrebenswertes Ziel, dass in Zukunft der Plastikmüll weitestgehend reduziert würde. In diesem Zusammenhang kritisiert Benjamin Bongardt vom NABU, dass Plastiktüten beim Bekleidungseinkauf kostenlos angeboten werden.

Offizielle Musterprüfungen für den neuen Quali

8. ✎ **Hinweis:** *Sieh dir zunächst das Säulendiagramm genau an und vergleiche den aufgeführten Plastiktütenverbrauch der einzelnen Länder. Beziehe auch die EU-Vorgabe und den EU-Durchschnitt mit ein. Formuliere **vier** wesentliche Aussagen.*

- Das Säulendiagramm zeigt den Verbrauch an Plastik-Tragetaschen pro Person und Jahr in 19 ausgewählten EU-Staaten.

- Spitzenreiter im Plastiktüten-Verbrauch ist Bulgarien, mit einem jährlichen Verbrauch von 421 Plastiktüten pro Person. Das Land überschreitet die EU-Vorgabe von 40 Tüten pro Person/Jahr damit deutlich.

- Irland hat mit 18 Tüten pro Person und Jahr den geringsten Verbrauch und liegt weit unter dem EU-Durchschnitt von 198 Stück.

- Mit 71 Tüten liegen die Deutschen zwar unter dem EU-Durchschnitt, aber immer noch weit über der EU-Vorgabe.

  auch möglich:

- Nur Luxemburg und Irland liegen deutlich unter der EU-Vorgabe von 40 Tüten pro Person und Jahr.

- Fünf der ausgewählten Länder übertreffen den EU-Durchschnitt von 198 Tüten deutlich.

- Im Vergleich zu den anderen im Diagramm aufgeführten EU-Staaten weisen Bulgarien, Tschechien, Griechenland, Rumänien und Italien einen besonders hohen Plastiktütenverbrauch pro Kopf auf.

Teil D: Schreiben

Aufgabengruppe I

1. ✏ **Hinweis:** Formuliere deine Schreibziele skizzenhaft in einem Schreibplan. Du kannst ein Cluster, eine Mindmap oder eine Gliederung erstellen. Gehe inhaltlich auf durch Müll verursachte Probleme ein und welche Konsequenzen sich daraus ergeben. Adressiere deine Leser*innen direkt und wirb für Müllervermeidungsstrategien. Wähle dazu eine passende Überschrift und nutze dein Wissen aus Teil C. Gliedere deinen Text in übersichtliche Abschnitte. Achte auf orthographische und grammatikalische Richtigkeit. Verwende unterschiedliche Satzanfänge und sinnvolle Überleitungen. Baue auch rhetorische Fragen oder sprachliche Bilder ein.

Schreibplan: Mindmap

Der achte Kontinent wächst und wächst und wächst ...

Interesse weckende Überschrift

Der achte Kontinent? Was soll das sein?
Nimmt man den gesamten Plastikmüll im Pazifischen Ozean, kommt man auf die Fläche eines weiteren Kontinents: eines MÜLLKONTINENTS!

Einleitung
rhetorische Frage

Über 100 Millionen Tonnen Plastikmüll schwimmen in den Ozeanen. Das ergibt zusammengenommen einen Müllteppich von der Größe ganz Mitteleuropas. Und ca. 6,5 Millionen Tonnen Plastik kommen jedes Jahr hinzu.

Hauptteil
Ausmaß des Müllproblems

Die Ursache dafür sind wir Menschen. Zum einen leiten Industrie und Landwirtschaft ungereinigte Abwässer in die Flüsse, die darin enthaltenen Giftstoffe gelangen auf diesem Weg ins Meer. Zum anderen werfen wir Menschen unseren Plastikmüll oft genug einfach achtlos in die Umwelt, von wo er dann in die Flüsse gelangt und über diese bis ins Meer geschwemmt wird. Und wer denkt, dass alles Plastik, das einmal auf der Mülldeponie gelandet ist, fachgerecht recycelt wird, der irrt! Von sogenannten offenen Deponien, wie es sie in vielen Ländern noch gibt, bläst der Wind große Mengen an Plastik davon, auch dieses Plastik landet schließlich wieder in den Flüssen und Weltmeeren.

Ursache Mensch:
– Industrie
– Landwirtschaft
– offene Deponien
– Privatpersonen

Jetzt denkst du vielleicht: „Der Pazifik ist doch weit weg! Was geht mich das an?" Doch es geht uns alle an, Der Müll ist längst auch schon vor unserer Haustür angekommen, nämlich in der Ost- und Nordsee. Das Müllproblem wird das Problem unserer Generation sein, denn jedes Jahr sterben unzählige Tiere an den Folgen der Verschmutzungen. Fische verwechseln winzige Plastikteile mit Futter und verhungern oft mit vollem Magen. Über die Fische gelangt das Plastik mit seinen Giftstoffen auch auf unsere Teller. Und sterben Tiere und Pflanzen, so sterben auch wir Menschen.

Folgen für Mensch, Pflanzen- und Tierwelt

Was kannst du tun?

Plastikmüll vermeiden, wo immer es geht!

Tipps und Ideen zur Müllvermeidung

- Im Supermarkt sind viele Produkte unnötigerweise in Plastik verpackt. Schau nach Alternativen und unverpackten Lebensmitteln. Verzichte, wo immer möglich, auf Wegwerfverpackungen.
- Vermeide „To-go"-Produkte oder nimm deinen eigenen Mehrweg-Kaffeebecher mit.
- Plane deine Einkäufe und nimm eine eigene Tasche mit. Plastiktüten kosten Geld und schaden der Umwelt enorm.
- Kaufe Mehrwegflaschen und verzichte auf Plastik-Pfandflaschen.
- Trenne deinen Müll und hilf so, wertvolle Rohstoffe zu recyceln.

Mach mit und setze diese einfachen Tipps in deinem Alltag um. Es geht um unsere Zukunft und um unsere Gesundheit!

Schluss
Aufforderung zum Handeln

Es ist unsere Aufgabe, das Müllaufkommen drastisch zu senken.

2. ✎ **Hinweis:** *Verdeutliche in diesem kurzen Text deinen Standpunkt, indem du bewusst zustimmst oder widersprichst und begründe deine Meinung. Beziehe auch gerne Informationen aus dem Lesetext und dem Schaubild mit ein. Schreibe mindestens 60 Wörter.*

Plastikmüll belastet unsere Umwelt enorm. Um dem entgegenzuwirken, ist es seit einiger Zeit in Kaufhäusern verboten Plastiktüten kostenlos anzubieten. Mit dieser Regelung soll Kunststoffmüll verringert und die Umwelt geschont werden.

Hinführung zum Thema: Verbot von kostenlosen Plastiktüten

Diese Regelung halte ich für sinnvoll, denn viele Menschen überlegen seitdem, ob sie wirklich eine Plastiktüte mitnehmen oder sich lieber das Geld sparen. Wenn etwas kostenlos ist, greift man selbstverständlich leichter zu und nimmt die Tüte gedankenlos mit. Kostet eine Plastiktüte allerdings Geld, führt es eventuell dazu, dass die Menschen sich diesen Betrag sparen wollen und lieber eine Tragetasche von zu Hause mitbringen. Im

Darstellung des eigenen Standpunktes:
Verbraucher wird durch kostenpflichtige Tüten zum Nachdenken angeregt

| Offizielle Musterprüfungen für den neuen Quali | 177 |

besten Fall wird den Menschen darüber hinaus klar, dass es nicht um die wenigen Cents geht, die eine Plastiktüte kostet, sondern darum, Plastikmüll zu vermeiden.
Da auch in Deutschland der Pro-Kopf-Verbrauch an Plastiktüten sehr hoch ist (79 Tüten pro Jahr), führt diese Regelung hoffentlich zu einer entsprechenden Reduzierung. Dies wiederum hätte zur Folge, dass zukünftig weniger Plastikmüll im Meer landet.

Bezug zu M 3

3. ✏ **Hinweis:** *Überlege, wie sich das Müllproblem wohl in 30 Jahren darstellt. Haben es die Menschen geschafft, es in den Griff zu bekommen, oder nicht? Welche Konsequenzen hätte das auf die Umwelt an deinem Urlaubsort? Schreibe deinen Tagebucheintrag aus der Ich-Perspektive und beschreibe anschaulich, wie du dir die Umwelt zu diesem Zeitpunkt vorstellst. Verwende auch ein sprachliches Bild, umgangssprachliche Wendungen oder setze die Wiederholung von Wörtern gezielt ein. Du kannst bei dem Tagebucheintrag eine Anrede- und Grußformel verwenden, das ist dir selbst überlassen. Schreibe mindestens 180 Wörter*

Liebes Tagebuch, 17. August 2050

Anrede, Datum

endlich Sonne, Sommer, Strand und Meer! Nach diesem anstrengenden Schuljahr habe ich mir das echt verdient! Und es ist so schön hier. Das Wasser ist ganz türkisblau und der Sand strahlend hell und sauber.

Einführung in die Situation
Ich-Perspektive

Mama erzählt immer vom Urlaub vor 30 Jahren. Da war das Meer noch ganz verdreckt und am Strand ist man immerzu in Plastikteile getreten, ständig hat sich jemand am Fuß verletzt. Wie blöd das doch damals war! Zu dieser Zeit sind auch haufenweise Fische gestorben, weil sie winzige Plastikkügelchen für Futter gehalten und gefressen haben. Opa war mal beim Tauchen. Vor lauter Plastikmüll konnte er gar keine Fische sehen. Überall schwammen Plastiktüten aus dem Supermarkt herum. Sie haben sich um sein Bein gewickelt und er hatte Mühe, überhaupt etwas zu sehen.

Gedanken und Gefühle

sprachliches Bild

Zum Glück haben die Menschen nicht so weitergemacht und eingesehen, dass sie auf die Umwelt achten müssen. Seit vielen Jahren gibt es keine Plastiktüten mehr und auch sonst hat man den ganzen Verpackungs-

Wechsel der Zeitform

müll ersetzt und nimmt jetzt wiederverwertbare Materialien. Vor 30 Jahren waren „Unverpackt"-Läden noch etwas ganz Seltenes! Jetzt gibt es sie nur noch. Ich muss immer meine eigene Verpackung zum Einkaufen mitnehmen. Aber auch sonst hat sich ja alles geändert. Heutzutage achten wir auf die Umwelt, essen weniger Fleisch und sparen Ressourcen, wo es nur geht!

Ich bin jedenfalls froh, dass ich den Strand und das Meer *kurzes Fazit* genieße kann. Nicht auszudenken, wenn die Menschen im Jahr 2021 nicht umgedacht hätten ...

Aufgabengruppe II

1. **Hinweis:** *Du sollst eine Science-Fiction-Geschichte schreiben, bei der es sich zugleich um eine Kriminalgeschichte handelt. Wenn du eine Geschichte erzählen sollst, geht es immer darum, ein Ereignis oder eine Handlung auf anschauliche und unterhaltsame Weise darzustellen. Halte in einem Schreibplan deine Überlegungen bezüglich Figuren, Handlungen, Komplikationen und einer möglichen Lösung deiner Geschichte fest. Thematisch sollte sich deine Geschichte mit der ungelösten Müllproblematik auseinandersetzen.*
   Beachte Folgendes:
   - *Lege die **Erzählperspektive** fest. Überlege also, aus wessen Sicht du erzählen willst. Du kannst in der Ich-Form schreiben oder die Er-Form (3. Person) verwenden. Wichtig ist, dass du bei der einmal gewählten Perspektive bleibst.*
   - *In der Regel schreibt man Geschichten im **Präteritum** (Vergangenheit), aber auch das Präsens ist möglich. Auch hier gilt: Bleibe bei der einmal gewählten Zeitform.*
   - *In der **Einleitung** solltest du kurz die Ausgangssituation beschreiben sowie den Handlungsort und die Figuren nennen.*
   - *Im **Hauptteil** baust du Spannung auf. Mit dem **Höhepunkt** kommt es zur Auflösung des Problems, anschließend folgt ein kurzer **Schluss**. Gliedere deinen Text in sinnvolle Abschnitte.*
   - *Gehe auf die **Gedanken und Gefühle** deiner Hauptfigur ein. Was denkt sie, was fühlt sie?*
   - *Indem du **wörtliche Rede** verwendest, gestaltest du deine Erzählung lebendig.*
   - *Vergiss nicht, eine **Überschrift** für deine Geschichte zu finden, die neugierig macht.*

Schreibplan:

Hauptteil
- Kommissar ermittelt
- Laboruntersuchungen
- Entsorgungsfirma „Cocoschka"
- Gespräch zwischen Mitarbeitern führt zur Aufklärung

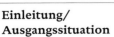

Einleitung/ Ausgangssituation
- Schildkröte Fridolin verschluckt Plastik und stirbt

Erzähltext

Schluss
- gerechte Strafe für die Umweltsünder

Todesfalle Plastikmüll

Es war das Jahr 2050. Im tiefen, blauen Meer schwamm die Schildkröte Fridolin mit ihren Freunden zwischen den Korallen hin und her. Hungrig entdeckte Friedolin einen Schwarm Quallen und stürzte sich auf sie. Genüsslich fraß er sich satt. Doch plötzlich spürte er etwas Seltsames im Hals. Blut strömte aus einer Wunde und färbte das Wasser rot. Die Schildkrötenfreunde wichen erschrocken zurück, sie konnten nichts mehr für ihn tun. Leblos sank Fridolin zu Boden.

Drei Wochen später:

Sommerferien – Jonas und seine Eltern waren endlich an ihrem Urlaubsort angekommen und Jonas wollte natürlich als Erstes zum Strand, um eine Sandburg zu bauen. Emsig buddelte er im feinkörnigen, von den Sandrobotern frisch gereinigten Sand. Je tiefer er grub, desto feuchter und schwerer wurde der Sand. Plötzlich stieß er auf etwas Hartes – was konnte das sein? Eine Schatzkiste vielleicht? Voller Aufregung schippte Jonas Schaufel um Schaufel Sand aus dem Loch heraus. Dann erschrak er fürchterlich, er machte eine grausige Entdeckung: Vor ihm lag eine tote Meeresschildkröte, wahrscheinlich angespült aus dem Meer. Aus ihren Nasenlöchern ragte etwas heraus, das man nicht richtig erkennen konnte. Weinend lief Jonas zu seinem Vater: „Sieh mal Papa, was ich gefunden habe! Diese tote Schildkröte. Es steckt etwas in ihrer Nase!" Jonas' Vater, Kommissar Maier von der Sonderabteilung Müllkriminalität, hatte sofort einen Verdacht. Nicht nur in der Nase, auch im Maul der Schildkröte entdeckte der Polizist Stücke von Plastikmüll. Sofort sicherte er die Beweisstücke und schickte die tote Schildkröte per Schnelldrohne zur weiteren Untersuchung in das zuständige Labor. Liebevoll tröstete er Jonas: „Ich verspreche dir, dass wir diejenigen finden, die für den Tod der Schildkröte verantwortlich sind!".

---

passende Überschrift

Einleitung
Darstellung der Ausgangssituation
Ort und Zeit der Handlung
Zeitform: Präteritum

Hauptteil
Figuren

Science-Fiction: technische Neuerung der Zukunft

Spannungsaufbau

Gedanken und Gefühle der Hauptfigur

wörtliche Rede

Vater ist Kommissar bei Sonderabteilung Müllkriminalität

Science-Fiction: technische Neuerung der Zukunft
wörtliche Rede

Im Labor fanden die zuständigen Beamten eine Menge Plastik in Maul und Magen der Schildkröte. Auf einem größeren Stück entdeckten sie bei genauerer Untersuchung mit der Nano-Lupe sogar einen Schriftzug: „Entsorgungsfirma Cocoschka". Noch am selben Tag machte sich Kommissar Maier mit seinem Team auf den Weg zu dieser Firma. Unauffällig näherten sie sich dem Firmengebäude und belauschten ein Gespräch zwischen zwei Männern, die dort standen. „Klaus, wir müssen damit aufhören, den ganzen Müll ins Meer zu schmeißen! Diese neue Ladung hier enthält besonders viele Giftstoffe. Denk doch an die Tiere und Pflanzen! Außerdem habe ich neulich Stranddrohnen über der Bucht kreisen sehen, die werden uns noch auf die Schliche kommen! Sein Kollege erwiderte muffig: „Ach, die Tiere interessieren mich kein bisschen. Mittlerweile kannst du doch alle Tiere durch Roboter ersetzen. Wozu brauchen wir denn noch echte? Weißt du eigentlich, wie teuer es ist, das Plastik fachgerecht zu entsorgen? Da könnten wir uns keinen Porsche mehr leisten." Los, kipp das Zeug ins Meer!

Die Beamten hatten genug gehört. Sie nahmen die beiden Männer fest. Unter Tränen gestand der eine der Mitarbeiter, dass sie jahrelang Plastikmüll ins Meer geworfen hatten, anstatt es wie vorgesehen zu recyceln.

Ein Richter verurteilte die beiden zu einer hohen Geldstrafe und hundert Arbeitsstunden, die sie beim Müllsammeln am Strand ableisten mussten.

Zufrieden kehrte Kommissar Maier zurück zu Jonas und berichtete ihm von seinem Erfolg. Gemeinsam genossen sie den restlichen Urlaub am Meer.

Spannungsaufbau

Science-Fiction: technische Neuerung der Zukunft

Steigerung der Spannung

sprachliches Bild

Science-Fiction

Höhepunkt: Festsetzung der Kriminellen, Lösung des Falls

Strafe für Umweltsünder

Schluss

2. ✎ **Hinweis:** *Anhand von zwei Beispielen sollst du erläutern, was du ganz persönlich für den Umweltschutz tun kannst. Beginne deinen Text mit einer kurzen Einleitung. Überlege, wie du in deinem Alltag die Umwelt schützen kannst. Erkläre genau, was du tun und was du damit erreichen kannst. Achte darauf, vollständige Argumente zu formulieren (Behauptung, Begründung, Beispiel). Beende deinen Text mit einem kurzen Fazit. Schreibe mindestens 120 Wörter.*

Umweltschutz geht uns alle an! Auch, wenn wir die Müllberge im Pazifischen Ozean nicht sehen, so haben sie doch Auswirkungen auf unser jetziges und zukünftiges Leben. Über unsere Nahrung nehmen wir die Plastikteile wieder auf und schaden uns selbst. Müllvermeidung sollte eines unserer wichtigsten Ziele sein, aber es gibt noch mehr Dinge, die wir tun können, um nachfolgende Generationen zu schützen.	**Einleitung** *Umweltschutz betrifft jeden Einzelnen*
Natürliche Ressourcen sparen ist einfach umzusetzen im Alltag und schont die Umwelt langfristig. Wassersparen ist wichtig, denn ein großes Umweltproblem unserer Zeit ist die Wasserknappheit. Duschen anstatt baden spart enorm viel Wasser. Zusätzlich sollte man möglichst kurz duschen oder sogar beim Einseifen das Wasser abdrehen. Wer einen Garten hat, kann zum Bewässern Regenwasser in einer Tonne auffangen und so direkt viel Wasser sparen. Besonders wassersparsam ist es aber auch, wenn man weniger Rindfleisch isst. Denn ein Rind verbraucht während seiner kurzen Lebenszeit enorm viel Wasser.	**Hauptteil** *1. Beispiel natürliche Ressourcen sparen, z. B. Wasser*
Umweltschutz lässt sich auch über die Ernährung umsetzen. Bei der Wahl der Lebensmittel ist es einfach, auf regionale und saisonale Produkte zu achten. Regional hergestellte Produkte haben einen kurzen Transportweg und sparen auf diese Weise viel CO2 ein. Äpfel zum Beispiel können auch in Deutschland angebaut werden und müssen nicht von Neuseeland importiert werden; ein CO2-Ausstoß, der sich vermeiden lässt.	*2. Beispiel regionale Lebensmittel kaufen*
Viele kleine Veränderungen, die aber in der Summe eine große Wirkung haben, lassen sich bequem in unseren Alltag einbauen und problemlos umsetzen.	**Fazit** *viele kleine Umweltschutzmaßnahmen haben große Wirkung*

Offizielle Musterprüfungen für den neuen Quali | 183

3. ✎ **Hinweis:** *Beginne deine E-Mail mit einer Anrede, gefolgt von einer Einleitung, welche zu deinem Thema hinführt. Im Hauptteil stellst du dann dein Wissen zum Thema Müllentsorgung und Recycling vor. Hier musst du auch eigenes Wissen zum Thema Mülltrennung mit einbringen. Du kannst dich, wo möglich, auch auf den Lesetext und die dazugehörige Statistik beziehen. Beende deine E-Mail mit einer passenden Abschiedsformel. Schreibe mindestens 120 Wörter.*

Liebe Elena,   *Anrede*

diese Woche beginnt unser gemeinsames Projekt zum   **Einleitung**
Thema „Müllverwertung". Wie macht ihr das in Frank-   *Hinführung zum*
reich? Schick mir doch ein paar Informationen, dann   *Thema*
kann ich sie in der Schule vorstellen.

Ich erkläre dir heute schon mal, wie wir das hier in   *Überleitung*
Deutschland so machen.

Bei mir zu Hause gibt es viele Mülleimer ☺. Wir tren-   **Hauptteil**
nen unseren Müll nach Plastik, Glas, Papier, Bio- und   *Informationen zur*
Restmüll. Für das alles gibt es jeweils einen eigenen   *Mülltrennung in*
Behälter. Papier- und Plastikmüll sowie das Altglas   *Deutschland*
bringen wir am Samstagvormittag immer zu den Con-
tainern. Diese Rohstoffe werden nämlich in großen
Sammel-Containern, die an verschiedenen Stellen in
der Umgebung aufgestellt sind, zusammengetragen.
Von dort werden sie dann zum Recycling abgeholt.

Der Plastikmüll wird zuvor zu Hause in gelben Säcken   *Informationen zum*
gesammelt. Da muss man aber genau aufpassen, was   *Recycling von*
man reinschmeißt. Es dürfen nur bestimmte Verpa-   *Plastikmüll ...*
ckungen in den gelben Sack, z. B. Plastikfolien, Joghurt-
becher, Milchkartons, aber auch Konserven und Geträn-
kedosen. Was alles hineindarf, ist auf den Säcken vorne
aufgedruckt. Es dürfen zum Beispiel keine Essensreste
mit hinein. Die kommen nämlich in den Biomüll. Der   *und Biomüll*
wird auch extra abgeholt und wiederverwertet.

Die übrigen Abfälle gehören in den Restmüll – das ist   *Restmüll*
aber nicht mehr sehr viel.

In Deutschland gibt es inzwischen auch ganz viele Pro-   *neue Produkte aus*
dukte, die aus altem Material entstehen. In Supermärk-   *recyceltem Material*
ten gibt es beispielsweise Einkaufstaschen oder Sham-
pooflaschen aus recyceltem Plastik.

Ich bin gespannt, ob ihr in Frankreich auch so ein System habt, und freue mich, bald von dir zu hören.

Schlusssatz

Viele Grüße

Deine Laura

Abschiedsformel,
Unterschrift

► Lösungen
Abschlussprüfungs-
aufgaben

Qualifizierender Abschluss der Mittelschule – Deutsch 2019 | 2019-1

Abschlussprüfung 2019

Teil A: Sprachbetrachtung

1. *Hinweis:* Bei der Bildung des Präteritums von starken Verben verändert sich der Stammvokal: Aus „bekommen" wird hier „bekam". Das Verb „verschweigen" wird zu „verschwiegen". Achte darauf, hier die Pluralendung „-en" anzufügen, weil du das Verb an das Subjekt „Eltern" anpassen musst.

   Zu seinem Geburtstag **bekam** Tim ein neues Smartphone.

   Seine Eltern **verschwiegen** ihm diese Überraschung.

2. *Hinweis:* Suche im Text nach Adjektiven, die im Komparativ (Vergleichsstufe) oder Superlativ (Höchststufe) stehen, und setze sie in ihre Grundform. Achte dabei darauf, dass es auch unregelmäßige Adjektive gibt (z. B. gut – besser – am besten).

   - gut
   - hoch
   - passend
   - scharf

3. *Hinweis:* Das flektierte Verb „Hält" hilft dir beim Aufbau des Fragesatzes, da dir die Großschreibung des Verbs zeigt, dass es am Satzanfang stehen muss. Anschließend bringst du die restlichen Wörter in die richtige Reihenfolge. Achte dabei darauf, sie nicht zu verändern.

   Hält der neue Akku deines Smartphones länger als zwölf Stunden?

4. *Hinweis:* Alle Wortarten, die du im Text bestimmen sollst, kannst du mithilfe der folgenden charakteristischen Merkmale identifizieren:
   - Das Wort „zwei" meint eine Zahl, folglich handelt es sich um ein Zahlwort bzw. ein Numerale.
   - Das Wort „eines" steht hier vor einem Substantiv und ist demnach ein unbestimmter Artikel.
   - Das Wort „informieren" gibt Auskunft darüber, was die meisten Besitzer eines Smartphones **tun**. Es ist somit ein Verb.
   - Das Wort „in" ist eine Präposition, die das Verhältnis zwischen zwei Wörtern ausdrückt. Sie gibt hier an, wo die Befragten einkaufen.

Wort	Wortart
zwei	Numerale/Zahlwort
eines	unbestimmter Artikel/Begleiter
informieren	Verb/Zeitwort
in	Präposition/Verhältniswort

5. **Hinweis:** *Die zutreffende übertragene Bedeutung erschließt sich dir relativ rasch, wenn du zu jeder Redewendung die angebotenen Möglichkeiten aufmerksam durchliest und die jeweiligen Aussagen in Beziehung zueinander setzt.*
Für jedes richtig gesetzte Kreuz wird ein halber Punkt vergeben. Beachte, dass du pro Redewendung nur <u>ein</u> Kreuz setzen darfst. Andernfalls wird die Teilaufgabe mit null Punkten bewertet.

wie ein Buch reden	☐ Fachsprache verwenden
	☒ ununterbrochen reden
	☐ sich sehr gut auskennen
	☐ über Gelesenes sprechen
den Faden verlieren	☐ die Umgebung nicht mehr kennen
	☐ kaputte Kleidung tragen
	☐ den Freundeskreis wechseln
	☒ plötzlich nicht mehr weiterwissen
etwas in Kauf nehmen	☐ sehr viel Geld auf einmal ausgeben
	☐ Geliehenes nicht zurückgeben
	☒ Unangenehmes akzeptieren
	☐ keine Schulden machen
hinter dem Mond leben	☒ wirklichkeitsfremd sein
	☐ an Aliens glauben
	☐ im Dunkeln leben
	☐ nachts schlafwandeln

Qualifizierender Abschluss der Mittelschule – Deutsch 2019

Teil B: Rechtschreiben

1. **Hinweis:** *Lies dir den Text genau durch und suche die falsch geschriebenen Wörter. Korrigiere diese dann mithilfe der gelernten Rechtschreibstrategien. Wenn du dir bei der Schreibung einzelner Wörter unsicher bist, schlage sie auch im Wörterbuch noch einmal nach.*
   - *registrieren: Verben auf „-ieren" schreibt man immer mit „ie".*
   - *persönliche: Bei diesem Wort handelt es sich um eine Ableitung von „Person". Es wird folglich ohne „Dehnungs-h" geschrieben. Im Gegensatz dazu: „Sohn", „versöhnlich".*
   - *Platz: Es handelt sich um ein Nomen, das du großschreiben musst.*
   - *Medienpädagogik: Die falsche Endung wirst du beim Lesen wahrnehmen, da dir das Wort „Pädagogik" sicher schon häufig begegnet ist. Wenn du dir unsicher bist, kannst du zusätzlich im Wörterbuch nachschlagen. Es handelt sich um ein Wort, das man sich einprägen muss.*

   - registri**e**ren
   - persönliche
   - **P**latz
   - Medienpädagogi**k**

2. **Hinweis:** *Sieh dir die Wörter genau an und sprich sie für dich selbst auch ein paar Mal deutlich aus. Dann greifst du auf die dir bekannten Rechtschreibstrategien zurück.*
   Die ersten beiden Wörter sind nominalisierte Adjektive und werden somit großgeschrieben. Die vorangestellten Signalwörter „etwas" und „nichts" weisen darauf hin.
   Bei den drei Verben wird nach kurzem, betontem Vokal der jeweils folgende Konsonant verdoppelt. Die Trennung nach Silben kann dir eine weitere Hilfe sein.

Beispielwörter	Rechtschreibstrategie
etwas <u>G</u>utes, nichts <u>S</u>chlimmes	Ich achte auf die Signalwörter. Die Signalwörter zeigen, dass die Adjektive hier als Nomen verwendet werden.
bi<u>tt</u>en, e<u>ss</u>en, ko<u>mm</u>en	Nach kurz gesprochenem Vokal folgt ein Doppelkonsonant. *oder:* Ich trenne die Wörter nach Silben. So wird der Doppelkonsonant „hörbar".

2019-4 Qualifizierender Abschluss der Mittelschule – Deutsch 2019

3. **Hinweis:** Lies die Sätze aufmerksam durch, um die falsch geschriebenen Wörter aufzu-
spüren. Die gängigen Rechtschreibstrategien helfen dir bei der Suche nach den Fehlern.
a) Im ersten Satz muss das Wort „Folgen" als Pluralform des Nomens großgeschrieben werden. Das Wort „Ernährungsmangel" wird vom Wort „Nahrung" abgeleitet. Es wird dem-
entsprechend mit „ä" geschrieben und ist deshalb im zweiten Satz nicht korrekt.
b) Verben auf „-ieren" schreibt man immer mit „ie". Deshalb ist das Wort „informieren" im
zweiten Satz nicht richtig geschrieben. Beim Wort „jeder" im dritten Satz handelt es sich
um ein Pronomen. Deshalb muss es kleingeschrieben werden.
*Beachte, dass es keine Punkte auf die jeweilige Teilaufgabe gibt, wenn du mehr als ein Kreuz
setzt.*

a)

☐	Zu wenig Schlaf, kaum Bewegung und Ernährungsmangel können folgen des Internetkonsums sein.
☐	Zu wenig Schlaf, kaum Bewegung und Ernehrungsmangel können Folgen des Internetkonsums sein.
☒	Zu wenig Schlaf, kaum Bewegung und Ernährungsmangel können Folgen des Internetkonsums sein.

b)

☒	Fast jeder verbringt täglich Zeit im Internet, um sich zu informieren und Bankgeschäfte abzuwickeln.
☐	Fast täglich verbringt jeder Zeit im Internet, um sich zu informiren und Bankgeschäfte abzuwickeln.
☐	Fast Jeder verbringt täglich Zeit im Internet, um Bankgeschäfte abzuwickeln und sich zu informieren.

4. **Hinweis:** Lies den Satz langsam und aufmerksam durch. Setze im Aufgabenblatt nach jedem Wort einen Schrägstrich in der Buchstabenschlange. Wenn du nun die Rechtschreibstrategien zur Groß- und Kleinschreibung anwendest, kannst du alle Nomen rasch aufspüren.
Diese schreibst du groß. Alle übrigen Wörter werden kleingeschrieben. Vergiss nicht, das
Komma und den Punkt zu setzen.
*Für jeden Fehler, dazu zählen auch Abschreib- und Trennungsfehler, wird ein halber Punkt ab-
gezogen. Gleiches gilt für eine falsche Zeichensetzung, fehlende i-Punkte und Umlautzeichen.*

Wenn die Eltern den Computer zum Ausspionieren nutzen, schränkt das
die Jugendlichen stark in ihrer Privatsphäre ein.

Qualifizierender Abschluss der Mittelschule – Deutsch 2019

2019-5

Teil C: Schriftlicher Sprachgebrauch

Text 1

1. *Hinweis: Lies den Text aufmerksam durch und notiere dir am Rand zentrale Aussagen. Achte vor allem darauf, wann jeweils ein neuer Gedanke beginnt. So kannst du den Text in Sinnabschnitte unterteilen, die es dir erleichtern, ihn anschließend in wenigen Sätzen wiederzugeben. Beginne mit einem einleitenden Satz, in dem du Textsorte, Titel und Autor nennst und kurz das Thema der Erzählung wiedergibst. Schreibe die Zusammenfassung im Präsens.*

In der vorliegenden Erzählung „Der Filmstar und die Eisprinzessin" von Werner Färber lässt uns der Autor am Reisegeschehen des Mädchens Caro teilhaben, das zum ersten Mal alleine mit der Bahn nach Berlin fährt. Caros überbesorgte Mutter bringt sie zum Bahnsteig und bittet den Zugbegleiter, ein wachsames Auge auf ihre Tochter zu haben. Caro ist das mehr als peinlich. Im Zugabteil lernt sie Benny, einen etwa gleichaltrigen Jungen, kennen und die beiden kommen rasch ins Gespräch. Den wahren Grund ihrer Reise – beide besuchen ihre Großeltern in Berlin – verschweigen sie sich jedoch gegenseitig. Stattdessen erfindet jeder von ihnen eine Geschichte: Benny behauptet, er müsse zu Dreharbeiten nach Berlin und Caro gibt an, zum Leistungstraining im Eiskunstlauf zu fahren. Zumindest Caro scheint das Ganze sehr früh durchschaut zu haben, sie sagt aber nichts. Die beiden Jugendlichen sind sich sympathisch, sie unterhalten sich gut und kaum ist Caro bei ihrer Oma angekommen, ruft Benny bereits an. Sie verabreden sich zum Kinobesuch, und lachen gemeinsam über ihre kleinen Schwindeleien, die sie sich jetzt gestehen.

2. *Hinweis: Sprachliche Bilder dienen dazu, bestimmte Aussagen für den Leser oder Zuhörer besonders anschaulich zu machen. Dabei steht der wörtlichen Bedeutung, die leicht zu verstehen ist, immer auch eine übertragene gegenüber, die du im Textzusammenhang sehen musst und mit eigenen Worten erklären sollst. Wenn du dich in die im Text beschriebene Situation gedanklich hineinversetzt, also in die Rolle von Caro schlüpfst und nachempfindest, wie sie sich in dieser Situation fühlt, kann dir das sicher eine Hilfe bei deiner Erklärung sein.*

Würde man tatsächlich im Boden versinken, wäre man weg bzw. unsichtbar. Die Mutter meint es sicher gut, wenn sie den Zugbegleiter vor Caros Reise genau informiert und alles unternimmt, damit ihre Tochter sicher bei ihrer Oma ankommt. Allerdings ist es auch verständlich, dass Caro das überbesorgte Verhalten ihrer Mutter sehr peinlich ist. Sie schämt sich deshalb und würde „am liebsten im Boden versinken", also verschwinden oder unsichtbar sein.

3. ✒ **Hinweis:** *Schon beim ersten Durchlesen des Textes hast du sicher erkannt, dass Caro und Benny sich am Anfang ihrer Begegnung gegenseitig etwas vorspielen. Vertiefe dich, so gut es geht, in den Text und mache dir vor allem das Geschehen auf dem Bahnhof und die erste Begegnung im Abteil bewusst. Was fühlen und denken Caro und Benny, welche Reaktionen hat das jeweils zur Folge?*
Beachte die Anweisungen bei den einzelnen Teilaufgaben: Bei der ersten Aufgabe reicht es, stichpunktartig zu antworten. Der Arbeitsauftrag „erkläre" (Aufgabe 3 b) verlangt hingegen eine schlüssige Darlegung in ganzen Sätzen. Bei der dritten Teilaufgabe geht es darum, deine eigene Meinung deutlich zu machen und diese mit Gründen zu belegen.

a) Caro und Benny ...
   - halten den eigentlichen Grund ihrer Reise für langweilig.
   - möchten ihre neue Bekanntschaft beeindrucken.

   Auch möglich:
   - wollen sich interessanter machen, als sie wirklich sind.
   - finden das überbesorgte Verhalten ihrer Mütter peinlich.
   - wollen sich „cool", witzig und unterhaltsam geben.

b) Während sich Benny unwissend gibt, wird Caro aufgrund der Äußerung des Zugbegleiters plötzlich klar, dass auch Benny offenbar eine peinliche Abschiedsszene mit seiner Mutter erlebt hat.

   Auch möglich:
   Hatte sie bereits anfangs gezweifelt, so ist sich Caro nun sicher, dass Benny kein Schauspieler ist und mit Schauspielerei wahrscheinlich gar nichts zu tun hat.

c) Ganz sachlich betrachtet haben sich Caro und Benny gegenseitig angelogen. Eigentlich müssten sie beide beleidigt sein und es dem jeweils anderen übel nehmen, dass er eine Geschichte erfunden hat, um Eindruck zu schinden. Caro hat Benny nach der Äußerung des Zugbegleiters allerdings schnell „durchschaut" und erkannt, dass es ihm nicht anders geht als ihr. Sie sitzen also gewissermaßen im gleichen Boot und noch dazu verstehen sie sich sehr gut und entdecken während der Zugfahrt viele gemeinsame Interessen. Ich kann es deshalb gut verstehen, dass Benny und Caro nicht verärgert sind, sondern gemeinsam über ihre Schwindeleien lachen. Schließlich haben beide gelogen und niemand hat dadurch einen Schaden erlitten. Sowohl Caro als auch Benny ist sicher bewusst, dass die für sie peinlichen Abschiedsszenen der Grund für ihre Übertreibungen waren.

Qualifizierender Abschluss der Mittelschule – Deutsch 2019

4. *Hinweis:* Lies dir zunächst die Frage zu Teilaufgabe a und den Text des Materials M 1 aufmerksam durch. Er gibt dir alle für die Beantwortung notwendigen Informationen vor. Übernimm sie aber nicht wörtlich, sondern begründe deine Antwort mit eigenen Worten auf der Basis von M 1. Bei Aufgabe b wird der angesprochene Zusammenhang ebenfalls rasch deutlich, wenn du Material M 2 vorab liest und dann mit den im Text beschriebenen Maßnahmen, die Caros Mutter getroffen hat, vergleichst. Was hat sie berücksichtigt, was wird in der Erzählung nicht erwähnt?

a) Weder der Zugbegleiter noch ein anderer Mitarbeiter der Bahn können die Verantwortung für alleinreisende Kinder übernehmen. Da die Bahn ein sogenanntes offenes System ist, kann jeder Reisende an jeder Haltestelle der Strecke aus- oder einsteigen. Das birgt Gefahren. Wenn ein Kind alleine reist, liegt daher die Verantwortung für dessen Sicherheit und Wohlergehen ausschließlich bei den Erziehungsberechtigten.

b) Ob Caros Mutter die „Tipps und Tricks für alleinreisende Kinder" der Bahn vor der Reise ihrer Tochter gelesen hat, erschließt sich aus der Erzählung nicht. Die Empfehlung, eine schriftliche Vollmacht mit der nachdrücklichen Erlaubnis zur alleinigen Reise in den Rucksack zu stecken, und das Thema Smartphone werden in dem Text zumindest nicht erwähnt. Allerdings hat die Mutter den Kofferanhänger mit der Anschrift und Telefonnummer der Großmutter versehen. Außerdem spricht sie zwar nicht den Sitznachbarn an, wie von der Bahn empfohlen, dafür jedoch den Zugbegleiter. Ihn bittet sie darum, ein wachsames Auge auf Caro zu haben. Insgesamt erfüllt Caros Mutter also einige der Tipps, jedoch nicht alle.

5. *Hinweis:* Du sollst aus der Sicht des Jungen oder des Mädchens Gedanken zu den zurückliegenden Geschehnissen und dem verabredeten Kinobesuch formulieren. In einer E-Mail an eine Freundin bzw. einen Freund bringst du diese zum Ausdruck. Das gelingt dir besonders gut, wenn du dich in eine dieser Personen hineinversetzt und ihre Rolle übernimmst. Dabei bietet dir diese offene Schreibform die Möglichkeit, deine Gedanken relativ frei zu formulieren, allerdings gibt dir die Handlung im Text auch den Weg vor. Schreibe auf, wie das Erlebte auf Caro bzw. Benny wirkt und welche Gefühle es in ihnen auslöst, auch mit Blick auf den bevorstehenden Kinobesuch. Schreibe in der Ich-Form.

Hi Tina,

du weißt ja, dass ich für ein paar Tage bei meiner Oma in Berlin bin. Aber du wirst nicht glauben, was ich bis jetzt schon erlebt habe. Eben hat mich Benny angerufen. Den kennst du natürlich nicht – ich kannte ihn vor meiner Bahnfahrt auch nicht. Aber da muss ich ein wenig ausholen: Vor der

Abfahrt auf dem Bahnsteig habe ich mich wie ein kleines Kind gefühlt. Mama hat dem Zugbegleiter die ganze Geschichte zu meiner Bahnfahrt erzählt und ihn um Hilfe gebeten, weil ich ja zum ersten Mal alleine unterwegs war. Sie wollte ernsthaft, dass er auf mich schaut! Wie peinlich! Am liebsten wäre ich im Boden versunken. Als ich dann im Zug saß, hat sich ein Junge gegenüber von mir hingesetzt: Benny. Er wollte gleich wissen, wie ich heiße und wo ich hinfahre. Für diese Fragerei war ich eigentlich noch gar nicht in der richtigen Stimmung. Aber wir kamen dann doch ins Gespräch und er sagte mir, dass er für Dreharbeiten nach Berlin müsse. Ein Filmstar, den ich hätte kennen müssen, war er aber definitiv nicht. Trotzdem konnte ich schlecht mit einem Besuch bei Oma punkten und deshalb habe ich ihm spontan erzählt, dass ich zum Leistungstraining im Eiskunstlauf nach Berlin müsse. Mitten im Sommer! Aber mir ist auf die Schnelle nichts Besseres eingefallen. Ich glaube, er hat mir das schon zu diesem Zeitpunkt genauso wenig abgenommen, wie ich ihm seine Tätigkeit beim Film. Nachdem der Zugbegleiter dann von unseren aufgeregten Müttern sprach, war mir plötzlich klar, dass Benny am Bahnsteig offensichtlich eine ähnlich peinliche Abschiedsszene mit seiner Mutter hatte wie ich. Naja, irgendwie ist er mir jedenfalls immer sympathischer geworden und wir haben uns im Verlauf der Fahrt noch prima unterhalten und festgestellt, dass wir viele gemeinsame Interessen haben. Und was soll ich sagen: Er sieht noch dazu echt gut aus!

Aber das Verrückteste kommt erst noch: Kaum war ich bei Oma angekommen, hat mich Benny plötzlich angerufen! Kannst du dir das vorstellen? Die Nummer hatte er von meinem Kofferanhänger abgelesen, ohne dass ich es bemerkt hatte. Ich war total überrascht! Er will jetzt in Berlin was mit mir unternehmen. Wahrscheinlich gehen wir ins Kino. Ich bin irgendwie total aufgeregt deswegen und kann kaum mehr an etwas anderes denken. Meine erste Zugfahrt alleine und dann gleich so etwas. Ich kann's echt kaum glauben und bin ziemlich nervös!

Drück uns bitte die Daumen, dass unser Wiedersehen genauso schön wird, wie das Gespräch während der Zugfahrt! Ich melde mich ganz bald wieder.

Fühl dich gedrückt

Caro

Oder:

Hi Flori,

du wirst dich sicher wundern, dass ich dir so schnell schreibe. Schließlich bin ich ja erst seit gestern in Berlin. Aber ich hatte so eine aufregende Zugfahrt, davon muss ich dir einfach erzählen!
Meine Mama und mein kleiner Bruder haben mich zum Bahnsteig begleitet. Und Mama war mal wieder super peinlich. Sie hat sogar den Zugbegleiter gebeten, auf mich aufzupassen. Wie wenn ich erst zehn wäre! Naja, im Zug ist mir gegenüber dann ein Mädchen in meinem Alter gesessen. Sie wirkte genervt, aber ich habe sie trotzdem angesprochen und in ein Gespräch verwickelt, weil sie mir von Anfang an irgendwie gefallen hat. Und da ich nach der peinlichen Szene am Bahnsteig zumindest hier punkten wollte, hab ich ihr aufgetischt, dass ich für Dreharbeiten nach Berlin müsse. Ein totaler Quatsch natürlich, aber ich konnte ja schlecht sagen, dass ich meinen Opa besuche. Ich glaube, sie hat mir das von Anfang an nicht geglaubt. Genauso wenig wie ich ihr geglaubt habe, dass sie zum Eiskunstlaufen nach Berlin fährt. Im Hochsommer! Ich hab das aber einfach mal so stehen lassen, schließlich wollte ich sie nicht bloßstellen. Wir haben dann immer weiter geredet und die Zeit ist wie im Flug vergangen. Was soll ich sagen? Flori, sie ist echt ein tolles Mädchen. So lustig und intelligent! Wir haben uns einfach super unterhalten! Da war mir klar, dass ich sie in Berlin unbedingt wieder treffen muss! Deshalb habe ich mir die Telefonnummer auf ihrem Kofferanhänger eingeprägt. Ich war ganz schön aufgeregt vor meinem Anruf bei Caro und hatte schon Sorge, dass sie meinen Vorschlag, in Berlin gemeinsam etwas zu unternehmen, ablehnen würde. Aber sie war total nett am Telefon! Und wir haben gemeinsam darüber gelacht, dass wir uns im Zug angeschwindelt haben. Caro ist nämlich in Wirklichkeit auch zu ihrer Oma gefahren. Jedenfalls wollen wir in den nächsten Tagen zusammen ins Kino. Echt der Wahnsinn! Ich freu mich riesig darauf! Es ist so ein Glücksfall gewesen, dass ich von meinem Opa nach Berlin eingeladen wurde und dazu noch alleine reisen konnte. Ich bin echt schon gespannt auf unser gemeinsames Kino-Event! Und wer weiß: Vielleicht kann ich sie dir ja, wenn wir zurück sind, als meine Freundin vorstellen!
Dein bester Freund
Benny

6. ✎ **Hinweis:** *Deine Aufgabe ist es, zu verdeutlichen, dass eine frühe Selbstständigkeit (z. B. beim Treffen wichtiger Entscheidungen) auch mit Einschränkungen oder Schwierigkeiten verbunden sein kann. Das sollst du anhand von mindestens zwei Beispielen aufzeigen. Vielleicht hilft es dir, auf dein eigenes Leben zu blicken und zu überlegen, in welchen Situationen es hilfreich gewesen wäre, z. B. die Meinung deiner Eltern einzuholen, anstatt alles selbst zu entscheiden. Beginne mit einer kurzen Einleitung, in der du zum Thema hinführst, und runde deine Ausführungen mit einem kurzen Schlussgedanken ab.*

Für Jugendliche ist es meist erstrebenswert, unabhängig und selbstständig zu sein, also eigene Entscheidungen treffen zu können, ohne ständig Rechenschaft ablegen zu müssen. Viele träumen davon, sich schnell und unkompliziert Wünsche erfüllen zu können, ohne alles vor den Eltern begründen zu müssen.

Einleitung
Selbstständigkeit und Entscheidungsfreiheit – ein Traum vieler Jugendlicher

Doch mit diesen Wünschen können auch Probleme und Schwierigkeiten verbunden sein, die sich oft erst zeigen, wenn man einen genaueren Blick auf verschiedene Lebensbereiche wirft. Denn es gibt Hürden und Grenzen, die die Selbstständigkeit und Entscheidungsfindung erschweren. An einigen Beispielen möchte ich das aufzeigen.

Überleitung
Hürden und Grenzen für die Selbstständigkeit

Gerade bei der Freizeitgestaltung fühlen sich viele Jugendliche von ihren Eltern eingeschränkt. Sie würden gerne länger wegbleiben, ausgehen, wann und wohin sie möchten, und vielleicht auch mal eine Party zu Hause schmeißen. Allerdings kann eine Freizeitgestaltung dieser Art auch problematisch sein, denn nach einer langen Nacht ohne Schlaf spürt man am nächsten Morgen die Müdigkeit und kann seinen Verpflichtungen oft nicht gewissenhaft nachgehen. Bald wird einem unweigerlich klar, dass viele andere Dinge den Tagesablauf ohne Kompromisse diktieren: Schule, Ausbildung, Verpflichtungen in einem Verein oder im Haushalt. Es gehört also viel Vernunft und auch eine gute Planung dazu, seine Freizeit ohne Vorgaben der Eltern zu strukturieren. Immer wieder wird es notwendig sein, Kompromisse einzugehen und auch die Interessen anderer miteinzubeziehen.

Hauptteil
1. Beispiel: Freizeitgestaltung

Ein weiteres Beispiel, an dem deutlich wird, dass es nicht immer leicht ist, komplett selbstständig zu handeln, ist der Umgang mit Geld. Viele Jugendliche kaufen sich von ihrem Taschengeld, von Gespartem oder selbst verdientem Geld z. B. tolle Klamotten, ein aktuelles Handy oder sie schließen einen Vertrag im Fitnessstudio ab. Und wenn auflaufende Rechnungen doch mal höher ausfallen als angenommen, kann ein kleiner „Kredit" bei Verwandten und Freunden das Gewissen beruhigen. Solange man das Geld für alle Zahlungen hat oder schon regelmäßig verdient, wenn man in der Ausbildung steckt, mag das einigermaßen gehen. Doch gerade im finanziellen Bereich gibt es wenig Spielraum für grenzenlose Entscheidungsfreiheit. Für alle Kaufverträge ist ohnedies die Zustimmung der Eltern vor der Volljährigkeit ein Muss und alles, was ich kaufe, muss ich auch bezahlen können. Die Gefahr, Schulden zu machen und schließlich in einer echten Sackgasse zu landen, ist groß. Der reumütige Gang zu den Eltern ist dann der einzige Ausweg und das möchte sicher keiner.

2. Beispiel: Umgang mit Geld

Auch beim Thema Berufswahl kann es zu Problemen kommen, wenn man Ratschläge von Eltern und anderen Erwachsenen verweigert. Wenn der Schulabschluss naht, haben Jugendliche schon viele Jahre berufsorientierenden Unterricht hinter sich und der Wunsch, selbst zu entscheiden, welchen Ausbildungsweg man einschlagen möchte, ist naheliegend. Im Freundeskreis gibt es hier oft Absprachen, schließlich klingt es verlockend, im gleichen Ausbildungsbetrieb wie der beste Freund oder die beste Freundin zu arbeiten. Nicht selten orientieren sich Jugendliche auch an typischen Modeberufen, also an besonders beliebten Ausbildungsberufen, ohne zu bedenken, dass man es dann mit sehr vielen Mitbewerbern zu tun hat. Wichtige Ratschläge der Eltern blendet man eher aus, wenn eine großzügige Ausbildungsvergütung lockt. Der Traum vom gut bezahlten Job, der Sicherheit bietet und viel Freizeit, darf

3. Beispiel: Berufsorientierung

natürlich geträumt werden. Doch kann eine unbedachte, frühzeitige Entscheidung für einen scheinbar attraktiven Beruf später ein böses Erwachen geben. Denn wenn die Ausbildung nicht den persönlichen Stärken oder den Interessen des Azubis entspricht, kommt es oft sogar zu einem Ausbildungsabbruch. Fachlicher Rat, die Erkenntnisse aus dem Unterricht und die Begleitung durch die Eltern können dem vorbeugen und bei der Wahl des richtigen Berufs helfen.

An den Beispielen erkennt man gut, dass die möglichst frühe Selbstständigkeit ohne Einschränkung oft nur schwer zu verwirklichen ist. Trotzdem bin ich der Meinung, dass sich nicht zu unterschätzende Chancen bieten, wenn man schrittweise mehr Vertrauen von den Eltern geschenkt bekommt. Wer schon in jungen Jahren zunehmend selbst entscheidet und verschiedene Dinge des täglichen Lebens eigenverantwortlich organisiert, sammelt Erfahrungen und lernt enorm viel. Das erfordert Ausdauer, Selbstbewusstsein und ein hohes Maß an Verantwortung. Rückschläge werden da nicht ausbleiben. Frühe Selbstständigkeit und die Möglichkeit, eigene Entscheidungen zu treffen, sollten daher die Hilfsangebote der Eltern und Ratschläge erfahrener Dritter nicht ausschließen. Diese können Jugendliche vielmehr bei ihrem Weg in ein selbstständiges Leben unterstützen.

Wertende Stellungnahme und Schlussgedanke
Chancen früher Selbstständigkeit

Qualifizierender Abschluss der Mittelschule – Deutsch 2019

Text 2

1. *Hinweis:* Lies den Text aufmerksam durch. Notiere dir dann stichpunktartig zu den einzelnen Textabschnitten am Rand die wesentlichen Aussagen und achte darauf, an welchen Stellen jeweils ein neuer Gedanke beginnt. So kannst du den Text in Sinnabschnitte unterteilen, die es dir erleichtern, ihn anschließend in wenigen Sätzen wiederzugeben. Beginne mit einem einleitenden Satz, in dem du Textsorte, Titel und Autor nennst und kurz über das Thema informierst. Anschließend fasst du die wichtigsten Inhalte des Textes in einigen Sätzen knapp zusammen. Schreibe im Präsens.

Im vorliegenden Text „Ein Leben im Minus" lenken die Autoren Sebastian Pielmeier und Michael Mader den Blick der Leser auf das Problem der Verschuldung junger Menschen in unserer Gesellschaft.

Jugendliche und Erwachsene unter 30 Jahren, schreiben sie, machen mittlerweile fast ein Drittel aller Schuldner aus. Sie können ihren finanziellen Verpflichtungen häufig nicht mehr nachkommen, die Schuldenberge wachsen und begleiten sie oft jahrelang. Dafür gibt es zahlreiche Gründe: Gerade Jugendliche und junge Erwachsene geben viel Geld für verhältnismäßig teure Handys und Mobilfunkverträge aus, kaufen oft im Internet ein und nehmen häufig schon früh einen Kredit auf, zum Beispiel für den Kauf des ersten eigenen Autos. Ein besonderes Augenmerk werfen die Autoren auch auf das fehlende bzw. falsche Vorbild im Elternhaus. Wird den jungen Leuten ein Leben „auf Pump" von den Eltern vorgelebt, übernehmen sie diese Verhaltensweise oft auch selbst. Um das zu verhindern, ist Prävention schon im Grundschulalter dringend nötig – noch bevor der Gruppenzwang zum ersten Schuldenmachen verleitet.

2. *Hinweis:* Lies den Text erneut aufmerksam durch. Markiere dabei alle Fremdwörter. Denke daran, dass durch den häufigen Gebrauch manche Fremdwörter oft gar nicht mehr als solche wahrgenommen werden. Wenn du unsicher bist oder die Bedeutung eines Wortes nicht kennst, kann dir dein Wörterbuch eine Hilfe sein. Achte auch auf den Textzusammenhang, der dir dabei helfen kann, die Bedeutung eines Wortes zu erschließen.

   a) nachahmen $\rightarrow$ imitieren (Z. 55)
   b) Vorbeugung $\rightarrow$ Prävention (Z. 70)

3. *Hinweis:* Sprachliche Bilder dienen dazu, bestimmte Aussagen für den Leser besonders anschaulich zu machen. Dabei steht der wörtlichen Bedeutung immer eine übertragene gegenüber. Diese sollst du hier aus dem Textzusammenhang heraus mit eigenen Worten erklären. Beide Sprachbilder haben mit der Verschuldung junger Menschen zu tun. In deiner Erklärung muss das jeweils deutlich werden.

- Wenn junge Leute jahrelang Schulden „mitschleppen", bedeutet das, dass sie für eine lange Zeit mit ihnen leben müssen. Schulden stehen immer auch im Zusammenhang mit der Rückzahlung von Raten und Zinsen, was zu einer großen Belastung werden kann. Sind erst einmal Schulden gemacht, ist es häufig schwierig, diese wieder abzubezahlen.

- Wenn man in einer Falle gefangen ist, fällt es meist schwer, sich wieder daraus zu befreien. So verhält es sich auch mit der „Schuldenfalle", die in diesem sprachlichen Bild angesprochen wird. Gerade für Auszubildende gibt es in unserer Konsumgesellschaft zahllose verlockende Angebote, die sie zu schnellen und häufig unüberlegten Käufen bewegen. Oft erwachsen daraus Folgekosten: Raten müssen abbezahlt werden oder man ist plötzlich an Verträge gebunden, die erst nach einigen Jahren gekündigt werden können. Ähnlich wie in einer echten Falle, sind diese Jugendlichen dann in der Schuldenfalle gefangen, aus der sie ohne fremde Hilfe kaum mehr freikommen.

4. ✒ **Hinweis:** *Dass sich junge Menschen oft recht schnell verschulden, weißt du bestimmt aus den Medien und sozialen Netzwerken, vielleicht war es auch schon Thema in deinem persönlichen Umfeld. Konzentriere dich auf die Ursachen dafür. Lies den Text abschnittsweise durch, markiere passende Stellen und notiere dann stichpunktartig vier weitere Gründe für eine Verschuldung. Beachte, dass es für ausformulierte Sätze Punktabzug gibt.*

- Kauf von teuren Smartphones
- langfristige Bindung durch Handyverträge
- Aufnahme von Bankkrediten, z. B. für Autokauf
- Verlockung durch Online- und Versandhandel

Auch möglich:
- Verführung durch Gruppenzwang
- Orientierung an negativem Elternverhalten („Leben auf Pump")
- jahrelanges Verschleppen der Schulden

5. ✒ **Hinweis:** *Wenn du den Text abschnittsweise durchliest, kannst du die gesuchten Textstellen leicht finden. Schreibe sie als Zitate heraus und achte dabei darauf, sie in Anführungszeichen zu setzen und dahinter die entsprechende Zeilenangabe zu nennen.*

- „Prävention muss schon in der Grundschule ansetzen, wo der Gruppenzwang das erste Mal zuschlägt" (Z. 70–72)

Qualifizierender Abschluss der Mittelschule – Deutsch 2019 | 2019-15

- „Wichtig sei, dass Kinder gerade in diesem Alter lernen, auch mal pleite zu sein, wenn sie alles Geld ausgegeben haben. Und dass sie sich dann nichts borgen dürften." (Z. 76–80)

6. *Hinweis: Beschreibe zunächst, was du auf den beiden Bildern siehst (Personen, Handlung, Text). Auch wenn hier nur eine Beschreibung gefordert ist, bietet es sich an, kurz darauf einzugehen, worauf der Zeichner mit seinen Karikaturen hinweisen will, was er eventuell kritisiert bzw. was er überzeichnet.*
In der zweiten Teilaufgabe sollst du die kritische Botschaft der Karikatur, die du eben herausgearbeitet hast, mit den grundlegenden Aussagen des Textes in Verbindung bringen. Sieh dir genau an, wie die Schuldenfallen für Jugendliche im Text beschrieben werden und inwiefern sich das auch in der Karikatur wiederfindet.

a) In beiden Bildern ist ein Bankhaus mit mehrgeschossigen Hochhaustürmen und einem eindrucksvollen, säulenbestückten Eingangsbereich mit der Aufschrift „Sterntalerbank" zu sehen. Auf einem im Vordergrund aufgestellten Schild ist zu lesen: „Wir erfüllen Ihre Wünsche – Sterntalerbank". Im ersten Bild fängt ein Mädchen vom Himmel fallendes Geld in seinem Kleid auf. Im zweiten Bild saust ein großer Hammer mit der Aufschrift „Gebühren, Raten, Zinsen" auf das Mädchen herab, das mittlerweile kein Geld mehr hat, dafür aber viele Einkäufe mit sich schleppt.

Mit seiner Karikatur will der Zeichner darauf hinweisen, wie schnell man sich verschulden kann. Für die Erfüllung von Wünschen gibt die mächtige Bank gerne und reichlich Geld, also Kredite, die scheinbar einfach so „vom Himmel fallen". Das Mädchen hat fleißig damit eingekauft, ohne zu bedenken, dass Gebühren, Raten und Zinsen dafür anfallen. In Form des abgebildeten Hammers sausen diese zusätzlich entstehenden Kosten jetzt auf es nieder und drohen, es zu erdrücken. Dass es nicht damit gerechnet hat, sieht man an seinem entsetzten Gesichtsausdruck. Die Botschaft des Zeichners ist: Es gibt nichts umsonst, auch wenn das manche Menschen aus der Werbung der Banken so herauslesen. In der Karikatur wird auch ein Bezug zum Märchen „Die Sterntaler" hergestellt, in dem Sterne als Taler vom Himmel fallen. In der Geschichte wird ein armes Mädchen, das die Taler auffängt, plötzlich reich. Es hat davor jedoch armen Menschen geholfen, wodurch es sich den Geldsegen verdient hat.

b) Im Bild vermittelt die mächtig dargestellte Bank den Eindruck, dass die Erfüllung aller Wünsche durch Kredite möglich gemacht werden kann. Der niedersausende Hammer deutet aber auch die Gefahr einer zunehmenden Verschuldung an. Der Text beleuchtet diese Problematik ausführlicher, greift zahlreiche Beispiele auf und verdeutlicht den Teufelskreis, der durch Verschuldung in Gang gesetzt werden kann.

Sowohl in der Karikatur als auch im Text wird klar, dass die finanziellen Zusatzbelastungen durch Kredite in der Werbung meist verschwiegen und von den Kunden häufig nicht erkannt oder bewusst ausgeblendet werden. Karikatur und Text haben das Ziel, über diese Thematik aufzuklären und zugleich davor zu warnen.

7. *Hinweis:* Bei diesem Beitrag für die Schulhomepage musst du an deine Mitschülerinnen und Mitschüler appellieren, deinen Zielvorstellungen zu folgen und die von dir vorgeschlagenen Tipps in die Tat umzusetzen. Beginne mit einer kurzen Einleitung, in der du z. B. Vorinformationen zum Thema Überschuldung lieferst. Anschließend folgen die vier Tipps. Stell dir dazu am besten vor, du würdest selbst einen Aufruf in die Hand bekommen. Was könnte dich dazu bringen, ihm zu folgen? Berücksichtige das beim Schreiben und suche überzeugende Beispiele, die auch wirklich umsetzbar sind.

Liebe Mitschülerinnen und Mitschüler,

kurz mal eine Gewissensfrage: Wie sieht euer Umgang mit Geld aus? Oder habt ihr darüber noch nie nachgedacht? Teure Handys mit Vertrag, ständiges Einkaufen im Internet, Marken-Klamotten: Das sind nur einige der Dinge, die für viele von uns inzwischen selbstverständlich geworden sind. Und oft werden sie gedankenlos auf Pump gekauft. So kommt es schnell zu finanziellen Engpässen, die allmählich zu Schuldenbergen anwachsen – bis es zu spät ist und die Schuldenfalle zuschnappt. Ein paar Tipps sollen euch helfen, das zu verhindern.

Kontrolliert euer Konsumverhalten genau!

Nicht, was euch die Medien und Werbekampagnen anpreisen und schmackhaft machen, darf euer Kaufverhalten beeinflussen, sondern das, was ihr tatsächlich benötigt. Informiert euch deshalb vorab gründlich, wenn ihr etwas kaufen wollt, und fragt euch immer: Brauche ich das wirklich? Alles, was mit Geldausgeben verbunden ist, solltet ihr kritisch prüfen.

Widersteht dem Gruppenzwang!

Seid vorsichtig, dass euch der Gruppenzwang nicht den Blick für das Wesentliche raubt. Natürlich möchten wir mit unseren Freunden mithalten können und ein schönes Leben führen. Doch braucht man wirklich immer alles, was die anderen haben? Hier dagegenzuhalten bedeutet, dass ihr selbstbewusst und mutig seid und mit Geld so umgeht, wie es eure persönliche Situation zulässt. Erst später werdet ihr erkennen, dass diese Zurückhaltung ein finanzieller Gewinn ist!

Achtet auf euer Budget!

Das bedeutet, dass ihr nur so viel ausgebt, wie euer Budget zulässt. Verschafft euch einen Überblick über „Soll" und „Haben", führt ein Haushaltsbuch oder eine Excel-Tabelle, in der ihr eure Ausgaben notiert. Das hilft ungemein. Problematisch wird es, wenn ihr euer tatsächlich vorhandenes Budget durch Ratenkäufe und Kreditgeschäfte sprengt, obwohl noch gar kein Verdienst für finanzielle Sicherheit sorgt. Doch wenn ihr euren Kontostand bei der Bank regelmäßig mit euerer Auflistung vergleicht, habt ihr die Finanzen gut im Griff!

Zahlt Rechnungen sofort!

Legt vor allem keine Rechnungen in der Schublade ab. Wenn ihr gekauft habt, müsst ihr zahlen. Nach kurzer Zeit kommen ansonsten Mahnungen und dann wird's richtig teuer. Das belastet euch und setzt einen Teufelskreis in Gang. Erledigt diese Forderungen sofort und ihr habt ein gutes Gewissen.

Diese wenigen Tipps könnt ihr im Alltag sofort anwenden und wenn ihr stets kritisch und überlegt handelt, vermeidet ihr Schuldenfallen und die gewaltigen Probleme, die damit verbunden sind. Und falls ihr wirklich mal nicht mehr weiterwisst, scheut euch nicht davor, eure Eltern zu fragen oder Rat von Spezialisten einzuholen.

8. ✏ **Hinweis:** *In dieser Aufgabe sollst du zum Thema „Sparen – ja oder nein?" Stellung nehmen. Dazu musst du zuerst einmal darstellen, welche Position du vertrittst. Bist du dafür, dass man spart, oder dagegen? Deine Meinung begründest du dann mithilfe von mindestens zwei stichhaltigen Argumenten. Dabei kann dir das angefügte Material M 4 eine Hilfe sein. Genauso gut kannst du auch Erfahrungen aus der Familie, dem Freundes- und Bekanntenkreis oder auch Beiträge aus den Medien in deine Stellungnahme einfließen lassen. Skizziere zunächst alle Gedanken zum Thema in einer Stoffsammlung und bringe sie von ihrer Wichtigkeit her in eine*

passende Reihenfolge. Dann beginnst du mit dem Ausformulieren. Nach einer stimmigen Einleitung greifst du deine Meinung auf und erläuterst und begründest sie im Hauptteil anhand von Argumenten. Besonders überzeugend ist die Stellungnahme, wenn du zuerst ein Gegenargument ansprichst und entkräftest.

Ratschläge, Diskussionen und Werbeangebote zum Thema Geldanlage und Sparen sind ein Dauerthema in den Medien und oft auch Gesprächsstoff in der Familie und im Freundeskreis. Dass die Meinungen hier häufig weit auseinandergehen, ist verständlich. Die finanzielle Situation ist bei jedem anders gelagert und damit unterscheiden sich auch die Vorstellungen, Wünsche und Ziele, was den Umgang mit dem eigenen Geld anbelangt. Viele denken gar nicht daran, etwas auf die hohe Kante zu legen, andere wiederum sind vom Sparen total überzeugt und sehen keine Alternative dazu.

Einleitung

unterschiedliche Ansichten zum Thema „Sparen"

Zu den Verfechtern des Sparens zähle auch ich mich. Anhand einiger besonders zutreffender Beispiele möchte ich meine Einstellung deutlich machen und auch kurz aufzeigen, warum es für mich keinesfalls infrage käme, Geld nur auszugeben, ohne ans Sparen zu denken.

Überleitung

eigene Meinung: Sparen ist wichtig

Die derzeit niedrigen Zinsen verleiten viele Menschen zum Geldausgeben, weil Erspartes kaum noch einen nennenswerten Zuwachs auf dem Konto bringt. Und mit der Einstellung, dass man nur einmal lebt und den Moment genießen muss, gönnt man sich unter Umständen mehr, als eigentlich gebraucht wird, ohne viele Gedanken darüber zu verlieren.

Hauptteil
Gegenargument

Leben in der Gegenwart: Sparen bringt keine finanziellen Vorteile

Diese Einstellung ist natürlich verständlich, kann jedoch schnell in eine Sackgasse führen, wenn mehr ausgegeben wird, als vorhanden ist, und schließlich Schulden gemacht werden müssen. Spätestens dann wird man sich wünschen, etwas gespart zu haben. Deshalb ist es für mich ganz entscheidend, dass ich ein finanzielles Polster habe.

Entkräftung

Gefahr der Verschuldung

ohne Erspartes kein Rückhalt

Besonders für die persönliche Vorsorge ist es wichtig, einen Teil des Einkommens zu sparen. Meine Eltern haben aus diesem Grund verschiedene Versicherungen

1. Argument für das Sparen

Ersparnisse zur Vorsorge

abgeschlossen, die uns später einmal absichern sollen. Sie zahlen regelmäßig kleinere Beträge in die Versicherungen ein. Dieses Geld ist für echte Notfälle gedacht, die im Leben eintreten können, wie z. B. Krankheiten, Unfälle, Arbeitslosigkeit bzw. für die Pflege im Alter. Neben all den persönlichen Problemen, die in solch schwierigen Situationen auftreten, ist man dann zumindest finanziell abgesichert.

Im Alltag gibt es natürlich auch „Notfälle" ganz anderer Art, für die es wichtig ist, genügend Geld auf dem Konto zu haben. Geht z. B. vollkommen überraschend die in die Jahre gekommene Waschmaschine kaputt, das Auto oder gar die Heizungsanlage, wenn man ein Haus hat, muss man auf Gespartes zurückgreifen können. Andernfalls wäre man gezwungen, einen Kredit aufzunehmen, um dann über viele Jahre mit Rückzahlung der Raten und Schuldzinsen zu leben. Auch deshalb sollte Sparen eine Selbstverständlichkeit sein.

2. Argument für das Sparen
Sparen für Notfälle

Ein Gedanke motiviert mich ganz besonders dazu, zu sparen: Die Aussicht darauf, mir nach einiger Zeit einen besonderen Wunsch erfüllen zu können. In meinem Fall ist das ein ganz spezielles Rennrad, das zu mir passt, aber eben auch seinen Preis hat. Ich möchte es später von meinem Ersparten kaufen und nicht meine Eltern oder Großeltern darum bitten müssen. Vom Taschengeld und der Ausbildungsvergütung, die ich demnächst bekomme, kann ich etwas beiseitelegen. Ich werde mir auch in der Zukunft für meine kleineren und größeren Träume Geld zurücklegen, immer wenn es meine finanzielle Situation zulässt. Das ist für mich eine Chance, meine Lebensqualität zu erhöhen.

3. Argument für das Sparen
Sparen für einen besonderen Wunsch

Letztlich muss jeder selbst entscheiden, ob er einen Teil seines Geldes sparen will oder nicht. Meine Beweggründe fürs Sparen haben sich im Alltag prima bewährt und mir bisher immer ein Gefühl von Sicherheit gegeben. Ich habe mir auch ein Haushaltsbuch angelegt, um mei-

Schluss
Bekräftigung der eigenen Meinung

ne Einnahmen und Ausgaben stets gut im Blick zu haben. Ich gleiche diese Auflistung regelmäßig mit meinem Guthaben auf dem Konto ab. So kann es mir nicht passieren, dass ich überraschend Schulden habe, die mir irgendwann über den Kopf wachsen. Auch wenn es zurzeit nur niedrige Zinsen gibt, möchte ich keinesfalls auf ein finanzielles Polster verzichten.

Qualifizierender Abschluss der Mittelschule – Deutsch 2020   **2020-1**

Abschlussprüfung 2020

Teil A: Sprachbetrachtung

1. **Hinweis:**
   a) Das Wort „Kommunikation" ist wörtlich benannt. In Klammern finden sich direkt angefügt die näheren Erläuterungen, wie üblich in abgekürzter Form zunächst die Sprachherkunft. Beachte, dass die Angabe der Abkürzung „lat." nicht ausreicht.
   b) An gleicher Stelle siehst du auch die passende Endung für die Pluralbildung, also „-en", und erhältst damit das gesuchte Wort „(die) Kommunikationen".
   c) Der Infinitiv, die Grundform des Verbs, endet auf „-en". Außerdem ist das Verb natürlich kleingeschrieben. Anhand dieser Anhaltspunkte kannst du die Infinitivform schnell finden.
   d) Das Adjektiv „kommunikativ" beschreibt hier eine Person genauer. Es kann somit als Attribut vor dem Nomen „Mensch" stehen oder adverbial vor dem Verb „zuzugehen".

   a) aus dem Lateinischen, Latein, lateinisch
   b) (die) Kommunikationen
   c) kommunizieren
   d) „Ein <u>kommunikativer</u> Mensch hat wenig Probleme auf seine Mitmenschen zuzugehen."
      oder:
      „Ein Mensch hat wenig Probleme auf seine Mitmenschen <u>kommunikativ</u> zuzugehen."

2. **Hinweis:**
   a) Die Handlung läuft in der Gegenwart ab. Das erkennst du an der Zeitform des Verbs („stellt ... dar").
   b) Um den Satz ins Futur zu setzen, musst du die Zeitform des Verbs verändern. Das Futur I bildet man mit der entsprechenden Form des Verbs „werden" und dem Infinitiv (Grundform) des Vollverbs.

   a) Präsens (auch: Gegenwart)
   b) „Die digitale Kommunikation <u>wird</u> einen wichtigen Bestandteil unseres Lebens <u>darstellen</u>."

3. **Hinweis:** Orientiere dich an passenden Fragewörtern zu den vorgegebenen adverbialen Bestimmungen. Es gibt bei beiden Sätzen eine Vielzahl an möglichen Lösungen.
   a) Hier lautet die passende Frage „Wo werden Einkaufslisten und Notizen heutzutage gespeichert?". Du musst hier auf jeden Fall ein Substantiv einsetzen (z. B. auf dem Handy, auf dem Tablet, in der Cloud). Wenn du das beachtest, läufst du nicht Gefahr, aus Versehen ein Adverbiale der Art und Weise zu verwenden.

2020-2 ✦ Qualifizierender Abschluss der Mittelschule – Deutsch 2020

b) *Adverbiale der Art und Weise liefern in diesem Satz eine Antwort auf die Frage „Wie/Auf welche Weise kann man seinen Alltag mit dem Smartphone organisieren?"*

a) Einkaufslisten und Notizen werden heutzutage eher <u>auf dem Smartphone</u> gespeichert, als auf einen Zettel geschrieben.

b) Mit dem Smartphone kann man seinen Alltag <u>einfach</u> organisieren.

4. ✦ **Hinweis:**

<u>Satz 1</u>: Beim ersten Satz handelt es sich um einen einfachen Aussagesatz. Lass dich von den Kommas, die in der Aufzählung enthalten sind, nicht irreführen. Sie leiten keinen Nebensatz ein, sondern sind Teil des Hauptsatzes.

<u>Satz 2</u>: Der zweite Satz besteht aus einem Haupt- und einem Nebensatz. Dieser wird mit der Konjunktion „wenn" eingeleitet. Du erkennst den Nebensatz zudem daran, dass das Prädikat am Ende des Satzes steht.

<u>Satz 3</u>: Im dritten Satz werden zwei einfache Hauptsätze durch die Konjunktion „denn" miteinander verbunden.

	Satz-gefüge	Satz-reihe	weder/noch
Der Austausch unter Gesprächspartnern findet heutzutage durch E-Mails, Chats, Kurznachrichten und Sprachmitteilungen statt.	☐	☐	☒
Die neuen Medien beeinflussen unsere Kommunikation offenbar auch dann, wenn wir gerade nicht online sind.	☒	☐	☐
Die Bedeutung der Körpersprache bei Gesprächen nimmt ab, denn sie ist oftmals nicht mehr Bestandteil der Interaktion.	☐	☒	☐

5. ✦ **Hinweis:** *Die jeweiligen Fragewörter zu den vorgegebenen Fällen helfen dir bei der richtigen Zuordnung:*

*<u>Genitiv</u>: „**Wessen** Smartphone ermöglicht Jugendlichen eine vielfältige Kommunikation?"*
*<u>Dativ</u>: „**Wem** ermöglicht das neue Smartphone eine vielfältige Kommunikation?"*
*<u>Akkusativ</u>: „**Wen oder was** ermöglicht das neue Smartphone eines bekannten Herstellers?"*

Genitiv: eines bekannten Herstellers
Dativ: Jugendlichen
Akkusativ: eine vielfältige Kommunikation

Qualifizierender Abschluss der Mittelschule – Deutsch 2020 2020-3

Teil B: Rechtschreiben

1. **Hinweis:** Lies dir den Text genau durch und suche die falsch geschriebenen Wörter. Korrigiere diese dann mithilfe der gelernten Rechtschreibstrategien. Wenn du dir bei der Schreibung einzelner Wörter unsicher bist, schlage sie auch im Wörterbuch noch einmal nach.
   - Zusammenleben: Durch Silbentrennung kannst du die richtige Schreibweise erkennen: Du hörst den Konsonanten „m" am Ende der einen und am Anfang der folgenden Silbe. Deshalb muss er verdoppelt werden.
   - Beziehung: In diesem Wort wird der Vokal „i" lang gesprochen, folglich gilt hier die Schreibung mit „ie" als Regelfall. In vielen Fremdwörtern bleibt das lange „i" dagegen ohne Dehnungszeichen.
   - vermutlich: Auf einen langen Vokal folgt in der Regel ein einfacher Konsonant. Ein Dehnungs-h als „stummes h" findet sich fast nur vor den Konsonanten l, m, n oder r, wie z. B. in den Wörtern „Ruhm" oder „Kahn".
   - denkbar: Bei diesem Wort handelt es sich um ein Adjektiv, das folglich kleingeschrieben werden muss.

   - Zusa**mm**enleben
   - Bezi**e**hung
   - verm**ut**lich
   - **d**enkbar

2. **Hinweis:** Sieh dir die Wörter genau an und sprich sie für dich selbst ein paar Mal deutlich aus. Dann wählst du unter den vorgegebenen Rechtschreibstrategien die jeweils passende.
   (1) Verwandte Wörter (z. B. Empfang, empfangen) helfen dir in diesem Fall dabei, die richtige Schreibung herauszufinden.
   (2) Wenn du bei dem Wort „klug" eine Langform durch Steigerung bildest, wird beim deutlichen Sprechen die Schreibweise mit „g" gut hörbar.
   (3) „-ion" ist eine typische Nomenendung. Das Wort „Reaktion" ist demnach ein Nomen und wird somit großgeschrieben.

(0)	(1)	(2)	(3)
C	B	D	A

3. **Hinweis:** Wenn du die Buchstabenschlange langsam liest, erkennst du rasch die einzelnen Wörter. Setze nach jedem Wort einen Schrägstrich. Um herauszufinden, welche der Wörter du neben dem Satzanfang großschreiben musst, wendest du die entsprechenden Rechtschreibstrategien zur Groß- und Kleinschreibung an. Da es sich um einen einfachen Aussagesatz ohne Aufzählungen handelt, findet sich außer dem Punkt am Ende kein weiteres Satzzeichen. Achte darauf, dass dir keine Abschreib- und Trennungsfehler unterlaufen und du alle i-Punkte setzt. In all diesen Fällen wird dir ansonsten pro Fehler jeweils ein halber Punkt abgezogen.

Statt mit einer handgeschriebenen Karte werden heutzutage Urlaubsgrüße und Geburtstagsglückwünsche häufig über soziale Medien übermittelt.

4. **Hinweis:** Es handelt sich um mehrsilbige Wörter, die nach Sprechsilben getrennt werden. Die richtigen Trennungsstellen findest du durch langsames, deutliches Sprechen. Beachte auch, dass die Buchstabenverbindungen „ch" und „sch" nicht getrennt werden. Zur Kontrolle kannst du natürlich auch im Wörterbuch nachschlagen.

a) Selbst - ge - sprä - che
b) zwi - schen - mensch - lich

5. **Hinweis:** Lies dir zunächst alle Sätze einmal langsam durch, um einen ersten Überblick zu bekommen. Suche dann nach den fehlerhaften Wörtern und wende die dir bekannten Lösungsstrategien an.

  − _Satz 1:_ Das Wort „ihre" wird kleingeschrieben, da es sich um ein persönliches Fürwort und nicht um ein höfliches Anredepronomen handelt.
  − _Satz 3:_ „Gestik" schreibt man mit „e". Die korrekte Schreibung findet sich in den drei anderen Sätzen. Erinnere dich aber auch an verwandte Wörter wie „Geste" oder „gestikulieren". Schlage das Wort notfalls im Wörterbuch nach.
  − _Satz 4:_ Das Wort „Körperhaltung" wird zusammengeschrieben, da es sich um ein zusammengesetztes Nomen handelt.

☐	Menschen kommunizieren Ihre Gefühle auch durch Ihre Körperhaltung und Gestik.
☒	Menschen kommunizieren ihre Gefühle auch durch ihre Körperhaltung und Gestik.
☐	Menschen kommunizieren ihre Gefühle auch durch ihre Körperhaltung und Gästik.
☐	Menschen kommunizieren ihre Gefühle auch durch ihre Körper Haltung und Gestik.

Qualifizierender Abschluss der Mittelschule – Deutsch 2020 **2020-5**

6. **Hinweis:** Bei der Schreibung von s-Lauten musst du mehrere Vorgaben beachten:
   - Weise: Das Wort wird mit „s" geschrieben, weil ein lang gesprochener Vokal (bzw. ein Doppellaut) vorausgeht und der s-Laut weich gesprochen wird.
   - wissenschaftlich: Nach einem kurzen, betonten Vokal folgt „ss".
   - erwiesen: Hier folgt ein weich gesprochenes „s" auf einen langen Vokal. Deshalb wird ein einfaches „s" geschrieben.
   - stoßen: Folgt auf einen langen Vokal ein scharf gesprochener s-Laut, wird „ß" geschrieben.

   Wir kommunizieren täglich auf die eine oder andere Weise.

   Es ist wissenschaftlich erwiesen, dass wir ohne klare Gesprächsregeln schnell an Grenzen der Verständigung stoßen.

2020-6 / Qualifizierender Abschluss der Mittelschule – Deutsch 2020

Teil C: Schriftlicher Sprachgebrauch

Text 1

1. / **Hinweis:** *Lies den Text aufmerksam durch, um den Inhalt in nur wenigen Sätzen wieder-geben zu können. Beginne die Inhaltsangabe mit einem einleitenden Satz, in dem du Autor, Titel und Textsorte nennst und sagst, worum es im gesamten Text geht. Gehe dann möglichst abschnittsweise vor und achte darauf, wann jeweils ein neuer Gedanke bzw. Sinnabschnitt be-ginnt. Wenn du einen guten Überblick über den Text bekommen und die entsprechenden Schlüsselstellen markiert hast, kannst du sie anschließend zusammenfassen. Um nicht in un-wesentliche Einzelheiten abzudriften, solltest du immer wieder größere Textabschnitte wieder-holend lesen. Schreibe im Präsens.*

In der Kurzgeschichte „Ein Roboter mit Launen" von Hoshi Shinichi ge-währt der Autor einen Blick auf die Urlaubserlebnisse des Herrn N., der zum ersten Mal mit seinem neu erstandenen Roboter verreist.

Um einen entspannten Urlaub auf einer abgelegenen Insel verbringen zu können, kauft Herr N. bei einem Wissenschaftler einen Roboter, der ihn dort unterstützen soll. Anfangs erfüllt dieser die unterschiedlichsten Auf-gaben ganz hervorragend und zur vollsten Zufriedenheit seines Erwerbers. Nach einigen Tagen funktioniert er aber nicht mehr einwandfrei, die Pan-nen häufen sich. So muss Herr N. zum Beispiel einmal regelrecht vor sei-nem Roboter fliehen, weil dieser ihn verfolgt. Das alles ist sehr zum Ärger des Herrn N., sodass es mit der Urlaubsruhe vorbei ist. Nach seiner Rück-kehr beschwert sich Herr N. deshalb sofort bei dem Wissenschaftler. Von ihm erfährt er allerdings, dass die Fehlfunktionen alle bewusst geplant wa-ren, um zu verhindern, dass Herr N. aufgrund von mangelnder Bewegung dick oder wegen fehlender geistiger Anstrengungen denkfaul wird. Die Antwort stellt Herrn N. offensichtlich nicht zufrieden und lässt ihn eher nachdenklich zurück.

2. / **Hinweis:** *Konzentriere dich jetzt ausschließlich auf die Tätigkeiten, die der Roboter für Herrn N. erledigt. Markiere entsprechende Stellen im Text. Anschließend schreibst du vier der genannten Tätigkeiten stichpunktartig auf. Beachte, dass du Punktabzug bekommst, wenn du ganze Sätze ausformulierst. Nennst du mehr als vier Antworten, werden nur die ersten vier bewertet.*

- Getränk bringen
- kochen
- Mahlzeit servieren
- Geschirr spülen

Qualifizierender Abschluss der Mittelschule – Deutsch 2020   2020-7

Auch möglich:
- Zimmer aufräumen
- alte Uhr reparieren
- Geschichten erzählen
- Fenster putzen

3. **Hinweis:** *Rufe dir die Merkmale einer Kurzgeschichte ins Gedächtnis. Suche dir anschlie-ßend zwei davon aus, die du jeweils anhand eines Beispiels aus dem vorliegenden Text sicher belegen kannst. Im Folgenden werden dir mehrere Lösungen für die wichtigsten Merkmale prä-sentiert, du musst aber nur zwei davon ausformulieren.*

- **wenige namenlose Figuren**
  Der Wissenschaftler und Herr N. werden namentlich nicht benannt und zusammen mit dem Roboter sind sie auch die einzigen „Figuren" in der Geschichte. Es treten in der Kurzgeschichte also wenige, nicht näher be-schriebene Akteure auf.
- **unmittelbarer Beginn**
  Es gibt keine Hinführung zum Verkaufsgespräch. Der Leser begleitet gleich zu Beginn der Geschichte den Wissenschaftler und Herrn N. bei ihren Verhandlungen zum Kauf des Roboters.

Auch möglich:
- **unbestimmter Ort**
  Die gesamte Handlung findet an unbestimmten Orten statt. Weder die Stadt noch die Insel werden genauer benannt.
- **offener Schluss**
  Am Ende der Geschichte bleiben viele Fragen offen: Wie kommt die Er-klärung des Wissenschaftlers bei Herrn N. an? Gibt er sich damit zu-frieden oder fordert er sein Geld zurück? Behält Herr N. den Roboter?

4. **Hinweis:** *Schon beim ersten Durchlesen des Textes dürften dir die beim Roboter vorpro-grammierten Pannen aufgefallen sein, die für Herrn N. unangenehme Folgen haben. Suche diese Stellen noch einmal und schreibe sie so auf, dass deutlich wird, welche Folgen die einzelnen Pannen jeweils für Herrn N. haben.*

- Nach ein paar Tagen bewegt sich der Roboter plötzlich nicht mehr. Das hat zur Folge, dass Herr N. sich nicht mehr bedienen lassen kann und auch sein Essen selbst kochen muss.

- Dann passiert es, dass der Roboter plötzlich davonläuft. Herr N. muss ihm hinterherlaufen und sich überlegen, wie er ihn aufhalten kann. Erst durch eine Fallgrube kann Herr N. den Roboter schließlich stoppen und einfangen.

- Schließlich verfolgt der Roboter seinen Besitzer sogar und schwingt dabei drohend die Arme. Nur durch die Flucht auf einen Baum kann sich Herr N. retten.

5. 🖋 **Hinweis:** *Nach dem Gespräch mit dem Wissenschaftler bezüglich der Fehlfunktionen des erstandenen Roboters kommt Herr N. ins Grübeln. Schreibe einen inneren Monolog, formuliere also aus der Sicht von Herrn N., was ihm zu den Erklärungsversuchen des Wissenschaftlers durch den Kopf geht. Das gelingt dir besonders gut, wenn du in seine Rolle schlüpfst und seine Gedanken, Zweifel und Gefühle ausdrückst. Dabei bietet dir die offene Schreibform eine gute Möglichkeit, deine Überlegungen frei zu formulieren. Dennoch solltest du dich inhaltlich am Text orientieren. Du kannst bei einem inneren Monolog mit unvollständigen Sätzen, Ausrufen, Wortwiederholungen und umgangssprachlichen Wörtern arbeiten. Das alles ist hier erlaubt, um die Gedanken und Gefühle der Person möglichst überzeugend wiederzugeben. Schreibe im Präsens und in der Ich-Form.*

Diese Erklärung überrascht mich jetzt aber schon. Und sie ärgert mich auch ein wenig. Das ganze Jahr über arbeite ich ohne Unterbrechung. Deshalb wollte ich keinen Abenteuerurlaub, sondern mich einfach mal richtig erholen und bedienen lassen. Für viel Geld habe ich mir von dem Roboter echte Hilfe und Entlastung versprochen. Bekommen habe ich aber ein technisches Monster, das mich sogar bedroht hat! Hmm ... Ich denke, ich werde mein Geld zurückverlangen!

Oder ist das alles vielleicht doch mein Fehler? Vielleicht hätte ich mich vorher genauer darüber informieren müssen, was der Roboter wirklich tut. Der Gedanke des Wissenschaftlers ist ja nicht grundsätzlich falsch: Jemanden auf Trab zu halten, der ansonsten eher faul ist ... Das ist ja eigentlich ganz gut. Und geschadet hat mir die Bewegung sicherlich nicht!

Allerdings könnte ich mir da eine andere Art von Roboter vorstellen. Einen, der mich bei allen langweiligen und zeitraubenden Arbeiten entlastet und mir dadurch Freiräume verschafft, in denen ich mich sportlich betätigen kann. Ein persönlicher Coach – ja, das wäre toll! Ein Roboter, der mich beim Sport motiviert und mir tolle Übungen zeigt! Das wär's! Das Gleiche kann er dann auch für die geistige Fitness tun. So würde man sicher kein Fett

Qualifizierender Abschluss der Mittelschule – Deutsch 2020   2020-9

ansetzen oder mental abbauen. Ich glaube, ich werde meinen Roboter einfach umbauen lassen, sodass er meine Ansprüche voll erfüllt und ich trotzdem fit bleibe!

6. **Hinweis:** *Lies dir die Tagebuchaufzeichnungen aus Material M 1 aufmerksam durch. Die Eigenschaften des Roboters aus der Kurzgeschichte sind dir mittlerweile bestens bekannt. Vergleiche sie mit denen des im Tagebuch beschriebenen „Kollegen". Dir werden mehrere Gemeinsamkeiten und Unterschiede dieser Hightech-Geräte auffallen. Jeweils eine Gemeinsamkeit und einen Unterschied formulierst du in zusammenhängenden Sätzen aus.*

Gemeinsamkeit:

Die in den Texten beschriebenen Roboter haben zwar unterschiedliche Funktionen, sie erleichtern aber beide den Alltag des Menschen. Bei der Automontage werden dem Fabrikarbeiter monotone und körperlich belastende Arbeiten von seinem neuen Helfer abgenommen, bei Herrn N. sind es die unliebsamen täglichen Hausarbeiten, die Zeit und Energie rauben. Trotz seiner ungewöhnlichen Sondermaßnahmen soll der Roboter von Herrn N. letztlich etwas Gutes tun. Beide Maschinen unterstützen mit ihrer Arbeit also den Menschen.

Auch möglich:

Die Gefühlswelt des Herrn N. wird durch seinen Roboter stark strapaziert. Die anfängliche Freude über die vielen tollen Dienste, die er leistet, schlägt rasch in Ärger und Angst um, als die Maschine ihre Sonderfunktionen einsetzt und Herr N. sogar vor ihr flüchten muss. Der Fabrikarbeiter aus Text M 1 ist nach anfänglicher Skepsis ebenfalls begeistert von der Arbeit seines neuen „Kollegen". Doch auch bei ihm schlägt dieses Gefühl dann in Enttäuschung und Angst um. In beiden Fällen werden durch die Roboter Gefühle hervorgerufen, die man eigentlich nur vom Umgang mit Menschen kennt.

Unterschied:

Der Roboter auf der Insel wird im privaten Bereich eingesetzt. Er sorgt durch die vorprogrammierten Pannen dafür, dass Herr N. seinen Urlaub nicht genießen kann und er auf Trab gehalten wird, damit er gesund bleibt. Robbi kommt dagegen im Berufsleben zum Einsatz. Er erfüllt seine Aufgaben absolut pflichtbewusst und korrekt und kann seine immer gleich ablaufenden Arbeitsschritte nicht ausführen, wenn er auf einen Fehler stößt, den der menschliche Kollege gemacht hat. Mensch und Roboter handeln in den beiden Texten in zwei verschiedenen Lebensbereichen.

Auch möglich:
Die Roboter unterscheiden sich in beiden Texten durch die Art ihrer Konstruktion. Robbi ist ein riesiger maschineller Arm, der so gar nicht an einen Menschen erinnert. Er ist ausschließlich dafür konstruiert, Bauteile für die Autos anzureichen, und kann sich auch nicht von seinem Standort wegbewegen; er ist dort fest verankert. Herr N. besitzt dagegen einen Roboter, der durch seine Bauweise einem Menschen ähnelt, auch gehen und sogar laufen kann. Er erledigt unterschiedliche Tätigkeiten des Alltags und ist zusätzlich mit Funktionen für Sonderaufgaben ausgestattet.

7. ✒ **Hinweis:** *Löse dich jetzt von den vorliegenden Texten und gehe mit der Beschreibung eines eigenen Roboters auf deine persönlichen Vorstellungen ein. Denke aber auch daran, dass du diese begründen und mit deiner realen Lebenswelt verknüpfen solltest. Es ist deshalb hilfreich, wenn du auf verschiedene Lebensbereiche blickst und überlegst, wo der Einsatz dieses persönlichen Helfers sinnvoll und möglich ist. Beschreibe einige Beispiele und begründe sie nachvollziehbar.*

Einen persönlichen Roboter als Helfer zu haben, der nach meinen Bedürfnissen und Wünschen konstruiert und programmiert wurde, ist ein reizvoller Gedanke. Da muss natürlich schon vorher genau überlegt sein, wo er mich am sinnvollsten unterstützen kann. Einige denkbare Möglichkeiten wären für mich z. B. folgende:
Nach dem Schulabschluss geht es bei mir in die Berufsausbildung. Ich mache eine Ausbildung zum Zimmerer. Nach den absolvierten Praktika und der Berufsberatung weiß ich natürlich, was auf mich zukommt und wo meine Schwächen liegen. Und genau da könnte mein Roboter unterstützend eingreifen, indem er mir weiterhilft, wenn es mal beim Lernen haken sollte. Als „Privatlehrer" zu Hause könnte er mich ideal auf Prüfungen an der Berufsschule vorbereiten.
Auch im Haushalt fällt Arbeit an, die ich nicht mehr alleine machen müsste, wenn ich einen Roboter hätte: Ordnung halten, Reinigungsarbeiten übernehmen, aber auch mal den Rasen mähen, im Winter Schnee schippen und Holz für den Ofen aufschichten, wenn es geliefert wird. Diese Arbeiten habe ich bisher oft übernommen. Mein Roboterfreund würde mir da Zeit verschaffen, die ich dringend brauche, wenn ich in der Berufsschule und im Betrieb bin.

Qualifizierender Abschluss der Mittelschule – Deutsch 2020

Eine prima Hilfe wäre er sicher auch, wenn es um meine körperliche Fitness geht. Ich bin oft sportlich mit dem Rad unterwegs, schwimme leidenschaftlich gerne und laufe viel. Das Wasser möchte ich ihm nicht zumuten, aber beim Laufen und Radfahren hätte ich einen optimalen Partner, der Strecken, Zeiten und Bewegungsabläufe korrigieren und optimieren könnte, sozusagen als persönlicher Coach. Meine Freunde, die mich oft begleiten, könnten auch davon profitieren.

Als persönlichen Helfer kann ich mir einen Roboter in diesen oder ähnlichen Funktionen gut vorstellen, aber auch mit Maß und Ziel, damit ich nicht von ihm abhängig werde. Keinesfalls möchte ich mit einer Maschine meine Probleme besprechen. Dafür gibt es meine echten Freunde.

8. **Hinweis:** *Du sollst zu der Aussage Stellung nehmen, dass der persönliche Kontakt zu einem Menschen durch einen Roboter nicht ersetzt werden kann. Zunächst musst du dir klar darüber werden, welche Position du einnimmst. Stimmst du der Aussage zu oder vertrittst du eine andere Meinung? Aus den Erfahrungen, die du z. B. in der Familie und im Umgang mit Freunden gemacht hast, kannst du sicher zahlreiche Ereignisse für eine zielgerichtete Argumentation finden. Sie helfen dir dabei, aufzuzeigen, welche Faktoren bei persönlichen Kontakten bedeutsam und für das menschliche Miteinander unentbehrlich sind. Sammle zunächst deine Gedanken in einer kurzen Stoffsammlung. Anschließend wählst du zwei Situationen aus, die dich persönlich besonders betreffen oder vielleicht auch besonders aktuell sind. Mit einer passenden Einleitung führst du zum Thema hin. Im Hauptteil erläuterst und begründest du dann ausführlich an den ausgewählten Beispielen deine Meinung. Eine abschließende Gesamtbewertung rundet deine Ausführung ab.*

Es ist erstaunlich, was hinsichtlich der Konstruktion von Robotern heutzutage möglich ist. Eine enorme Vielfalt dieser Maschinen übernimmt tagtäglich unterschiedlichste Arbeiten in der gesamten Wirtschaft und findet auch Einsatzmöglichkeiten in vielen Bereichen des täglichen Lebens. Interessant wird es, wenn diese Geräte ein menschenähnliches Aussehen erhalten. Rasch stellt sich dann die Frage, ob Roboter auch den persönlichen Kontakt zu einem Menschen übernehmen können.

Einleitung
Kann ein Roboter den persönlichen Kontakt zu einem Menschen ersetzen?

Ich bin der Meinung, dass die persönlichen Kontakte zu den Mitmenschen, der Umgang und das Gespräch mit ihnen, keinesfalls durch Roboter, also durch Maschinen, ersetzt werden können. Anhand zweier Beispiele aus meinem Leben möchte ich das deutlich machen.

Überleitung
Eigene Meinung: Menschliche Kontakte können nicht durch Maschinen ersetzt werden

Vor einigen Wochen hatte mein Opa eine schwere Operation. Mittlerweile ist er wieder zu Hause, aber er kann das Haus noch nicht verlassen. Es ist ihm zunehmend langweilig und meine Oma macht sich noch immer große Sorgen um ihn. Ich nehme mir die Zeit, um meine Großeltern oft zu besuchen. Hier geht es nicht nur um ein paar helfende Handgriffe, sondern um gute Gespräche und menschliche Nähe. Da werden jetzt viele lustige Erlebnisse wach, die über all die Jahre zurückreichen, und ich merke immer ganz schnell, wie beide ihre Sorgen in dieser gemeinsam verbrachten Zeit vergessen können. Ein Roboter könnte diese Art des Zusammenseins nicht leisten. Er kann keine Emotionen zeigen und sicherlich auch nicht mit meinen Großeltern in Erinnerungen schwelgen – schließlich hat er keine gemeinsame Vergangenheit mit ihnen.

Hauptteil
1. Beispiel:
Austausch von Erinnerungen und Gefühlen im Gespräch

Ein weiteres Beispiel für die dringende Notwendigkeit menschlicher Kontakte zeigt sich durch meine familiäre Situation. Mein Vater hätte vor einigen Wochen aufgrund der Corona-Krise fast seine Arbeit verloren, meine kleineren Geschwister forderten die ganze Familie, weil es mit dem Homeschooling erst nicht so gut lief, und dann verlangte Mutter von mir auch noch, mich zu Hause mehr einzubringen. Es kam zu einem heftigen Streit, die Stimmung war auf dem Tiefpunkt. Gott sei Dank habe ich aber einen prima Freundeskreis. Bei meinen Freunden konnte ich mich aussprechen und meine Wut abbauen. Sie haben mich verstanden, mir aber auch klargemacht, dass ich nicht überreagieren darf, weil eigentlich keiner Schuld an der Situation hat. Dieser Trost und die Hilfe, die sie mir gegeben haben, waren viel wert. Meine Freunde unterstützen mich, wenn ich Hilfe brauche. Sie kennen mich und meine Eigenheiten und wissen genau, was sie sagen müssen, wenn es mir schlecht geht. Das alles sind Dinge, die ein Roboter nicht leisten kann. Letztlich ist er nur eine gefühllose Maschine.

2. Beispiel:
Trost und Hilfe von echten Freunden

Bei den geschilderten Problemen könnte mir kein Roboter helfen. Die intelligenten Maschinen werden in Zukunft sicher noch erstaunliche Dinge leisten und uns in vielen Bereichen des täglichen Lebens unterstützen. Aber sie sind keine menschlichen Wesen, sondern Maschinen ohne Gefühle. Man muss sich das stets wieder vor Augen führen, vor allem, wenn sie in der Zukunft noch menschenähnlicher aussehen und vielleicht sogar in der Lage sind zu lächeln, freundlich zu sein oder gar Tränen zu vergießen. Menschliche Kontakte werden Roboter trotz allem nicht ersetzen können.

Schluss
Bekräftigung der eigenen Meinung

2020-14 ✏ Qualifizierender Abschluss der Mittelschule – Deutsch 2020

Text 2

1. ✏ **Hinweis:** Um vier wesentliche Aussagen des Textes zu finden, gliederst du ihn am besten in Sinneinheiten. Lies den Text dazu aufmerksam durch und markiere die Stellen, an denen jeweils ein neuer Gedanke beginnt. Orientiere dich dabei auch an den bestehenden Abschnitten im Text. Wenn du einen guten Überblick über die verschiedenen Inhaltsbereiche bzw. Aussagen bekommen hast, formulierst du vier Kernaussagen.

- Mit Elektronik aufgerüstete smarte Kleidung wird immer beliebter.
- Smarte Kleidung ist deshalb möglich, weil die verbaute Hardware zunehmend kleiner und damit für den Betrachter fast unsichtbar wird.
- In zahlreichen Lebensbereichen bietet die Verbindung von Mode und nahezu unsichtbarer Elektronik mittlerweile einen großen Mehrwert für die Träger der Kleidung.
- Das völlige Verschwindenlassen der Technik in der Kleidung stellt für die Entwickler allerdings noch eine echte Herausforderung dar, sodass kleine Zusatzgeräte bisher unverzichtbar sind.

Auch möglich:
- Smarte Textilien sind vor allem in den Bereichen Sport und Medizin beliebt.
- Gewonnene Daten werden an das Smartphone gesendet.
- Die Verbindung von Mode und Technik ermöglicht eine Vielzahl von Funktionen.

2. ✏ **Hinweis:** Lies den Text aufmerksam durch, um die passenden Wörter zu finden. Markiere dabei am besten erst einmal alle Fremdwörter, die dir ins Auge stechen. Vielleicht ergeben sich jetzt schon die ersten geeigneten Kombinationen. Denke auch daran, dass Fremdwörter durch den häufigen Gebrauch oft gar nicht mehr als solche wahrgenommen werden. Wenn du unsicher bist oder die Bedeutung eines Wortes nicht kennst, kann dir dein Wörterbuch eine Hilfe sein.

a) dienen, wirksam sein   → fungieren (Z. 4)
b) Vereinigung, Verschmelzung   → Fusion (Z. 23)
c) eingliedern, einbeziehen   → integrieren (Z. 84)
d) beweglich, biegsam, anpassungsfähig   → flexibel (Z. 104)

3. ✏ **Hinweis:** Suche die zitierte Stelle im Text und lies den gesamten Abschnitt bis Zeile 20 noch einmal. Erkläre dann mit eigenen Worten, wie sich Computer im Laufe der letzten Jahrzehnte verändert haben. Du kannst auch kurz darauf eingehen, welche Vorteile sich daraus ergeben.

Qualifizierender Abschluss der Mittelschule – Deutsch 2020　　✔ **2020-15**

Mit Staunen erleben wir, wie Computer und die gesamte elektronische Hardware an sich immer kleiner und teilweise fast unsichtbar werden. Vergleicht man die PCs der 1990er-Jahre mit denen, die wir heutzutage nutzen, wird schnell deutlich, was Normann meinte: Viele unserer Alltagsartikel, wie Uhren, Brillen oder Kleidung, beinhalten inzwischen Technologien, die so gut verbaut sind, dass wir sie auf den ersten Blick gar nicht mehr wahrnehmen. Im Vergleich zu den Computern, die noch vor einigen Jahren genutzt wurden, sind die Geräte heute verschwindend klein. Häufig erkennt man erst bei genauem Hinsehen, dass ein Gegenstand mit Technik ausgestattet ist.

4.　✏ *Hinweis: Im Text findest du mehrere Aussagen zu den Herausforderungen bei der Entwicklung von Smart Clothes. Wenn du ihn abschnittsweise aufmerksam durchliest, kannst du diese Stellen gut finden und markieren. Schreibe zwei davon als Zitate mit den dazugehörigen Zeilenangaben heraus.*

- „Noch sind die Entwickler allerdings nicht so weit, dass sie die Technik wirklich vollständig in ihren Textilien verschwinden lassen können." (Z. 79–82)
- „Die Kleidung soll trotz Elektronik robust und dehnbar sein und Waschgänge unversehrt überleben." (Z. 87–89)

Auch möglich:
- „Außerdem muss sie irgendwie mit Energie versorgt werden." (Z. 89–91)
- „Alle derzeit verfügbaren smarten Klamotten brauchen deshalb noch kleine Zusatzgeräte, die per Magnet, Druckknopf, Klett- oder Reißverschluss an- und abgesteckt werden." (Z. 92–96)

5.　✏ *Hinweis: Im Text finden sich zahlreiche Beispiele für Funktionen intelligenter Textilien in den Bereichen Freizeit und Medizin. Suche für jeden Bereich zwei Beispiele heraus. Lies den Text dazu noch einmal, markiere entsprechende Stellen und schreibe die Funktionen dann stichpunktartig auf. Beachte, dass du Punktabzug bekommst, wenn du ganze Sätze formulierst.*

Bereich Freizeit:
- beheizbare Kleidung, die auf Temperaturwechsel reagiert
- Vibrationen, die beim Yoga zur richtigen Körperhaltung verhelfen

Auch möglich:
- selbstreinigende Kleidung
- Kleidung, die Streckenlänge und Puls beim Joggen erfasst

- Kleidung überträgt Werte aufs Handy

Bereich Medizin:
- Messung von Herzschlag und Sauerstoffgehalt im Blut
- Registrieren von Fußentzündungen bei Diabetikern

Auch möglich:
- Aufzeichnung von Vitalwerten
- Information über Fortschritte der Wundheilung

6. ✎ **Hinweis:** *Lies die Aufgabenstellung mehrmals genau durch, damit sich dir der Begriff „gläserner Mensch" erschließt. Gehe in deiner Antwort kurz auf den Ausdruck ein und stelle anschließend einen Zusammenhang zum Text her. Folgende Frage kann dir dabei helfen: Inwiefern trägt smarte Kleidung dazu bei, dass wir mehr und mehr zu „gläsernen" Menschen werden?*
Um passende Antworten für die zweite Teilaufgabe zu finden, ist es sinnvoll, dass du dich in verschiedene Alltagssituationen hineinversetzt. Du bewegst dich also nun vom Text weg und suchst je zwei Vor- und Nachteile des „gläsernen Menschen".

a) In der Regel geben wir Menschen wenig von uns preis, wenn es nicht unbedingt sein muss. Viele sind eher misstrauisch und vorsichtig, gerade wenn es um persönliche Informationen geht. Wenn wir uns im Internet bewegen, liefern wir jedoch ständig Daten, ohne dass wir viel darüber nachdenken. So ermöglicht es z. B. die im Text beschriebene intelligente Kleidung, persönliche Gesundheitsdaten (wie Puls oder Vitalwerte) über das Internet ans Handy zu übermitteln. Dabei besteht die Gefahr, dass diese Daten abgegriffen und gespeichert werden, was uns zunehmend zu „gläsernen" Menschen macht.

b) **Vorteile:**
- Für Ärzte kann es hilfreich sein, medizinische Daten ihrer Patienten zuverlässig über das Netz abzurufen und auszuwerten, um damit die weiteren Behandlungsschritte ohne große Zeitverzögerung einleiten zu können. Der Patient spart sich dadurch den Weg zum Arzt und muss nicht lange im Wartezimmer sitzen.
- Ausgestattet mit elektronischer Software, haben Menschen in Notsituationen Vorteile. In unbekanntem Gelände kann man sie z. B. nach einem Unfall oder einer Verletzung rasch orten und ihnen ohne großen Zeitverlust gezielt Hilfe zukommen lassen.

Auch möglich:
- Vermisste Personen können per Ortung rascher gefunden werden.
- Wichtiges Informationsmaterial wird passgenauer zur Verfügung gestellt.

Nachteile:
- Benutzt man den PC oder das Handy, gibt man automatisch persönliche Informationen preis, egal ob freiwillig oder unfreiwillig. Mehr oder minder seriöse Organisationen und Firmen verwenden diese für sie wertvollen Informationen für individualisierte Werbung. So kann gezielt das Kaufverhalten von Nutzern beeinflusst werden.
- Durch Datendiebstahl können persönliche Informationen ins Netz gelangen und in falsche Hände geraten. Durch die Verletzung der Privatsphäre kann dies für den Geschädigten nicht nur peinlich werden, sondern ihm auch schweren Schaden zufügen.

Auch möglich:
- Die Manipulation von Menschen wird zur ständigen Gefahr.
- Eine permanente, auch willkürliche Ortung und Überwachung wird möglich.
- Datenschutz ist nicht mehr zuverlässig gewährleistet.

7. ✏ **Hinweis:** *Karikaturen übertreiben einen Sachverhalt ganz bewusst, verzerren und überzeichnen ihn, um so auf Probleme, Vorurteile oder Fehler aufmerksam zu machen. M 2 befasst sich mit dem Thema „intelligente Technik". Sieh dir die Zeichnung genau an und beschreibe zunächst kurz, was dargestellt wird. Gehe dabei auch auf den Text in der Karikatur ein. Anschließend beschreibst du, was der Verfasser hier kritisiert, welches Problem er anspricht und was er letztlich damit aussagen will.*

Im Bild ist ein Teilbereich einer Küche zu sehen, in der eine Frau mit in der Hüfte abgestützten Armen steht. Auf dem Küchentisch, der Arbeitsplatte und dem Kühlschrank sind zahlreiche elektrische Geräte verteilt. WLAN-Symbole signalisieren, dass alle aktiv und mit dem Netz verbunden sind. Dies gilt auch für den Kühlschrank selbst und eine Webcam, die das Geschehen im Raum filmt. Die Frau macht den Geräten den Vorwurf, unberechtigterweise 20 Pizzen bestellt zu haben. Sie spricht also mit ihnen wie mit Familienmitgliedern, um den „Übeltäter" auszumachen.

Mit der Karikatur kritisiert der Zeichner, dass wir uns auch im Alltag mehr und mehr auf elektronische Geräte verlassen und zum Teil sogar von ihnen abhängig sind. Er deutet zudem an, dass wir nicht immer mitbekommen, was die elektronischen Hilfsmittel wirklich alles tun. Das zeigt sich in der Karikatur durch die wütende Reaktion der Frau, die von der ungewollten Pizzabestellung ihrer Geräte alles andere als begeistert ist. Zudem bergen viele technische Geräte durch ihre Vernetzung das Risiko, sensible Daten zu speichern und weiterzugeben.

8. *Hinweis:* Wie man seine Privatsphäre im Internet schützen kann, weißt du sicher aus eigener Erfahrung im Umgang mit PC und Smartphone. Mache dir die zahlreichen Warnhinweise, die man häufig sieht, und die damit verbundenen Möglichkeiten der Absicherung noch einmal bewusst, notiere sie in Stichpunkten und greife dann vier davon auf. Diese formulierst du so aus, dass sie der Leser/die Leserin als Aufforderung empfindet und sich persönlich angesprochen fühlt. Es bietet sich dabei an, die Leser*innen immer wieder direkt anzusprechen.

Wenn man sich im Internet bewegt, liefert man nahezu immer Daten ins Netz – bewusst oder unbewusst. Angefangen von der IP-Adresse, über Adressdaten bis hin zu ganz persönlichen Informationen, die man z. B. an seine Freunde schickt. Damit wir nicht zunehmend „gläsern" werden, ist es enorm wichtig, seine Privatsphäre im Internet zu schützen:

- Poste niemals persönliche Fotos und Nachrichten, die dir irgendwie schaden könnten, wenn sie im Netz abgegriffen werden. Das könnte nicht nur peinlich werden, sondern unter Umständen auch rechtliche Folgen haben, wenn z. B. Inhalte oder Texte gegen Gesetze verstoßen. Bedenke immer: Das Netz vergisst nie!

- Schütze deine Accounts mit Passwörtern! Wichtig ist, dass du dabei die Vorschläge für sichere Verschlüsselungen beachtest. Geburtstage und Namen von Freundinnen und Freunden sind von Profis z. B. schnell geknackt und daher ungeeignet. Denke auch daran, die Passwörter häufig zu ändern und für jeden Kanal ein anderes Kennwort zu wählen.

- Software und Virenschutz müssen grundsätzlich immer aktuell gehalten werden. Hier solltest du dich auf bewährte Produkte verlassen. Wenn du dich nicht so gut auskennst, kann ein Fachmann die Beratung und Installation übernehmen. In diese Sicherheit sollte man investieren, wenn man nicht riskieren will, dass man wertvolle Daten verliert oder einen Virus bekommt.

Qualifizierender Abschluss der Mittelschule – Deutsch 2020

- Viele von uns bewegen sich in den sozialen Netzwerken. Da ist es besonders wichtig, die Privatsphäre-Einstellungen gewissenhaft und überlegt vorzunehmen. Nur ausgewählte Personen sollten das vollständige Profil und die persönlichen Daten einsehen können. Die Verwendung eines anonymen Nicknamens, z. B. des Zweitnamens, kann ebenfalls sinnvoll sein.

Grundsätzlich sollte man sein Online-Verhalten immer hinterfragen und prüfen, ob alles, was man im Internet tut, auch sicher ist.

9. ✒ **Hinweis:** *Es wird von dir eine Stellungnahme gefordert, das heißt, dass du deine eigene Meinung zu der genannten Aussage begründet darlegen musst. Du kannst entweder Pro- und Kontraargumente aufführen und abschließend deutlich machen, wie du persönlich zu der Aussage stehst. Oder aber du entscheidest dich von vornherein für eine Seite und führst nur dazu stichhaltige Argumente aus. Lege zunächst eine Stoffsammlung an, in der du deine Ideen und Gedanken sammelst. Greife dazu auf Beiträge in den Medien zurück, die zu diesem Thema passen, und beziehe auch deine eigenen Erfahrungen und Gespräche in der Familie oder im Freundeskreis mit ein. Um Ordnung in die Gedanken zu bringen und der Gefahr zu begegnen, dass du wichtige Punkte vergisst, kannst du für dich auf der Basis deiner Notizen eine kurze Gliederung erstellen. Beim Ausformulieren solltest du darauf achten, dass jedes Argument aus einer Behauptung, einer Begründung und einem Beispiel besteht. Zusammenfassend ziehst du schließlich ein Fazit und stellst deine Position noch einmal deutlich heraus.*

Meist ist es uns gar nicht mehr richtig bewusst, wie oft wir moderne Technik im Alltag verwenden. Häufig nehmen wir sie nicht mehr wahr, der Umgang mit ihr ist selbstverständlich geworden und wir können uns ihren Einflüssen kaum mehr entziehen. Dass es ohne sie gar nicht mehr geht, merken wir meist erst dann, wenn uns bestimmte Geräte aufgrund von Störungen vorübergehend nicht zur Verfügung stehen.

Einleitung
Hinführung zum Thema:
Moderne Technik ist unverzichtbar in unserer Gesellschaft

Moderne Technik hat unser Leben also zweifelsohne verändert. Es bleibt jedoch die Frage offen, ob sie das Leben insgesamt aufregender und leichter macht oder ob die Risiken im Zusammenhang mit modernen Technologien überwiegen. Das möchte ich im Folgenden genauer beleuchten.

Überleitung
Moderne Technik – ein Blick auf die Licht- und Schattenseiten

Gerade im privaten Bereich und der Arbeitswelt kann man sich elektronische Geräte gar nicht mehr wegdenken. Praktisch in allen Lebensbereichen übernehmen sie Aufgaben, die den Menschen entlasten. Sie nehmen ihm schwere, monotone und gefährliche Tätigkeiten, etwa in der Industrie, ab oder führen besonders knifflige Vorgänge präzise und fehlerfrei aus. Technik ist oft nicht nur aufregend, sondern in erster Linie eine echte Hilfe, die den Menschen Zeit und Energie spart.

Hauptteil
Pro-Argumente
Unterstützung im Alltag und in der Arbeitswelt

Auch die gesamte Kommunikation unter uns Menschen ist durch die moderne Elektronik wesentlich leichter und spannender geworden, wobei sie immer neue Möglichkeiten bietet. Über das Smartphone ist man jederzeit erreichbar und das Bearbeiten von E-Mails oder die Entgegennahme von Anrufen ist problemlos auch unterwegs möglich. Und auch soziale Netzwerke sind zu neuen Kommunikationsräumen geworden. Bereitet man sich beispielsweise gerade auf einen Urlaub in einem noch unbekannten Land vor, findet man mit wenigen Klicks eine Facebook-Gruppe, die Spezialisten zu diesem Thema vereint. So kann man sich viel Zeit bei der mühsamen Recherche sparen und direkt mit Fachleuten in Kontakt treten.

Vereinfachung der Kommunikation

Unser technisierter Alltag bringt aber auch Probleme mit sich und manchmal bezahlen wir die vielen Vorteile mit einem hohen Preis.

So machen wir uns beispielsweise in nahezu allen Lebensbereichen von digitalen Medien abhängig. Modernste digitale Technik bestimmt unseren privaten und beruflichen Alltag. Man will zu jeder Zeit möglichst gut erreichbar sein, setzt den sekundenschnellen Zugriff auf unendliche Datenmengen als ganz selbstverständlich voraus und erwartet, dass alle Maschinen immer höchst zuverlässig ihren Dienst tun. Ist das einmal nicht der Fall oder gehen Daten verloren, ist von persönlicher

Kontra-Argumente
Abhängigkeit durch moderne Technik

Ratlosigkeit bis hin zu echten wirtschaftlichen Katastrophen alles an negativen Folgen zu beobachten. Die Abhängigkeit von moderner Technik ist also gewaltig. Die moderne Technik fordert uns zudem ohne Unterlass. Die Einstellung, dass wir online permanent erreichbar und aktiv sein müssen, erzeugt Druck. Den digitalen Medien liefern wir uns meist kritiklos aus, wir lassen uns ständig berieseln und sind selbst immer in Aktion. Vom ersten Weckruf über das Smartphone bis zur letzten Videobotschaft vor dem Einschlafen bestimmen sie unser Leben. Die technischen Möglichkeiten sind faszinierend und man möchte immer up-to-date sein. Doch sie können auch zu Überforderung führen und uns schaden, etwa wenn wir Freundschaften fast ausschließlich virtuell pflegen und uns immer weniger auf reale Begegnungen und Erlebnisse einlassen.

Überforderung durch moderne Technik

Zusammenfassend lässt sich sagen, dass die moderne Technik in unserem Leben unentbehrlich geworden ist. Sie macht den Alltag leichter und aufregender, aber wir müssen dafür sorgen, dass sie uns nicht „beherrscht". Wir sollten uns stets im Klaren darüber sein, wie wir sie mit Blick auf unsere Lebensumstände und Bedürfnisse sinnvoll nutzen können und in welchen Bereichen wir vielleicht auch bewusst auf sie verzichten wollen. Ich bin der Meinung, dass die moderne Technik einen enormen Mehrwert für uns hat, wenn es uns gelingt, auch mal gezielt Abstand zur digitalen Welt zu halten, und wenn wir die Gefahren, die damit einhergehen, immer im Blick haben.

Wertende Stellungnahme